政治哲学终结了吗？
汉娜·阿伦特 VS 列奥·施特劳斯

Fin de la philosophie politique?
Hannah Arendt contre Leo Strauss

[法] 卡罗勒·维德马耶尔（Carole Widmaier） 著

杨嘉彦 译

华东师范大学出版社

华东师范大学出版社六点分社　策划

目 录

阿伦特与施特劳斯：一种比较的尝试（译序） ………………… 1
中文版序 ………………………………………………………… 22
导论 ……………………………………………………………… 26

第一部分　关于危机的交错目光

第一章　施特劳斯,历史主义和实证主义的批评者 ………… 37
　　对历史主义的批判 ……………………………………… 42
　　对实证主义的批判 ……………………………………… 52
　　思想的高尚 ……………………………………………… 62
第二章　汉娜·阿伦特：照亮危机的事件 ………………… 70
　　极权主义的考验 ………………………………………… 70
　　处于危机中的教育 ……………………………………… 77
　　现象性和常识 …………………………………………… 86
　　权威和传统 ……………………………………………… 96
　　思想的危机,现实的危机 ……………………………… 118

第二部分　现代性和传统

第三章　施特劳斯：作为屏障的传统 ………… 123
　　现代虚无主义 ………………………………… 123
　　真理的意图 …………………………………… 139
　　为哲学辩护 …………………………………… 148

第四章　阿伦特：传统作为诸多概念的镂空 … 152
　　哲学的开端与终结 …………………………… 153
　　传统的报复：对意义的阻碍 ………………… 162
　　意义的责任 …………………………………… 181

第五章　施特劳斯：回到政治哲学的起源 …… 189
　　马基雅维利或最高思想的现代式放弃 ……… 189
　　回到亚里士多德 ……………………………… 193

第六章　阿伦特：为意义寻找资源 …………… 198
　　奥古斯丁与诞生性条件 ……………………… 200
　　康德与多样性的条件 ………………………… 211

第三部分　思考政治

第七章　从科学到前科学 ……………………… 221
第八章　思想作为一种质疑的力量 …………… 236
第九章　自然和哲学——条件和现象学 ……… 256
第十章　判断和自由 …………………………… 270
第十一章　远离世界还是栖居在其中？ ……… 276
结论 ………………………………………………… 283
选择性的参考书目 ………………………………… 294
译后记 ……………………………………………… 313

阿伦特与施特劳斯:一种比较的尝试(译序)

卡尔·洛维特:"又及:阿伦特关于政治哲学的作品是否值得一读?"
列奥·施特劳斯:"我没有读过她关于政治哲学的文章。"[1]

阿伦特:"施特劳斯:……一位十足的原教旨无神论者。非常古怪。他具有真正的智慧。我不喜欢他。他应该有五十多岁了。"[2]

一

对于施特劳斯与阿伦特这两位生活在同一时代但在思想上毫无交流且在文本上也没有互相引用或批判的思想家来说,把他们放在一起讨论难免会让人感觉有些奇怪,甚至他们的可比性(comparabilité)都会遭到质疑。显然,本书的作者卡罗勒·维德马耶尔(Carole Widmaier)为我们提供了一种新的思路,即"交锋"(confrontation):在同一个问题或几个问题面前,把两个思想家各自的主张和论证进行交换,从而形成一个对话空间,但是对话的双方全都没有在场,这种对话在现实中也不曾发生。由这样的比较出发,我们也能重新勾勒出阿伦特与施特劳斯各自所经营的思想体系。就是

---

[1] 洛维特与施特劳斯分别在 1962 年 3 月 27 日与 1962 年 4 月 2 日的通信,引自《城邦》(*Cité*)杂志,Paris, PUF, 第 8 期, 2001 年。

[2] 引自阿伦特在 1954 年 7 月 24 日给卡尔·雅斯贝尔斯的信,见 *Correspondance Hannah Arendt-Karl Jaspers*, *1926–1969*, Paris, Payot, 1996。

这种被展开的对话(faire dialoguer)的巧妙方法也使我们很好奇这位施特劳斯与阿伦特的法国阅读者的研究经历。

维德马耶尔女士1996年通过巴黎高师(乌尔姆)的预科班考试,以第七名的成绩成为高师生(normalienne),在巴黎高师学习期间她成功通过了高中哲学教师资格证的考试(agrégation)。她师从保罗·利科的学生玛丽亚姆·勒沃·达洛纳(Myriam REVAULT D'ALLONNES)教授,并以讨论阿伦特思想中"爱"这一主题的论文拿到硕士学位(DEA)。从2000年开始到2008年博士论文答辩之前,她一直作为助教工作于鲁昂大学哲学系以及不同的高中。她本人在此期间发表了大量关于施特劳斯和阿伦特的论文,而她第一次接触这两位思想家的著作则是在高中的哲学课上。2009年至今,她担任法国弗朗什-孔岱大学(Université de Franche-Comté)哲学系讲师。本书即是在她的博士论文基础上完成的,可以说这部著作有着极强的法国哲学教育背景,行文中的许多论述,许多思想的迁移与类比,都体现着法国哲学的传统。

这本书的出发点并不是要做一次阿伦特与施特劳斯思想的系统研究,更不是要将二人的思想分一个高下,作者的最初意图是要思考如何能在现时代的危机中还能够维护理性的尊严,哲学在现实政治的环境下还是否具有可能性,我们对待传统的态度应该是如何的。诚然,作者并没有将20世纪所有思想家对危机、现代性的讨论做一总结,而是选取了在同一时代中同在德国出生,同是犹太人,日后同在美国教书的阿伦特(1906—1975)与施特劳斯(1899—1973),讨论从他们的思想中所表现出的直面危机的两种主张(propos),虽然不是解决方案(solution),但是他们对传统价值的维护,对传统权威概念消失的遗憾,从古人中进行借鉴的态度,都让作者找到了将这二人思想进行比较的理由。本书所讨论的两位主角阿伦特与施特劳斯,在 1932 年就已经认识[1],但是他们彼此并不互相承认,起因在于阿伦特反感施特劳斯犹太复国主义的保守姿态,自此二人在学术活动中再无交集[2]。他们无论是在生平还是在学术上都有很多的相似点,而每个相似点背后却又有更大的差异:早年他们都受教于海德格尔[3],阿伦特一生都带着海德格尔思想的烙印,而从对施特劳斯在 30 年代所写文章的研究来看,他个人哲学思想的奠基在这一时期已经形成了[4];他们虽都是德国裔犹太人,但是阿伦特并无强烈的犹太复国主义思想甚至对它的极端性感到厌恶[5],而施特劳斯对于犹太教的当下复兴非常热衷[6];他们最主要的学术活动都是在美国进

---

[1] Elisabeth Young-Bruehl, *Hannah Arendt: Biographie*, trad. par Joel Roaman et Etienne Tassin, Paris, Calmann-Lévy, p. 125.

[2] 值得一提的是,施特劳斯与阿伦特在六十年代同在美国芝加哥大学教书,阿伦特在 1963 年 11 月 24 日给老师卡尔·雅斯贝尔斯的信中就对施特劳斯没有在 30 年代初预见纳粹的上台提出批评,而且她也指出施特劳斯正在"积极活动"来反对她所写的艾希曼一书,见 *Correspondance Hannah Arendt-Karl Jaspers, 1926-1969*, Paris, Payot, 1996。

[3] 施特劳斯在博士期间曾先后听了马克思·韦伯、海德格尔以及雅格(Werner Jaeger)的课,他对海德格尔的佩服与崇拜远超过另两位,见 Leo Strauss, "Introduction à l'existentialisme de Heidegger", 载 *La renaissance du rationalisme politique classique*, trad. par Pierre Guglielmina, Paris, Gallimard, 1993, 第 94 页。

[4] 见 Heinrich Meier, "How Strauss became Strauss", 载 *Reorientation: Leo Strauss in 1930s*, Palgrave Macmillan, 2014, 第 13-32 页, Corine Pelluchon, *Leo Strauss: Une autre raison, d'autres Lumières*, Paris, Vrin, 2005, 第 52-58 页。

[5] 见阿伦特于 1941 年到 1961 年的名为 *Auschwitz et Jérusalem* 的文集(Paris, Tierce, 1991),其中 1944 年 10 月所写"Réexamen du sionisme"一文最具代表性。

[6] 施特劳斯对犹太教的观点,见他与肖勒姆(G. Scholem)的通信集,*Cabale et philosophie: correspondance 1933-1973*, Paris, Editions de l'éclat, 2006,以及 Leo Strauss, "Pourquoi nous restons juifs: la foi et l'histoire juive peuvent-elles encore nous praler?", 载 *Pourquoi nous restons juifs: Révélation biblique et philosophie*, trad. par Olivier Sedyen, Paris, La table ronde, 第 13-57 页,2001。

行的,阿伦特没有太重要的弟子或传人,而施特劳斯桃李满天下,甚至出现了"施特劳斯学派"这样的词;法国知识分子圈对二人都有着重要的影响,尤其是在二人流亡美国之前:阿伦特在1933年到1941之间一直生活在巴黎,她通过雷蒙·阿隆的关系参加了科耶夫在高等研究实践学院(EPHE: Ecole pratique des hautes études)开办的黑格尔研讨班,课程笔记也就是后来著名的《黑格尔导读》,在课上虽然她与萨特并无过多来往,但是却与科瓦雷(Koyré)成为挚友[1],施特劳斯借助洛克菲勒奖学金只在法国停留过一年[2],但与雷蒙·阿隆、科耶夫等人成为学术上非常好的朋友,并且互相影响;两人的思想很早被引入法国并且还一直被借鉴,施特劳斯的《自然权利与历史》1953年在芝加哥大学出版社出版,1954年就由法国Plon出版社出版了法译本,此后对施特劳斯思想的讨论一直不断[3];也是在1954年,雷蒙·阿隆在《批评》(Critique)杂志上发表了题为"阿伦特眼中的极权主义本质"的文章,1961年法文版《人的条件》问世,但是直到70年代末,法国对于阿伦特第一阶段的阅读始终围绕着极权

---

[1] Elisabeth Young-Bruehl, *Hannah Arendt: Biographie*,前揭,第149-150页。

[2] 1932年。

[3] 从雷蒙·阿隆、伊冯·贝拉瓦尔(Yvon Belaval)到吕克·费里(Luc Ferry)、阿兰·勒诺(Alain Renaut),再到雷米·布拉格(Rémi Brague)、皮埃尔·马南(Pierre Manent),都写过关于施特劳斯思想的文章,著述中也都提到过施特劳斯思想的重要性,但是直到20世纪末,法语学界中Daniel Taguay才第一次以博士论文的形式对施特劳斯的整个思想进行诠释。他的侧重点在于施特劳斯的政治–神学问题,论文在阿兰·勒诺的指导下于1997年答辩,2003年出版,见Daniel Tanguay,《施特劳斯:一部思想传记》(*Leo Strauss: une biographie intellectuelle*), Paris, Grasset, 2003. 之后, Corine Pelluchon在雷米·布拉格的指导下,博士论文重点讨论了施特劳斯以中世纪启蒙反现代启蒙的问题,见Corine Pelluchon,《列奥·施特劳斯:另一种理性,另一种启蒙》(*Leo Strauss: Une autre raison, d'autres Lumières*),前揭。

主义这一主题[1]。

作者将这场对话地点设在我们这个充满危机的世界。面对传统与现代性的张力,我们如何生活下去、如何去思考政治,并且人作为有记忆但却会遗忘的动物,怎样使人对于当下的感觉成为个人意识中必不可缺的要素,这是作者希望通过这次对话所想要得到的答案。通过比较的方法去梳理阿伦特与施特劳斯的文本,作者为我们理清了二人思想上所对立的那一部分,另一方面也邀请诸位读者去判断我们现代人应该如何去栖居于危机之中。在这篇译者序中,我希望借助本书的脉络能够继续延伸、补充这样的对话,讨论施特劳斯与阿伦特思想的同时使我们更可以看清他们各自哲学的最终目的(*telos*)以及这种目的背后他们各自政治哲学最重要的支撑点。

二

在现代语境下,危机(crise)意味着一种危险,一种现有状态的即将被改变的临界点。但是如果从词源的角度来重新审视危机的含义,我们可以看到,危机(crise)与批判、批评(critiquer)都来源于希腊语"*krinéin*",表示进行决定性地判断,具有检验、分离的意思。在这种意义上,危机不过是判断后的一种危急后果。维德马耶尔由此借助于施特劳斯与阿伦特的文本,认为危机不仅是可以被思考的,而

---

[1] 关于法国思想界对阿伦特思想的讨论的三个阶段,参见 Olivier Mongin 为 1988 年 4 月 14 日到 4 月 16 日举行的"阿伦特,政治与思想"研讨会论文集所撰写的导读——"阿伦特在法国的接受"("La réception d'Arendt en France", 载 *Politique et Pensée, colloque Hannah Arendt*, Paris, Edition Payot & Rivages, 1996, 第 7—14 页。第一版, *Ontologie et Politique. Hannah Arendt.* Paris, Tierce, 1989)。

且可以促使我们去思考我们所在的世界。

施特劳斯与阿伦特都认为我们处于危机之中,而施特劳斯所诠释的危机是整个西方世界理性、思想的危机[1]。施特劳斯认为现代性正是诞生于马基雅维利、霍布斯对传统政治哲学的彻底抛弃,自此之后现代性内部便出现了危机,所以20世纪以来发生的诸多事件并不是施特劳斯所首要思考的[2]。这样的观点与胡塞尔的类似,即"危机是方法的困境"[3],胡塞尔认为"欧洲的危机植根于一种理性主义的错误之中"[4]。同施特劳斯一样,阿伦特也在试图去诊断危机,但是阿伦特强调的是现实政治的危机,危机是揭示现实的时刻,而由事件所引发的危机影响人所触及的各个领域,比如:文化、工作以及教育,这样的危机促使我们去思考现实。这样来看,二人对于危机定义的解读就已经存在着分歧了。阿伦特的危机是一种关于现象

---

[1] 施特劳斯对危机的阐述有三个指向:一个是现代性危机(现代性所经历的三个浪潮,从马基雅维利到尼采,中间经过卢梭),第二个是西方思想的危机(不同于斯宾格勒的西方的衰落),第三个是我们这个时代的危机。最后一个方向看似平庸无奇,但是在施特劳斯的思想背景中却让我们注意到我们作为现代人所生活的时代与在自然运行中的时间之间的差距。

陈建洪在《论施特劳斯》(华东师范大学出版社,2015年10月)中将施特劳斯放入乌托邦的传统中去思考,这就意味着施特劳斯对于危机的认识是理论性的,而且他对西方未来的不确定性忧心忡忡,见 Leo Strauss, *La cité et l'homme*, trad. par Olivier Sedeyn, Paris, Librairie Général Française, "introduction",第63-83页,以及"La crise de notre temps",载 Leo Strauss, *Nihilisme et politique*, trad. par Olivier Sedeyn, Paris, Payot & Rivages, 2004,第81-115页。

[2] 对施特劳斯来说魏玛共和国的民主衰落要比极权主义在德国的兴起重要得多,而就是这样的事件(événement)在施特劳斯看来,只是揭示了危机。

[3] E. Husserl, *La crise des sciences européennes et la philosophie transcendantale*, « Compléments: Annexes », trad. par G. Granel, Paris, Gallimard, 1962, p. 380-381.

[4] 同上,第371页。

性的危机,在特定现实中是一种危急的时刻,这也体现了阿伦特特有的思考方法[1];而施特劳斯眼中的危机根源并不处于我们生活的当下,危机一直都有,不仅现代性内部有危机,甚至整个现代性在施特劳斯看来就是一场危机。

无论这场危机的本质是什么,教育都首当其冲,并且二人也都看到了教育在现代生活中所面临的困境与危险。阿伦特将矛头直接对准二战以后在美国流行的实用主义教育理念,而阿伦特对教育的反思不是仅仅停留在教育本身上,而是把教育危机归入到整个的政治危机中[2];施特劳斯虽然没有点出实用主义之弊端,但在他的思想中,教育是哲人必不可少的工作[3],而在他的书写艺术中教育更是有着不可替代的地位:"他们感觉对于永恒的紧迫问题以及典型的政治问题,教育是唯一的回答,并且这样的回答可以知道如何去调和一种不是压迫的秩序与一种不是放任的自由[4]。"他们都把教育看作是政治哲学的一部分,但是在具体的方式上却存在着许多分歧。

如何在现代社会中重新树立哲学的地位,如何把对真理的追求作为一种正当的生活方式,一直是深处现代民众社会之中的施特劳斯在面对众多的"言论"(opinion)时所产生出的疑问。为此施特劳

---

[1] Ernst Vollrath, "Hannah Arendt and the Method of Political Thinking", *Social Research*, number 44, 1977, p. 163-164,转引自 Roland Beiner, "Hannah Arendt et la faculté de juger", 载 Hannah Arendt, *Juger: sur la philosophie politique de Kant*, trad. par Myriam Revault d'Allonnes, Paris, Seuil, 1991, 第 160 页。

[2] 见本书第二章第二节"处于危机中的教育"。

[3] 苏格拉底就是这样的哲人,在广场之中寻找潜在的哲人。

[4] Leo Strauss, "La persécution et l'art d'écrire", in *La persécution et l'art d'écrire*, trad. par Olivier Sedeyn, Paris, Éditions d'éclat, p. 69.

斯提出了"自由教育"。需要注意的是,施特劳斯并不是想要用回归古典、回归古人的方法去替代现代民主社会,他所构想的是如何能让一种贵族式的生活方式存在于大众文化(即民主)之中[1]。所以仅从施特劳斯自由教育的初衷,我们还不能断定这就是一种精英教育。从施特劳斯自由教育的形式上来说,就是由老师带领学生精细地阅读古代的经典文本与前人留下的丰厚思想遗产[2]。在这一过程中,老师只是一个中介去推荐文本,引导、帮助学生们去阅读,"老师也是学生,而且必须是学生"[3]。这样阅读的目的并不是要让学生无条件地接受前人的想法,或是不加以思考地就认为古人的思想是伟大的,恰恰相反,正是由于古人的众多文本之间有太多的分歧与不同,甚至是矛盾[4],所以才要让当下的学生们去不断地思考谁更有道理、谁的论据更有力,由此与古人沿着同样的路去追问真理。而这种阅读式思考,也正是让现代人有了在不同的言论之间、观点之间自由选择的可能性[5]。更为重要的是,这种获取真理的方式并不是要将真理、知识完全与意见(doxa)对立起来,恰恰相反,寻求真理的过程本身就会出现许多的疑惑、不确定性,有时候意见并不是一无是

---

[1] Leo Strauss, "Qu'est-ce que l'éducation libérale?" (1961), in *Le libéralisme antique et moderne*, trad. par Olivier Sedeyn, Paris, PUF, 1990, p. 16.

[2] 同上,第13页。将阅读文本作为特定的教学内容,施特劳斯沿用了中世纪大学的教学法,参见 *Histoire culturelle de la France*, vol. 1, Paris, Seuil, 第113-114页, 以及 Jean-Philippe Genet, *La mutation de l'éducation et de la culture médiévale*, tome 2, Paris, Seli Arslan, 第379-381页。

[3] Leo Strauss, "Qu'est-ce que l'éducation libérale?", 前揭,第13页。另外,老师教学中的中介作用在中世纪大学中也是很常见的,而且老师与学生的区别也不是十分明显,参见 Jean-Philippe Genet, tome 1, 同上,第225页。

[4] Leo Strauss, "Qu'est-ce que l'éducation libérale?", 前揭,第18页。

[5] Leo Strauss, "La persécution et l'art d'écrire", 前揭,第52页。

处,苏格拉底式的反讽就说明了这一点:"无视人们关于事物的意见,就等于抛弃了我们通往现实最重要的通道……对于一切意见的'普遍怀疑'不是引领我们到达真理的核心,而是一片虚空。哲学沉思就是由意见升华到知识或真理的过程,这个过程就是由意见所指引的[1]。"同样,细读古人文本的做法意味着施特劳斯的自由教育是一种为了"传承"的教育,与阿伦特的那种为了"开端"的教育完全不同:"文盲的社会不可能严格施行最古老即最好的原则,只有祖宗留下的文字才能让后代直接与他们沟通[2]。"

从另一侧面来看,施特劳斯并不是把自由教育构想为一种教育形式上的自由。显然,教育本身并不能直接产生出知识与意义,所以在教育中过分强调学生的独立思考与批判精神只会将个体封闭起来[3],真理的产生与对理性的合理运用必定要通过哲学式的阅读来实现。而真正意义上的独立思考,在施特劳斯看来,也是建立在细读文本进而寻求真理的基础之上,只有这样,才不会轻易地把一些复杂的问题简单化[4],并且能够在众多的言论之中"学会听取细微的声音[5]"。

与施特劳斯不同,阿伦特思想方法的独特性在于,她可以将每个

---

[1] Leo Strauss, *Droit naturel et Histoire*, trad. par Monique Nathan et Eric de Dampierre, Paris, Plon, 1954, Paris, Falmmarion, 1986, p. 118.

[2] Leo Strauss, "Qu'est-ce que l'éducation libérale?", 前揭,第 17 页。

[3] 当下许多新颖的启发式教育方法就受到了学者的质疑,见 Olivier Rey, *Une folle solitude: le fantasme de l'homme autoconstruit*, Paris, Seuil, 2006。

[4] 施特劳斯在课上对学生提问的作答,转引自 Catherine Zuckert, "Political Philosophy and History", 载 Rafael Major (ed), *Leo Strauss's Defense of the Philosophic Life: Reading "What Is Political Philosophy?"*, The University of Chicago Press, 2013, 第 62 页。

[5] Leo Strauss, "L'éducation libérale et la responsabilité", in *Le libéralisme antique et moderne*, trad. par Olivier Sedeyn, Paris, PUF, 1990, p. 45.

由事件所产生出的经验,通过自苏格拉底时期以来就开始演变的诸多哲学基本概念加以分析,有时候这样的方法显得反潮流,因为她常常对许多当下所发生的事情进行不合时宜的思考。阿伦特对教育危机的思考就是一个例子。

20世纪60年代中叶,美国实用主义、进步主义教育的弊端不断爆发出来,不管是起初的民权争论还是后来的校园骚乱,阿伦特认为这是当下的教育危机对现代性的诸多不确定性的反应。诚然,阿伦特并不是教育学的专家,她只是依据现实将教育方面的问题融入到了她对现代性危机的诊断之中。在阿伦特看来,现代人在理论到实践的过程中,缺乏一种中介即判断(jugement),而判断力的缺失也就导致了世界多样性的消失,最后这个我们群体生存的世界必然开始异化。在阿伦特的教育理念中,依然体现着其哲学的三个时间维度,即过去、现在和将来。教育始终贯穿着这三个维度,并且现实之中的教育是连接过去与将来的一条纽带,可是恰恰是这条纽带在现代社会中出现了问题。

教育的本质在阿伦特的文本中是诞生性[1],博士论文研究奥古斯丁的阿伦特用诞生性去诠释教育并不让人感到吃惊[2],因为诞生性使创造新事物成为可能。在这里,阿伦特并不是主张任意地去创造,不加限制地让新事物涌现。恰恰相反,阿伦特所期待的"新世界",必须要以旧的世界作为参考,只有这样新世界才有意义[3]。如何从旧世界中来,再到新世界中去,阿伦特所引入的"权威"概念就

---

[1] Hannah Arendt, "La crise de l'éducation", trad. par Chantal Vezin, in *La crise de la culture*, Paris, Gallimard, 1972, p. 224.

[2] Hannah Arendt, *Le concept d'amour chez Augustin: essai d'interprétation philosophique*, trad. par Anne-Sophie Astrup, Paris, Deux-temps Tierce, 1991.

[3] Hannah Arendt, "La crise de l'éducation", 前揭,第229页。

显得尤为重要了[1]。从词源上来看,权威的拉丁语为 auctoritas,它来自拉丁语增加、提高即 augere 一词,同样,"作者" auctor 也是衍生于它,拉丁语即为奠基者。由此我们可以看到,权威的本意即在于在没有劝说或武力的情况下,我们所要服从的一种外在的力量。无论是在古罗马的历史语境之中[2],还是当代学者马克思·韦伯在《经济与社会》里所讨论的那样[3],权威都体现为统治以及权力的合法性。而阿伦特恰恰是去除权威的统治或压迫的含义,她所要强调的是以暴力、震慑为形式的权力(pouvoir)通过历史、时间潜移默化的提升最终演变成了无形的权威。换言之,权威一定有它的历史来源,它建立在过去的基础之上[4]。一旦权威消失,权威出现了危机,那么它在政治上的体现就是 20 世纪极权主义的诞生。但是,教育为何因权威的消失而出现了危机呢?阿伦特认为,人的出生只是生物现象(bios),而人是生活在世界之中的人,所以孩子需要被引入世界,从家庭这个私人空间进入到公共空间即世界,而学校恰恰就是介于这两种空间之中的一个通道,而它绝不是孩子们所要进入的世界[5]。学校的功能就是要将旧世界展现给孩子们、把传统的知识传递给他们(过去),老师在授业解惑的过程中所体现出的权威一定是建立在对世界的责任之上的[6](现在),最终权威是将旧世界抬升、

---

[1] Hannah Arendt, "Qu'est-ce que l'autorité?", trad. par Marie-Claude Brossollet et Hélène Pons, in *La crise de la culture*, Paris, Gallimard, 1972, p. 121 - 185.

[2] Cicéron, *Traité des lois*, Paris, Les Belles lettres, 1951, III, 28; Pierre Grimal, *La civilisation romaine* (1960), Paris, Champs Flammarion, 2002, p. 112.

[3] Max Weber, *Economie et société*, Paris, Plon, 1971, p. 95-96.

[4] Hannah Arendt, "Qu'est-ce que l'autorité?",前揭,第 126 页。

[5] Hannah Arendt, "La crise de l'éducation",前揭,第 242 页。

[6] 同上,第 243 页。

加深、升华,让孩子们进入到一个属于他们自己的新世界(未来)。而教育在当下出现的问题恰恰就在于成人们不去履行对世界的责任,只是一味地将过去的东西以一种知识的形式灌输给孩子们,教会他们许多生活的技能[1],致使他们过早地进入了成人的世界。

阿伦特与施特劳斯不同的地方在于:第一,她在教育中强调老师与学生位阶的不同,即老师是权威,权威所具有的责任是为世界培养公民,而这些未来公民所开创的世界要与当下的世界有所不同,会有新事物出现;第二,在教学内容上来看,阿伦特并没有过多的讨论,因为她的着重点在于教育方法,但是她对回归古人是不赞同的,因为那只不过是一种重复[2],她只是把古人的经典看成是一种参考,最重要的是要让孩子们懂得这个世界是什么[3];最后,相比较于施特劳斯的教育理念,阿伦特试图将教育与政治生活相分离[4],但并没有放弃对未来公民思想上进行教育(éduquer)的意图(而不是简单地教,enseigner),只不过个人思想上的自由选择被定格在了未来的维度,而当下或现在的教育旨在"保存"孩子们的新颖性以及"保护"孩子们使其不要在世界中成为小大人[5]。

三

从苏格拉底开始,"教育"(*paideia*)在西方政治、哲学传统中一

---

[1] Hannah Arendt, "La crise de l'éducation",前揭,第251页。
[2] 同上,第249页。
[3] 同上,第250页。
[4] 同上。
[5] 同上,第246页。

直占据着举足轻重的地位，甚至在当代哲学家中有人就把教育哲学看成是哲学本身，比如杜威。施特劳斯与阿伦特对于教育有着不同的思考。一方面，对于教育本身来说，施特劳斯主张在一个大的民主环境中培养高质量的公民，即贤人(gentilhomme)。他们不盲从众人的意见(doxa)，会独立思考，而且在政治生活中能够承担责任。事实上，施特劳斯在实际中就是这样进行教育的。而阿伦特的教育所要达到的目的是保存我们这样一个共同的世界，我们所具有的共同感不能因为判断力的缺失而消失。说到底这是一种对于未来公民的教育，显然这样一种未来的公民不仅要担负起政治的责任，而且能够用行动为这个共同的世界产生出新颖性。另一方面，他们对教育的分歧也折射出施特劳斯与阿伦特对于"政治哲学"这个词的不同理解，而本质上的不同则是他们思想切入点的不同。

与阿伦特不同，施特劳斯的政治哲学思想完完全全地见诸于他的文本之中，无论是读他的专著、文章或是讲课稿，起初我们并不感到晦涩，可是随着阅读的加深，施特劳斯看似对于哲学文本本身的评论却包含玄机，许多不经意之语实际上都是在回答他自己所划定的"根本问题"，更不用说他还有意效仿古人进行隐微写作并为读者安置了一个又一个陷阱；另一方面，施特劳斯在行文之中不断地暗示我们重新细读前人文本的重要性，有时他会交叉引用一个作者的多个文本，有时他还会列出多个作者对于某一概念的多个段落，也就是说读施特劳斯之前必须要掌握整个哲学史，并且阅读之中还要不断加强。

施特劳斯的所有著述都是关于政治哲学的。虽然"政治哲学"这样的表述在当下已经司空见惯，法学系、政治系、哲学系都会开设政治哲学的课程，法哲学、政治思想史、观念史的课程中也都会使用政治哲学这样的术语，但在施特劳斯看来，"政治哲学"这个词本身是成问题的(problématique)：哲学本质上是追求真理的哲学生活方式,它包含了整个自然(*phusis*),但是在柏拉图以及施特劳斯的作品中,哲学则是在政治的框架中进行的。哲学出现在政治哲学之中,实践政治生活本身就依靠于哲学生活中思辨的发展[1]。所以在施特劳斯看来,政治哲学不仅是唯一关注人的首要问题的哲学[2],而且是第一哲学[3]。那么政治哲学对于施特劳斯到底意味着什么呢?

首先,政治哲学是哲学这门学科的一个重要分支,它属于哲学范畴,关注的是正义、最佳政治制度、政治事务的问题,所以不可能将哲学与政治哲学分裂开来。在古希腊时期,仅从理论与实践的角度把哲学划分为理论哲学和实践哲学,前者包括如数学、物理学、形而上学,后者如伦理学、政治学。可是到现代以后,哲学几乎成了纯粹理论的学科[4],进而衍生出了许多冠以哲学名头的学科,诸如"历史的哲学","艺术的哲学","宗教的哲学"等等。政治哲学在此背景下的地位就显得十分尴尬:由于现代哲学对众多哲学学科不加以等级区分,政治哲学从一门在哲学中思考政治的学问变成了政治的哲学,并且它作为第一哲学的地位也不复存在。

其次,政治哲学一词本质上是政治对哲学的辩护与保护,作为形容词的"政治"不是最重要的,作为名词的哲学才是实质。其实,施

---

[1] Platon, *Criton*, Paris, Les Belles lettres, 1985, 47c-d-e.

[2] Leo Strauss, "Qu'est-ce que la philosophie politique?", in *Qu'est-ce que la philosophie politique?*, Paris, PUF, 1992, p. 33.

[3] 见 Leo Strauss, *La cité et l'homme*, 前揭,第一章。

[4] 现代与古代的不同点之一,就是古代人区分实践与理论,是因为偶然性的存在使得理论不能完美地被实践,而现代人自认为掌控了"偶然性"(比如马基雅维利就主张君主去鞭笞命运女神,见《君主论》第 25 章, Machiavel, *Le Prince*, trad. par Yves Lévy, Paris, Flammarion, p. 176),所以实践与理论的界限也就不存在了,实践自然被归入到了理论范畴。之后马克思与尼采将"实践"与"生活"作为哲学的核心所产生的影响进一步加剧了现代性的危机。

特劳斯并不是在摆弄语言文字上的玄机，而是将古典政治哲学的政治特征与早期现代哲人在政治共同体中遇到的困境做了一个很好的沟通。如果说古典政治哲学具有政治性的话，那么政治在古人那里最本质的含义就是作为一种德性的审慎[1]，并且政治哲人掌握着一套"字里行间"式的(entre les lignes)书写艺术去表达自己的思想。而在现代性早期，从马基雅维利开始的诸多哲人，用施特劳斯在"迫害与书写的艺术"(1942年)中的理论，都是在用政治哲学作为哲学的挡箭牌而免于被迫害，因为哲人深邃的思想往往被现代哲学或是大众流行思想所掩盖，而真理又不能被轻易言出否则就会招来杀身之祸。政治哲学是哲人在政治共同体中的政治态度，并且是对诸多社会中所流行的政治教条进行的深层次质疑，毕竟政治生活不能解决人的问题，唯有政治哲学才能。也就是通过这样的方式来重新诠释政治哲学，施特劳斯能够赋予众多散落的、不同意图的文本以同一个意义[2]。

最后，政治哲学的实体性在于哲学，而不仅仅是保存哲学的工具，甚至政治哲学就是哲学的一种矛盾语(oxymoron)。这就是为什么施特劳斯并不是哲学史家或历史学家[3]，而是一位真正的哲人[4]，因为他所担忧的正是哲人所实践的哲学在现代性中的可能性

---

[1] 希腊语为 *Phronesis*，见 Pierre Aubenque 对亚里士多德思想中这一概念的讨论，*La prudence chez Aristote*, Paris, PUF, 1964。

[2] Yvon Belaval, "Pour une sociologie de la philosophie", *Critique*, 77, octobre, 1953.

[3] 见 Leo Strauss, "Lettre à Helmut Kuhn", 载 *La philosophie politique et l'histoire*, éd. & trad. par Olivier Sedeyn, Paris, Librairie Générale Française, 2008, 第179-192页。

[4] Allan Bloom, "Un vrai philosophe: Leo Strauss", *Commentaire*, Paris, 1978.

问题。如果哲学是思考正确生活方式的话,那么哲人就有义务在以一个公民视角去理解政治现实的基础上进而去培养贤人(gentilhomme)。在后文中我们可以看到,施特劳斯与阿伦特在这一点上有着本质的区别,施特劳斯一开始就要区分大众的意见与哲学真理,而且坚持后者,而阿伦特在努力保持大众意见的多样性的同时并不认同哲学真理的绝对性。当然,施特劳斯所坚持的哲学方式并不是遥不可及,在他自己编纂的《什么是政治哲学?》文集的最后一篇题为"库尔特·里茨勒"的文章中,施特劳斯就向我们呈现出了这样一位在政治生活中是贤人同时又是哲人的德国外交家与学者。由此施特劳斯的意图再明显不过,他不但诠释出了自己心里所认同的政治哲学,并且认为最高的思想只能来自于进行正确生活方式的具有人性的人。

正如前文所述,与阿伦特相似,施特劳斯的思想也是在对现代性危机诊断的基础上发展形成,正因为施特劳斯所认同的古典政治哲学在现代性中遇到了问题(problème),所以政治哲学这个概念才具有问题性(problématique)[1]。面对政治哲学从古典到现代中的历史变迁,施特劳斯将17世纪以文学为论题的"古今之争"延续到了20世纪中的政治哲学领域,并让人们关注"回到古人","回到苏格拉底问题"这样的表达。施特劳斯的古今之争是一个开放性的问题,问题本身就已经预设了一个前提,即古人与今人是不同的,从古人到今人的演变并不是连续性、同质的,但是施特劳斯本人并没有绝对地认为古人是好的,也不同意厚古薄今就能够解决现代性问题[2]。回到古人对于施特劳斯来说也不是像浪漫主义那样,出于对

---

[1] Leo Strauss, "Qu'est-ce que la philosophie politique?", 前揭,第15-32页。
[2] 见 Leo Strauss, *Droit naturel et Histoire*, 前揭,第19-20页,以及 Leo Strauss, *La cité et l'homme*, 前揭,第80页。

遗忘的拒斥而唤起对过去的思念(nostalgie)。施特劳斯所主张的，一方面是全面地对现代性危机进行谱系式的考察，即不是要寻找危机的第一原因(la première cause)，而是从源头开始追溯古典政治哲学是如何走到现代性危机这一步的。另一方面，在现代性中所形成的进步观念、作为时代精神的历史主义[1]以及虚无的相对主义让人们乐观地认为以前的哲学已经被超越了，所以回到政治哲学奠基(古代哲学、中世纪犹太哲学)在施特劳斯看来才能够让我们看清现代哲学的预先设定(présupposition)。

在许多人看来，阿伦特比起施特劳斯更像是一名公共知识分子，她积极参与政治事件，而且在自己的思想体系中着重诠释"行动"，强调行动生活(vita activa)的重要性。难道她的意图是要在思想等级中将沉思生活置于行动生活之下吗？显然，阿伦特并不是要在理论/实践，行动/沉思中进行二选一，进而强调行动者的优越性，她在《人的条件》的开头已经说得很清楚："我对'行动生活'一词的使用预设了对于各类活动背后关切的不同，其他关切不高于也不低于'沉思生活'的主要关切。[2]"事实上，阿伦特与施特劳斯通过不同路径都试图从失落的传统正当性中，挽救回一种同哲学一样古老的拷问方式[3]。问题就在于阿伦特对于"政治哲学"的理解，并不像施特劳斯那样强调哲学的永恒性，她也并不认为哲人王在20世纪的

---

[1] Leo Strauss, "La philosophie politique et l'histoire", in *Qu'est-ce que la philosophie politique?*, Paris, PUF, 1992, p. 60.

[2] Hannah Arendt, *Condition de l'homme moderne*, Paris, Calmann-Lévy, 1983, p.53.

[3] Alain Renaut (dir.), *Histoire de la philosophie politique*, vol. 1, Paris, Calmann-Lévy, p. 7.

立法还能够具有其恰当性。

阿伦特一直都在否认自己是哲学家,在一次访谈中,她说道:"我不属于哲学家的圈子。我的职业是政治理论。我一点没感觉到我是哲学家,我也不认为我可以被哲学家的圈子所接受。很长时间以前我就正式告别了哲学。[1]"一方面,我们会怀疑阿伦特真的只对政治体制所对应的政治制度感兴趣吗?很显然,举例来说,阿伦特对于极权政体的描述与分析已经远远超出了政治理论的范围,她拒绝极权政治所宣扬的"一切皆有可能"的同时,又在积极地重建一个"不是一切皆有可能"的世界,这样看起来阿伦特又不像是一个严格意义上的政治理论家。另一方面,阿伦特对哲学的拒绝,还要放到二战以后的思想背景中去看。战后,无论是在欧洲还是在美国,关于"奥斯维辛之后,哲学还可不可以继续"的论题就一直没有停下来。以霍克海默、阿多诺为代表的"法兰克福学派"就认为,纳粹继承了属于启蒙思想的哲学理性主义的遗志,它本身就是哲学的产物[2],所以哲学日后的任务只有一个,即"思考与行动,让奥斯维辛不再重演[3]"。阿伦特在私人立场[4]以及思想观念上都不同意"法兰克福学派"的观点。她认为是纳粹主义导致了哲学的颓废与失败,而这

---

[1] 1964年10月28日,与Gunter Gaus 的谈话。见 Hannah Arendt, *Tradition cachée: le Juif comme paria*, trad. par Sylvie Courtine-Denamy, Paris, C. Bourgeois, 1987, 第221-222页。

[2] 见 Marx Horkheimer, Theodor W. Adorno, *La dialectique de la raison*, trad. par Eliane Kaufholz, Paris, Gallimard, 1974, "introduction", 第13-20页。

[3] Marx Horkheimer, *Dialectique négative*, Paris, Payot, 1992, p. 286.

[4] 见 Hannah Arendt, *Walter Benjamin 1892-1940*, Paris, Allia, 2010, 第26-33页。阿伦特不仅在自己发表的文章中批评了阿多诺对友人本雅明虚伪的态度,而且在1966年7月4日给老师卡尔·雅斯贝尔斯的信中对阿多诺主动迎合纳粹政权的态度非常气愤。

样的"职业性扭曲[1]"(déformation professionelle)根本原因就在于,哲学家往往试图远离经验的现实,躲到世界之后去建立纯粹的哲学,而结果往往是由于缺乏政治感后引起的道德与政治错误。

  阿伦特从来没有尝试诠释一种政治哲学体系,她也没有向施特劳斯那样返回到古典政治哲学中去,但是她也做出了一种回归,即回归到政治事物本身中去。阿伦特认为,哲学从传统来讲为了突出真理总是抬高理论的价值,而这样就降低了政治中的实践(praxis)价值,所以阿伦特一开始就拒绝施特劳斯式的政治哲学,政治的多元性(pluralité)所产生的众多言论(doxai)不能被哲学家的单个真理所湮没,换言之,政治不能是哲学家的观点,而应该来自政治参与者的行动[2]。需要注意的是,阿伦特拒绝政治哲学,并不是因为要在政治向度内实现人的条件而抛弃哲学。相反,她在面对政治问题时并不是优先进行哲学预判,这样的思想家在当代其实并不多。政治在阿伦特看来,不能成为哲学的一个对象或是客体,而应该成为哲学存在的一种方式,也就是说政治的方向不能由哲学家去定,但是哲学家一面退居世界之后一面作为思考者不断思考着属于他的世界,这本身就是在进行一种行动:"思考的力量可以让精神远离世界,而不用离开世界或超出它。[3]"这也就是为什么阿伦特要将思考(penser)与沉思(contempler)分开,而在理论与实践之间加入判断(juger)这个概念的原因。调和政治与哲学的关系一直是阿伦特思考政治的中心

---

[1] Hannah Arendt, *Vies politiques*, Paris, Gallimard, 1974, p. 320.

[2] 见阿伦特的文章 philosophy and politics (1954), *Social Research*, spring, 1990。

[3] Hannah Arendt, *La vie de l'esprit*, trad. par Lucienne Lotringer, Paris, PUF, 1981, p.62.

问题[1],对于她来说康德的第三批判是最好的解决办法,而阿伦特在梳理康德"政治哲学"的过程中,我们也可以看到她的许多想法都受到了康德哲学的启发[2],正因为如此,阿伦特所要构建的世界也正是一个存在着多种多样公民的世界。

施特劳斯与阿伦特在危机的背景下,为我们提供了两种值得借鉴的生活方式:以传统之名,通过对恒久不变事物的追求做一个高尚有德之人,或是摆脱所有的偏见(préjuger),真正地用判断(juger)的能力去面对这个世界。阿伦特不能简单作为自由主义、民意领袖的符号,而施特劳斯更不是保守主义、精英主义的教父。阅读他们本身是思想的历险与阅读的体验,任何符号化、标签化都是危险的。将思想作为武器投入任意一种公共生活的时候,都应该谨慎,这不在于理论与实践之间的张力,而恰恰是因为领会高深思想复杂性的过程本身就已经是一种生活。

末了,本书的书名为《政治哲学终结了吗?》,原书的作者一方面并没有把这个问题作为整本书最核心的问题去讨论,她只是想把问题的框架圈定在学院派的政治哲学学科的范畴之中,而另一方面,对于政治哲学本身的考量,无论是施特劳斯还是阿伦特都在1971年罗尔斯发表《正义论》之前就已经完成了各自思想的建构,所以我们也可以认为以古典价值为导向的政治哲学在施特劳斯与阿伦特之后逐

---

[1] Margaret Canovan, *Hannah Arendt: A Reinterpretation of Her Political Thought*, Cambridge University Press, 1992, p. 264.

[2] Hannah Arendt, *Juger: sur la philosophie politique de Kant*, 前揭,第51页。巧合的是,阿伦特曾说自己在14岁时通过康德的《纯粹理性批判》开始接触哲学,而她生前最后的课程也是关于康德的,甚至该书主编 Ronald Beiner 认为这个讲稿就是阿伦特为《精神生活》所准备的第三部分。

渐淡出了主流政治哲学的讨论。可是如果这个问题分别提给施特劳斯和阿伦特的话,我们通过本书也不难找到一点痕迹:在施特劳斯那里,古典的政治哲学当然不会终结,哲学也不能更不会在现时代中消亡,而且复兴古典哲学是解决现代性所产生出的问题的方案,而阿伦特的思想里根本就没有所谓的政治哲学。终结与否?答案无论是肯定还是似是而非,答案本身的重要性远不及问题,正如施特劳斯在早年所言:"上帝不提问,他只是回答。提问比回答更突显人的智慧。没有问题就不会有答案,虽然有些问题是没有答案的。[1]"

杨嘉彦

2015 年 3 月 21 日

于 Vitry-sur-Seine 两头蛇书房

---

[1] Leo Strauss, "Religious situation of the present", trad. par Anna Schmidt & Martin D.Yaffe,载 Reorientation: Leo Strauss in *1930s*,前揭,第 226-227 页。

中文版序

我十分荣幸我的作品可以被翻译成中文。我首先要感谢的是杨嘉彦，他的工作是令人印象深刻的，并且我也要感谢华东师范大学出版社六点分社对我的研究感兴趣。借此机会，我还要再一次表达我对玛丽亚姆·勒沃·达洛纳(Myriam Revaul d'Allonnes)的谢意，她指导了我的博士论文，而本书的主要部分正是由我的博士论文构成的。莫里斯·布雷(Maurice Poulet)使本书得以在法国国家科研中心(CNRS)出版社出版，在此一并感谢。

在我们这个时代，为什么要讨论一种真正的政治哲学可能性的条件？其一，由于我们社会深刻的变革，即被科学和技术范式所统治，我们才应该恰如其分地拷问知识的归属条件(les conditions d'une appropriation du savoir)，知识可以建立思想的共同体。其二，由于在现实中，政治受到了来自支配我们生存的经济和市场的威胁，从而成为了被鄙视的对象，所以对集体活动的空间归属条件进行拷问就显得至关重要。其三，由于我们是传统的传人，即使我们的时代试着让我们(好像我们真的可以做到)在存在之中依靠过去而不去参照它，但我们却又不断地极力降低传统对我们生活以及思考方式的影响。所以，政治哲学问题处在了三种重要担忧的交汇处：使用理性的条件，这里的理性不是某人的特长；走出政治无力的条件；栖居于世界的条件,世界不能被简化为我们此刻社会的状态,它应该是包括作为我们思想中所具有的过去和未来的两种向度。

本书采取让列奥·施特劳斯和汉娜·阿伦特的思想进行交锋(confrontation)这样一种论述形式。两人将我们所面对的现时代看作是一种危机的处境,将极权制度的存在看成是一种事件的显露,最后,在我们称之为"走出危机"的视角中,他们都认为阅读与重读最古典的哲学是不可或缺的。正如我们在阅读中所看到的那样,这两个人的方法在表面上是相似的,但是最后却产生出截然相反的结论。施特劳斯捍卫的观点是回归到被我们这个时代所遗忘的理性思考,也就是柏拉图或亚里士多德的哲学,它将最佳的制度作为政治哲学的永恒问题;而阿伦特认为当务之急是要面对哲学传统这条线的断裂,为的是与世界上的事物对接另一种关系,她采取的是一种政治现象学的形式。我想说明的是:阿伦特对于共同语言、政治语言、技术语言以及哲学语言的关注构成了"在我们身上能发生什么"这一归属在其新颖性中的关键。过去的诸多哲学都是在这一框架之中获得了集体政治经验的地位,而传统却使我们忘了这一地位。

能够让这种交锋有意义的另一个方面是这两个哲学家所在的不同的政治归属。从一开始直到今天,无论是在美国还是在法国,施特劳斯的思想和教诲有意无意地会导致一些学派的出现:这些我们称之为施特劳斯派的人将哲学活动孕育成某种崇高的事业,进而远离了社会与政治存在的变迁,他们的使命具体说来就是要将伪理性与真理性分开。伪理性就是缺乏自我约束,向现实的压力与模式做出妥协,而真理性则是遵从自己的特性,知道自己能分辨出好与恶。然而,施特劳斯学派从没有形成一个统一的派别,但是从政治上讲,在一般原则上,他们在哲学的实践上都是维护一种精英立场,一定意义上的政治保守主义,在法国我们称保守主义为"右派"。这也就意味着,这样的"右"不是想让市场法则随意通行以至于使政治与哲学消失,而是试图要让一种真正、真实的"文化"复兴,反对那些属于"反文化"、"次文化"的秩序。简单来说,这些施特劳斯派的人将我们问题的源头归结为缺乏思想、缺乏哲学、缺乏文化。

对于"阿伦特派"(如果有的话),最主要的问题不是我们不再进行哲学思考了,而是我们与政治的事件性(événementalité)接触得不够。很明显,我们的社会缺乏思想,而缺乏思想会导致不停地产生出许多新形式的束缚。但是,缺乏思想并不等同于缺乏哲学认识。应该做的是,完全摒弃高人一等的立场,去尝试在连续性以及往往被忽略的常识中去理解在我们身上所共同发生的事情。阿伦特式的理解不是一种知识,相反它意味着重新拾起一种被遗忘的能力,即政治判断的能力,康德在诸多共同感的信条中将这种判断建立在"扩大了的思维"之上。

关于阿伦特的"政治"或者是她的思想在现实政治中的位置,在法国她与施特劳斯的思想的处境大不相同——阿伦特的思想完全不像是一种学派思想。法国思想界长期以来都被马克思主义与反马克思主义之间的辩论所主导着,所以在很长的时间里,对阿伦特思想的接受都处在混乱(chaotique)与颠簸(cahotique)的状态中,一直没有对她的思想进行正确、全面的解读,但最终阿伦特的思想还是被原原本本地阅读与接受了。然而,在对阿伦特政治论述与哲学作品某些段落经常性的引用中,往往学者们在很大程度上没有理解其中的含义。我想,关于阿伦特的优秀博士论文以后还会越来越多。另外,在学院领域内,学者们已经开始注意"判断"(jugement)这一问题,但问题是在对其上乘的哲学研究与在政治中的运用之间还是有很大差距。我发现了一个很奇怪的现象,在我们的政治视野中,现在从左派到右派都依仗阿伦特。对于左派,比如他们总是利用阿伦特关于公民不服从的文本大做文章;而右派认为阿伦特关于教育的文章是她捍卫保守主义的铁证,更不要说那些带有政治偏见色彩的人的断章取义。不同的政治派别都在对阿伦特思想进行着曲解,每个人都说自己是在阿伦特思想的庇护下。

我希望本书能够厘清阿伦特与施特劳斯的思想,避免读者将他们的思想简单化,以及过早地把他们归到哪一个队伍中去。他们各自哲学的力量是毋庸置疑的。我也希望本书能够促进中国读者用自己的方式解读他们各自的不同之处,当然,这两个人的思想都能够增进我们对当下全球共同面临之问题的理解。

卡罗勒·维德马耶尔
2015 年 9 月

导　论

在20世纪,作为极权事件的政治现实对哲学进行了猛烈的攻击,后者无力应对这一新形式的"恶",但是在传统理论的范畴里,哲学没有萎缩。

对现实的诊断不能在等待中产生:危机是真实的,正如理性的危机和"共同生活"(vivre-ensemble)的危机。在现代化方案最主要的两个维度中,我们迫切地需要追问它的本性:一方面,现代性依赖进步理想,科学与技术的进步,甚至还有道德的进步,启蒙运动时期是对大多数人的教育,对民主之"民"的教育,而这个民主,已经被定义为对于一个理性民族最合适的唯一制度;另一方面,对于现代意义上的自由和幸福的实践与探寻揭示了私人领域;政治将现代化方案的两个维度甩给了众多个人,这两个维度建立在国家与社会的分裂、政治目标与个人目标分离的基础之上,而往往众多的个人试图以集体的方式达到他们的目标。

现在,对危机的诊断如此平常,以至于我们完全有理由自问,危机(它当然不是伴随着极权事件而出现的唯一事实)是否会成为一种政治现实的模式存在于自由民主中。事实上,如果危机是永久的,它们的出现正如我们要不可避免地经历未来,那么危机所表现出来的一定是它们对于自身原则不确定和持续的疑问。

然而，在当代，一些有争议的现象，也许因其负面的后果，恰恰有助于阐明现代化方案根本的表象。我们观察到，为了政治我们损失了许多利益，而找不到反对政治的武器，具体来说就是政治本能地与私人领域相分离，在这个私人领域中，个人期望能达到自身的目的。行动是能够在政治中生存或者"进入"其中的唯一形式，正是由于这个原因，行动也成为最令人可疑的目的。许多人选择置身于政治之外，而不去参与其中：对于他们来说生活本身并不是政治的。权力所指称的就是控制与服从的关系，在此之中的核心问题就是谁拥有或掌握权力。专家们所做的就是解答这个问题：不掌握政治权力的个体们甘愿被剥夺政治权力，因为对于他们来说这种剥夺是建立在知识与能力结构性的差异上的。但是，剥夺政治权力并不能消除不满：当独立的强人无法满足全体人幸福这个条件的时候，我们就要重新追溯历史，这既必要也自然，因为历史在本质上可以不受个体的影响。在这样的框架之下，价值就是相对的：在充满各种可能目的的私人空间里，在行动与不行动之间做抉择以及无论哪种选择都是无力的情况下，所有我们思考与实践的价值都具有平等的价值。

这其中的每一个现象都直接反映了现代性方案的一个决定性因素。行动的必要性可以归结为一种思考指向行动的现代理念：行动是思考着的主体的一种行为，此主体被界定在它的理性自律之中，而所谓的自律，恰恰需要三思而后行这样的深思熟虑，进而可以在既定的选项里或者环境所迫的情况下，做出好的选择。政治的概念如同控制-服从这样的关系与现代国家关于代表制而非全民参与的原则，紧密联系在一起。政治是一项缜密盘算的事务，这一理念是现代理性的表现形式之一，这使得现实可以被认识亦可以被掌握。产生于自然科学的科学话语，扩散到人文学科的诸多领域，然而这些领域都极力地要避开这言语，如同专家所把持的业务一样，为了满足某个确定的原则,政治意味着在某些可能范畴中利益的丧失。如果所有的个体都想着达到自身的目的,那么表现出的不满就可以作为检验政治成败与否的标准。单纯地信赖某种完全忽视个体的历史,实际上反映了历史在现代的特殊概念,也是历史哲学和历史主义两种最主要理论的表达形式:如果个体是在由外界定义的原则和事实之中获得事件的意义和方向的话,那么只要等着历史去阐明行为和事件的真理就行了。对于价值相对主义来说,它可以被解读为现代自主决定原则的一个衍生品。

同样,如果我们当下的现实不是极权的,那么20世纪最主要的危机可能就会揭示出我们现在的危机。事实上,所有现代的危机都是要让现代性方案进行自我批判,而且危机又把这种自我批判与另外一种更深刻触及思想的现象相联系:对理性哲学的猛烈冲击。科学话语的统治导致哲学没有了影响力。两种看法可见一斑:可不可以说作为西方的一种思维模式,哲学已经失败了?相反,可不可以在哲学思维方式的丧失中找到对于危机的解释?第一个问题,根据它的表达可能导致虚无主义:否定现代合理性(rationalité)会导致对于理性(raison)自身的否定。对于第二个问题,它想借助古代哲学或古典哲学去拷问以哲学性和理性为视角的现代性蓝图。

哲学处于一个微妙的位置,因为对现代性进行哲学批判并不能让我们走出合理性的危机反而有可能加重危机:这也就是说我们应该"在思想家圈子内部"去仔细诠释"海德格尔事件"的重要性,这个事件是哲学家向政治的恶进行妥协的结果。现代性哲学批判不是在进行对哲学过去乡愁式的一种表达,而是为了避免停留在由现代性圈定的历史视野中,因为在这种视野下必须要在现代或古典这样非此即彼的范例中选择。

古典时代的政治经验和哲学概念可以强有力地支持现代性批

判。雅典的城邦制就被视为是建立在有效地参与行使权力基础上的一种政治自由的典范,这与现代代议制原则完全不同。古希腊哲学,尤其是柏拉图和亚里士多德的哲学,可以使我们想到哲学家、公民以及政治家生活方式的真正差异:在某种程度上这回应一种特殊秩序的思想,可以不受制于行动的必要性。科学与哲学共同思考一种现实内在的秩序:理性的运用是一种接受的过程,建立在特殊经验基础上;这种经验与现代的怀疑经验相反,它将人置于世界之中,所以也就产生不出现代个人主义对于自我的反思。本质上是亚里士多德哲学的政治领域被定义为偶然性领域;与人际事务处理的方式类似,偶然性依照可能(probable)去指引行动,而不是将行动建立在确定性的原则之上。但是,亚里士多德已经确认了政治关系与哲学存在的自然属性:拥有"逻各斯"(logos)与它的政治和哲学使用之间,存在着连续性。因而确切地说,现代人不能区分语言的自然使用和语言的科学、技术上的使用。自然的古典理念揭示了人应该成为怎样的人,揭示了他自身的完美和他在现实中的卓越。

通过公民和思想者,这些原则可以使人重新拥有进行政治活动与哲学思考的能力。生活方式的不同并不单纯地源于职能的不同。

更深入地说,古典自然概念宣称人本身的目的,这也就为现代理性自律所产生的偏差提供了反抗的工具。如果每个人为自己确定的目标都不相同的话,我们也就摆脱了价值相对主义。人的自然目的是由目的本身去衡量,所以目的不是由价值决定的。同样,不是随便实现一个目标都可以叫幸福:应该是所确定的目标与人性和世界的本性相符。如果人的事务建立了偶然性的秩序,那么这些事务就不用理会必然性:只有承认现实政治的本性才能够走出统治的幻影,同时远离无力的绝望。在政治中,自由的概念,应该被理解成参与到整体的存在中;在哲学中,理解成融合进普世中。

还好有希腊人的哲学与政治经验,这才有可能重新发现人自身的目的,思考真正的政治领域的存在,给予自由以内容,考虑政治的幸福,否定国家与社会的分离,避免理性受制于行动。说到底,主体的现代思维理应受到质疑,因为人应被置于世界之中,应该重新找到思考的能力,应该承认政治的恶。这种对于政治恶的承认可以使我们合理地对政治有所预期。

重新诠释古今之争是必需的。施特劳斯与阿伦特首先运用两种不同的方式进行这种诠释,而他们都选择了用古人反对现代人[1]。尽管施特劳斯和阿伦特在他们各自的人生轨迹中有许多相似之处,但是他们彼此并不喜欢对方:他们都是当代人[2],两人都是犹太人,都成长在德国,都是海德格尔的追随者,为了躲避纳粹都避难于美国,特别是在那里他们享受了作为知识分子而存在的生活。对于这两个人,国家社会主义是20世纪最主要的政治经验。

然而,二人对于各自在思想中所忧虑的根本不同,使他们分道扬镳。施特劳斯,显然是一位哲学文本的解释者。现实,经验,大事件,并不在他的著作中占据中心地位,他关注更多的是真理而不是事件,是信仰和理性之争在他的思想中占据核心地位。对于古典和现代哲学最详尽的阐释是他作品中的主要内容,而他也不断地重新发现那些被遗忘了的文本。相反,阿伦特常常被认为是一名政治分析家。尽管《人的条件》这本书看起来像是一部格格不入、更哲学的作品,但几乎她的所有著作、文章都是围绕现实而展开的。

---

[1] 我们可以在古人中找到对于现代性批判的依据,而施特劳斯和阿伦特就持有这样的观点,见 Philippe RAYNAUD《政治哲学词典》(*Dictionnaire de philosophie politique*, dir. Philippe RAYNAUD et Stéphane RIALS, Paris, PUF, 1996)中"古人与现代人"的词条,第12—16页。

[2] 列奥·施特劳斯,1899—1973;阿伦特,1906—1975。

但是所有这些比较都是表面的。对于施特劳斯来说，现代性的危机本质上是一场政治哲学的危机："我认为，毫不夸张地说，政治哲学甚至是哲学在今天，已经失去了它的尊严和地位。在今天，任何人都可以轻松地说，他的哲学就是早餐中吃两个鸡蛋。哲学尤其是政治哲学，还能做什么？[1]"施特劳斯的蓝图旨在重新赋予政治哲学以尊严，也就是说，从它的源头出发，再一次理解它，就像寻求真理一样。应该重新找到使用真理的自由。政治哲学，一般来说，只是哲学的一部分，因为哲学试图建立一种对事物的自然的认识，特别是关心人的事务以及政治领域。重现发现哲学就直接涉及了政治，因为这样的发现可以定义人的目的，以及不将实现美德、完美、卓越的人的存在分裂开来。简单来说，施特劳斯的意图就是，通过谱系学的方法，从现代性的形式出发追溯它的源头：现代性蓝图的诞生就是现代性的根源，它揭示了理性最简便的意图，这样的意图与另一种意图相抵触，那就是道德和真理的意图，古典哲学就是以此意图为特征，同时它也指引政治的认识。所以，获得自由，需要通过我们对于自然的重新认识，以及通过运用我们的判断力。

回到古典哲学不是怀古：对时间的眷恋只是在现时代信奉历史的表现之一。回归古典，就是要重新赋予概念以它们的内容，其实也是反对现代性的进程，因为这样的进程歪曲了概念。回到古典哲学是对历史的超越，是反历史的，是人通过独有的属性所能够完成的对于超验性的探索。哲学的崇高在于面对所有政治现实时它那自然的优越性。

---

[1] 节选自宣读于1962年的"政治哲学的危机"讲座（《La crise de la philosophie politique》，载《虚无主义与政治》[*Nihilisme et politique*]，O. Sedeyn 译，Paris, Payot & Rivages, 2001），第113—114页。

对于阿伦特来说,重新找到超验的意义是不存在问题的;相反,应该有能力去思考事件本身。我们在极权主义事件中的无力明确地表明,在人类社群中出现意义的必要性,这也是真理的哲学探求所要牵绊的东西。这也就是为什么,她对于概念和经验,特别是古典概念和经验的兴趣点,不是由可以取代现代性原则的其他理性原则的意志所引导的。应该去探求我们和世界的关系,尤其是我们的存在有可能会出现多元化的意义。完全属于抵抗运动(Résistance)后的经验就是"自由珍宝"丧失的经验:"由此可知,失落的悲剧不是从国家的解放几乎自动毁灭了无数潜藏的自由岛屿开始的,那些小小岛屿的毁灭不管怎么说都是注定了的,而是从不再有心灵去继承它、质疑它、思考它和记住它的时候开始的。问题的关键是,'完成'暗示了每个被付诸行动的事件必须最后落实在那些讲出这个故事,传达出其意义的人们心里;在行动之后没有这一思考的完成,没有记忆所实现的清晰阐明,就几乎没有故事可讲。[1]"在产生自由的抵抗运动面前,正如在可能使自由消失的极权主义面前,思想应该摒弃它居高临下的位置,应该深入事件去寻求其意义。所以思想也就应该使自由的经验成为一种可以讲述的经验,使这样的事实成为一种永久的可能性,而不是去操控它的出现。思想应该与寻求真理分隔开来,应该处于真实的世界中,也就是说不是存在于世界超验性的关系中。如阿伦特所言,危机使得这种新的思想模式成为可能,这样的模式其实一直是存在的,只不过被理论化的面纱所遮掩住了。对经验的理解指导了对于现代性的分析,正如对于过去思想的回顾。理解事件,就

---

[1] 汉娜·阿伦特,《过去与未来之间》(*La Crise de la culture. Huit exercices de pensée politique*, trad. dir. P. Lévy, Gallimard, « Idées », Paris, 1972, « Tel », 1985, « Folio Essais », 1989),王寅丽、张丽丽译,译林出版社,第4页。

是去掌握人性,去掌握它的条件而不是它的本性;这样就走出了政治哲学。

面对现代性失落的事实,自然这两位哲学家都在寻求新的标识,也就是一种永恒形式的标识。但是这样的形式没有一致的顺序,这就是为什么比较思想只能是思想的碰撞。

虽然施特劳斯与阿伦特的方法在表面上看来很相似,但是他们对于思想、政治现实并不能达成一致。这样就涉及在这两种概念之间,哪一个更能思考政治,更能让我们走出危机,更能思考现时代的诸多现象,同时让我们认识到与恶进行抗争、拒绝理性无力那一面的必要性。

特别要说的是,经验中的新事物不就只是一种幻觉吗?我们想要找到一种解决危机的办法吗?或者我们是否满意这个答案?按照思想与行动的差异来看,这两位哲学家都没有真正地去行动。对于这个问题,应该谨慎地来看:在忠于他们思想的前提下,我们不能在他们身上找到某些直接的、可操作的问题的解决办法,就像许多人那样,不停地去说服所有人以证明他们的信念。我们对于施特劳斯和阿伦特的情况,应该换一种角度来看:思想上拒绝行动,不代表拒绝所有的行动,也不是一辈子都拒绝行动。但是,只有我们去思考人的问题,我们的处境才有机会被照亮。在这种意义上,诸多的答案并不是取悦于我们,恰恰相反,这些答案代表了精神可以诠释出的最公正的东西。

第一部分
关于危机的交错目光

施特劳斯与阿伦特的政治思想中,最"明显"的相同点是他们对于危机的诊断以及将所处的现代性视为一种危机的环境。然而,我们将看到危机所形成的区域却不尽相同。施特劳斯首先是批评认识的现代性类型,也就是说,他将对现代性的反思范围划定在现代性的偏见或者诸多模式中。在这种意义上,他采用的是古典哲学的态度,这种观点不接受任何既成的事物。他先验地拒绝现代性作为权威:哲学的姿态即一种批判的姿态;相对于轻易就服从现代性的一般人,哲学家应该突出自我的判断。在与现代性明显保持距离的同时,施特劳斯揭示了它意外性的特点。

　　对于阿伦特,在人类存在的很大一部分领域中(教育、文化、权威、自由等等)极权事件的显露及其主要特点的突出,都导致了危机的形成。她的诊断把对于危机的判断融入到了现实本身的危机当中。

第一章
施特劳斯,历史主义和实证主义的批评者

施特劳斯以递归的方式批判历史主义以及社会科学的实证主义,并且他试图将这两种"学说"的机制(mécanisme)曝光于世,这样就可以看到它们偏见的、"方式"的甚至是意识形态的本性。这样的批评几乎明确地或隐蔽地出现在了他所有的文章中,但是只有两篇文章是直接将这样的批评作为讨论对象,这就是《自然权利与历史》[1]的前两章。

在这本书的"导论"中,施特劳斯援引了美国的《独立宣言》:"我们认为以下真理是不言自明的,人人生而平等,他们被他们的造物主赋予了某些不可剥夺的权利,其中包括生命、自由和追求幸福的权利。"紧接着他又提出这样的问题,美国"是否依然珍视着她在其中孕育成长的这种信念呢?[2]"当然我们仍可以说,三十多年前,自然权利"对于所有的美国人是自明的",与此同时,奥托·基尔克也在反思德国的境况,"'自然权利'和'人道'这样的术语已经变得几乎

---

[1] 列奥·施特劳斯,《自然权利与历史》(*Droit naturel et histoire*, trad. M. Nathan et E. De Dampierre, Champs Flammarion, 1986),彭刚译,三联书店,2003年。

[2] 除非注明,否则以下引用全部来自《自然权利与历史》的导论,中译本,第1—9页。

不可理解……完全丧失了它们原来的活力和色彩[1]"。也就是说在抛弃自然权利的同时，德国思想创造了历史感，并且导致了"漫无节制的相对主义"。施特劳斯将这样的描述用在了西方思想的普遍状况中，特别是美国的社会科学采用了相对于自然权利的德国态度。《独立宣言》的原则"不是被解释为是对自然权利的表达，而是将之视为一种理想，甚至是把它当作一种意识形态或者神话"。实际上，社会科学认为既定事实是由愿望和本性构成的，而不是来自于自然权利。

施特劳斯对于自然权利反思的出发点是评价在西方思想中概念本身的丧失，而西方思想通过它最主要的参照——西方，较为根本地丧失其本身。危机直接与基本的传统建立了关系。美国社会失去了与自然权利的关系，实际上就是它与《独立宣言》和它政治起源的断裂。它的政治起源自此开始无力，自明的自然权利的丧失是它缺乏有效性的标志。一个面纱扰乱或遮掩人道的概念。如果历史感代替了自然权利而没有接替它所扮演的角色，那么我们就可以明白批判历史感和其可能导致的相对主义的必要性。《独立宣言》的新地位使得"既定事实"有了新的理念："既定事实"由概念上相对的愿望和本性构成，而不再是由权利上绝对的自然权利构成，因为自然权利以"自然"的观念为基础。

抛弃自然权利实际上就意味着"所有的权利都是实在的权利"，所以这就不可能在理性的基础上，根据正义与非正义、正当与非正当建立起判断。然而"今日人们对于自然权利的需要，一如上百年甚至上千年来一样地显明昭著"。有必要存在"一个标准，据此我们可

---

[1] 施特劳斯引自奥托·基尔克(Otto GIERKE)，《自然法与社会理论》(*Natural Law and the Theory of Society*)。

以对实在权利做出判断",而不至于使这种实在的权利只成为一个既定文明下的理想。然而"审视批判"是不可能的,面对这样的不可能,对于自然权利的需求就是正义的:"仅仅是我们能够对自己社会的理想到底价值几许提出疑问这一事实,就表明在人的内心中存在着某种并不完全受他的社会奴役的东西。"而"某种"就意味着"可以使我们在真实的需求和虚幻的需求之间作出区分的这样一种标准"的必要性。也就是说,施特劳斯认为提出诸价值的价值问题是不可能的,因为危机归根到底是判断的危机,而且对于最本质的质疑(questionnements)的漠不关心导致了危机;当前的理论框架不可能使问题得以系统阐释甚至是被思考。拒绝自然权利导致了灾难性的后果:处于社会科学中的思想只能着眼于手段,而不考虑要达到的目标。由于缺少能够分辨合法与不合法目标的标准,那么知识只能是工具:"如果我们的社会科学偏好慷慨的自由主义并不超过一致性的话(上帝才知道这是为什么),那么马基雅维利在表面上做的,就是它实际上做的:这就是说,它在给暴君们和自由的各民族做咨询时,都是同样的称职而又心甘情愿的。"就是这样的处境:"在小事上理智而冷静,在面对大事时却像个疯子在赌博,我们零售的是理智,批发的是疯狂。"最后,"当下拒绝自然权利就导致了虚无主义,其实,它就等同于虚无主义"。

如果社会科学只是一种手段或一种工具,而且如果它是统治性的,那么是思想本身堕落成了工具,事实上应该被优先合法考虑的,被完全颠覆了,成了附属品。主要方向的选择让位于偶然或冲动,也就是"疯狂"引领了世界。正如斯宾诺莎在《伦理学》第一部分的附录写到的,或者康德在《纯粹理性批判》的前言中指出的,作为哲学家的施特劳斯,也要试图终结这种非理性的亢奋并且让人们脚踏实地。

当下理念的非理性是通过他们的内在矛盾显现的。也就是宽容的理念,表现为现代自由主义。现代自由主义宣称"绝对的宽容"符合理性,然而,施特劳斯告诉我们,绝对的宽容,一方面意味着无论对于怎样绝对位置的不宽容,另一方面则暗自援引自然权利,据此所有人都有权寻求作为善的幸福。所以,"宽容对于许多人来说就成了一种价值观或者理想,本质上它并不比它的对立面更优越"。"自由主义的相对主义"矛盾地表现为"不宽容的源泉"。无论怎样断章取义地援引自然权利,在施特劳斯看来都是行不通的逻辑。理性的一致性不需要把一种价值替换成另一种,而是结束一种价值的统治。

自由主义与相对主义的"理性"最终只是告诉我们,我们的原则并不比其他的要好,它没有提供任何可以合理地指导行动的标准。但是活着就要做出选择,可是到头来,相对主义却没有发出"理性之声"。寻找必不可少的原则,然后又缺少确定的原则(绝对有效的)的时候,人们开始陷入"狂热的蒙昧主义"。施特劳斯用纳粹现象这一教训来解释这个论述的视角:"对于这一后果的严酷体验,使人们重新产生了对于自然权利的普遍兴趣。"但是不应该由蒙昧主义转向自然权利:"我们得警惕这种危险,别在追求苏格拉底的目标中堕入了色拉叙马库斯的手段与性情中",因为"效用与真理是完全不同的两回事"。自然权利不应被认为是诸多价值中的一个价值,它只能合理地使客体对它热情地眷顾,而不是对它狂热崇拜。

观念的历史可以让我们"远离这样一个层面,在那里政治强制是对于党派盲目的激情的唯一防范措施"。当古典自然权利与目的论观点紧密相连时,自然的现代科学的发展就使普世的机制观念占据了上风。就是在这个背景之下,"自然权利的问题变成了一个党派忠诚的问题"。现在的思想界,根据施特劳斯的分析,就是两个敌对阵营的斗争,一个是自由派,另一个是托马斯·阿奎那的信徒。一派认为"非目的的宇宙观应该随之以非目的的人生观",这就是"自然主义"的观点,但是这不能思考人的目的的问题;另一派接受"一种根本的、典型的现代二元论亦即在自然科学上的非目的论和在人的科学上的目的论"——这就是"托马斯·阿奎那在现代的追随者们"的观点。最后,"我们所面对的这种根本性两难局面,是由现代自然科学所取得的胜利而引发的。这一根本问题不能解决,就谈不上对自然权利问题的恰当解决"。

如果自然权利在现代的背景下还可以被引用,那么也只限于在党派之争的辩论中。施特劳斯认为这种情况的根源在于自然的现代科学的胜利。自然显得像一个有待解决的问题。这就涉及我们所认定的根本的既定事实,它是解释的结果还是决定的结果。拷问现代的既定事实,就是要假定我们所称为的现实是一种存在问题的向度。我们如何能够超越自然科学的现代观念呢?相比较古代而言,现代科学毋庸置疑是一个进步。说到底,这牵涉到承认思想不是绝对地被科学给我们提供的框架所束缚。哲学思想本质上,以现代词语的意义来看,是非科学的。

这就是为什么施特劳斯在《自然权利与历史》中要直面人的科学,因为他为自然权利辩护而反对当下的社会科学的诸多前提。社会科学以"历史的名义"和"事实与价值分野的名义"拒绝自然权利。而关键就在于,"科学与历史,这两个现代世界的强者,最终成功摧毁了政治哲学的可能性[1]"。

施特劳斯对于现代性的诊断就是对于危机环境的诊断,所以他

---

[1] 列奥·施特劳斯,《什么是政治哲学》(*Qu'est-ce que la philosophie politique?*), Olivier SEDEYN 译,PUF,1992年,第23页。

理所应当地展开了对于历史主义和实证主义的批判。

对历史主义的批判

施特劳斯不是把历史主义当作一个哲学学派去分析,而是看成"一种强大而活跃的因素,它或多或少地影响了整个时代的思想[1]"。对于历史主义的批判,本质上是理解施特劳斯对于现代性的阅读。在"导论"中我们已经看到,对信仰"历史"的批判处于次要的位置,因为这样的批判首先是要回应"历史"思想对于自然权利的攻击,这就是为什么重建自然权利的第一步是要对自然权利的敌人进行批判。施特劳斯对历史主义,从其一些不攻自破的陈述到极其复杂的主张,都进行了严厉的批判。

反对自然权利最常见的论据就是"一切有关权利和正义的原则都是无限多样的[2]"。也就是说,最简单的现象与记录都可以让我们认为正义原则是多样的而且是变化的。这是典型的历史论据,因为未加工的历史是可以给我们这样的验证的。施特劳斯认为这是不恰当的,因为这样的论据建立在神话或者"所有人类的同意"的虚幻学说的基础上。然而"'所有人类的同意'绝不是自然权利得以存在的必要条件"。实际上不应该混淆普世化的一般性与内在于自然权利理念的自然性。也就是说,在人的科学的领域中,非一般性不是反对普世性的论据。事实的多样性不是权利的多样性,应该区分事实

---

[1] 列奥·施特劳斯,《什么是政治哲学》,前揭,1992年,第60页。

[2] 除非注明,否则以下引用全部来自《自然权利与历史》的第一章"自然权利与历史方法",中译本,第10—36页。

和理性,现象性和真理。但是施特劳斯更深一步,自然权利的合理性就在于它既不被知道也不被普世地承认。正确和错误观念的多样性,就是自然权利出现的最本质的条件。因为"种种关于'正确'的观念的认识,激发了人们去寻求自然权利"。施特劳斯把观点的多样性与真理的唯一性这对古老的关系运用到了自然权利的问题上。这种"广泛流传"的论据是无效的,因为它对于哲学理念做出的是非哲学的反驳。所以,为了让历史的论据有这么一些力量,它应该有哲学的秩序,也就是说,它应该建立在"对于自然权利的可能性和可知性的一种哲学批判"的基础上。这就是为什么要去理解历史主义的哲学向度。

历史观点的特殊性在于可以由习俗主义来衬托,也就是宣称所有的权利都是以习俗为基础的。这其实是要"掌握二者的具体分别,一个是习俗主义,一个是作为19与20世纪的思想特征的'历史感'或'历史意识'"。习俗主义假定自然与习俗有根本的区别,并且认为习俗是规范;根据这一原则,它判定权利与正义"的基础只能是普遍的共识",而它的目的是和平而不是真理。不同于习俗主义者,信奉现代历史观的人"拒绝承认这一前提:自然比任何的人为产物具有更高的尊严",并且要建立一种"在自然的领域与历史或自由的领域之间,根深蒂固的二元论";善与恶的观念并不是武断的,而是要建立人类的自由秩序。对于施特劳斯来说,自然权利与历史主义的对立比自然权利与习俗主义的对立要重要得多。因为,"习俗主义是古典哲学诸多形式的一种";自然与习俗的对立只是体现在它们差异性的框架中,这样的差异"体现在对于哲学的看法中"。"习俗主义的根本前提无非是把哲学视为把握永恒的尝试。现代自然权利论的反对者们所拒绝的恰恰就是这种看法。"施特劳斯认为,反对自然权利的现代人,就是反对哲学的。他们的思想可以被总结为:

"一切人类思想都是历史性的",也就是说都属于一种"文化"或者"历史世界",属于一种世界观。这种一切思想都属于一种文化的理论,确切地说,就是历史主义。换言之,历史主义首先是一个思想理论,它不同于古典意义上的哲学视角,认定思想只能被禁锢在洞穴中并且只能在这个洞穴中被理解。"这种反思性批判并不只是特别针对自然权利或者是一般道德原则,也是针对于全人类思想的。"这就是这种思想的关键所在。

只要确立历史主义之滥觞就可以找到它的核心:要明确"弥漫于更早时期的哲学的'非历史'路数的断裂"时刻,也就是"历史学派出现的时候"。然而,施特劳斯告诉我们,它的形成是为了反击法国大革命,并且反对"为那场浩劫做好了铺垫的自然权利论",在反对这场运动的过程中,他们也认为应该有必要"保存或延续传统秩序"。对于施特劳斯,所有对普世原则的承认,都是自我的革命,因为这促使其对当下社会合法性的质疑,并且在既定制度面前其显示了不满并要求审视制度的根基。自然权利往往因维护秩序而遭受批判,从这一角度看,历史学派的奠基者们是保守者。矛盾的是,在反自然与反超自然的辩论中,当他们把自然同化于个人时,他们却将论据提供给他们的对手与革命者。因为历史学派的观点在于要以特殊性对抗普世性。所以,"那号称为普遍的其实只不过是从某一局促于特定时空的东西派生而来的";思想其实就是"某一特定阶段的某一社会"的反映。施特劳斯将保守者与革命者等量齐观,因为他们都拒绝自然权利。这两种观点最后都符合历史学派,只是两种不同的理论却有着相同的根本原则,也就是对超验性的遗忘:"历史学派一经否定了普遍规范的意义,也就摧毁了所有超越现实努力的唯一的稳固的根基。[……]它的所作所为像是要使得人们在'此世'就有完完全全家的感觉。"然而以事物相联系(non-déracinement)的标准来看,相比较普世的原则,历史主义的原则看起来有理论优势。实际上,通过理解过去和历史的情况,理性可以找寻客观和具体的原则。但是指定给历史研究的新的位置产生了一场重大的冲突,其发生在推动历史研究的假设与"真正历史研究的结果之间"。也就是放弃起初的假设,这才使得"历史主义的幼年期走向了终结",进入到了成人时期。

它变成了"实证主义的一种特殊形式",也就是说,哲学将真正的知识看成是经验科学所提供的知识,并且将这些经验哲学视为所有知识的范例。历史就有了这种范例地位,这就是经验的历史,"摆脱了所有可疑的形而上学",而且确实形而上学无力去完成它所承诺要做的,即提供"特殊或具体的标准"。施特劳斯写道:"没有偏见的历史学家只得承认,他们无法从历史中得到任何规范——根本没有什么客观的规范。"实际上,"只有根据某一普遍的原则,特殊的或者历史性的标准才能具有权威性","然而,没有任何普遍的原则能够认可人们去接受每一项历史性的标准或者是每一个占了上风的理由","遵循传统"只有在"毁灭原来的崇拜"之后才是对于自我最好的。所以,"所有这些由历史所指示的标准终归是含糊不清的,不宜被视为标准"。这也显示了历史主义真正的本性,它只是虚无主义的一种形式:"在好与坏选择之间的分别并无任何客观标准可言。历史主义的顶峰就是虚无主义。要使得人们在这个世界上有完完全全家庭感的努力结果却使得人们完完全全无家可归了。"矛盾的是,看起来要摧毁一切的虚无主义却进入了持续中:"历史主义虽然明显地归于失败,却并没有破坏那些归于历史主义名下的理论洞见的声誉。历史主义引起的精神状态以及它最后的失败,被解释为人们对人之作为人的真实处境的前所未闻的体验。"也就是说,历史主义的盛行,在这一点上,就是它所制造出的混乱仍被当作是维护自身的论据,我们可以看到,让它走出自己的范畴,或者离开自己的视角是有多么的困难。圈子被禁锢了,对于过去思想的目光,"似乎向我们表明,所有人类的思想都是依赖于特定的历史背景的",这样,"人类思想是建立在不可预料的经验或决断基础之上的。由于所有的人类思想都属于某种特定的历史情形,所以所有的人类思想就注定要与它一同消失"。

借助于"历史经验",历史主义导致了虚无主义。然而"经验"能教会我们什么? 教的是"思想在某个方向上所取得的每一次进步,都是在以别的方向上的退步为代价的",或者是"人类思想本质上所具有的局限性在于,它的局限性随着历史情境的变化而变化,但某一特定时代所固有的局限性是任何人类的努力都无法克服的"。也就是说,"没有任何有关全体的观点,尤其是有关全部人生的观点能够号称是最终的或者是普遍有效的"。所以,正如施特劳斯在《什么是政治哲学?》中说的,每一代被迫从自身的经验或者旨在它自己的未来出发,去再解释过去[1]。过去对于我们变得昏暗不明:"早先的思想家们有着某些我们完全无法达到也无从达到的洞见,无论我们如何仔细地研究他们的著作。"看起来我们最终还是遗漏了思想的本质,因为"我们只能排除这样的可能性,即一种出现于数世纪以前的政治哲学(假定它是真实的政治哲学),在今天看来它与它第一次出现时是一样真实的"[2]。

在反对教条主义的问题上,历史主义有着迷人的魅力,"但是教条主义[……]对人而言几乎是出自天性,它不大可能只停留在过去。我们还得去猜想,历史主义就是教条主义在当今借以出现的面

---

[1] 《什么是政治哲学?》,前揭,第61页。
[2] 同上,第66页。

具"。因为这样的"历史经验"决定于两种信仰,一方面是相信必然的进步,另一方面是"差异性和独特性所具有的最高价值",也就是将所有时代等同起来。历史主义表面上的谦虚在事实面前只不过是它的虚伪:"历史的'经验'是源自历史知识的一种包容丰富的洞见,但是不能把它简化为历史知识。因为历史知识总是破碎的,通常是不确定的,而所谓的经验则被视为是综合性和确定性的。"但是,施特劳斯告诉我们,亚里士多德就没有被驳倒过,因为他不会去考察我们所认识到的所有现象,因为这些现象只是组成环境的一部分。这是应该注意的根本问题:"他所要解答的问题与我们今天所密切关注的问题,其实并没有什么两样。认识到了这一点,我们同时也会认识到,把亚里士多德的根本问题看作陈腐过时的那个时代,对于根本问题之所在完全缺乏清醒的了解。"

我们这样就掌握了施特劳斯思想进程的核心。他要在历史过程中抓住思想的差异性,为的是突出它们的共性,也就是说思想是具有永恒性的:

> 历史远没有证明历史主义的推论的合法性,毋宁说它倒是证明了一切的人类思想,而且当然,一切哲学思想所关切的都是相同的根本主题或者说是相同的根本问题,因此在人类知识就其事实与原则两方面所发生的一切变化中都潜藏着某种不变的结构。这一论点显然与以下事实并不冲突,那就是认识到这些问题的清晰程度,处理它们的方式,提出解决它们的办法都或多或少地因不同的思想家而异,因不同的时代而异。倘若在一切的历史变迁之中,那些根本的问题保持不变,那么人类思想就有可能超越其历史局限或把握到某种超历史的东西。即使力图解决这些问题的一切努力都注定要失败,而且它们的注定失败是

由于"一切"人类思想都具有"历史性",情况仍然是这样。

在研究完他所批判的教条的起源与形成后,施特劳斯开始"颠覆价值",这样的颠覆是全方位的,有点像尼采的样子。但是施特劳斯与尼采的目标完全相反:人的思想应该到达它最崇高的位置,这不是说要创造价值,而是思想可以超越所有的价值。施特劳斯就是以此来看待思想的过去的。

然而,为了重新找回自然权利而去承认问题的永久性是不够的:"如果说,人们关于自然权利的一切就只是有关自然权利的疑问的话,或者如果有关正义原则的问题会容易得出一系列相互抵触的答案,而且其中的任何一个都不比别的更优越的话,那就不可能有什么自然权利了。"施特劳斯想要找出历史主义的自相矛盾。自然权利的观念实际上表明了,人类思想可以成为正义原则的"真实"知识(所以要着手于正当性的问题并且要回答它,而不是把它丢到一旁)。这样的可能性,在施特劳斯看来,已经在历史主义的立场中体现出来:"历史主义的论点不是一个孤立的论断,它与对人类生活的基本结构的某种观点密不可分。这一论点与自然权利的任何论点一样,具有同样的超历史的性质或者同样自明超历史的。"如果我们顺着历史主义的逻辑,就会发现历史主义"并不是纯然的真理",所以"认同历史主义的论点意味着是要怀疑它并由此而超越它"。也就是说,"[历史主义]没有保持连贯一致,而使自己摆脱了它自己给所有人类思想所下的诫命"。

但是历史主义同样遇到了另一个困难。对于解决尼采问题的不可能性(即理论知识如何能够把握个人的生命),解决办法就是把思想看作是"本质上屈服或依赖于生活或命运的"。这就是激进的历史主义的观点,对其来说"存在着各种各样的融通的观念,其中的每一个都与别的一样合理,我们得在没有任何理性指导的情况下选择其中的一个",我们不得不面对"我们的选择除其本身之外别无其他依据"。换言之,思想只能作为参与的思想而存在着(虽然这样的参与将被命运所强制):"历史主义的命题表达了一种基本经验,那就是按其性质来说,它是无法在没有担当的或孤立无援的思想层次上得到恰当的表达的。"施特劳斯所说的"超越"是与"观念史"这一视角紧密相连的:"只有对于一切思想的历史性的洞见乃是人之作为人,并且在原则上乃是在所有时间上都可以达到的,这种最终的和无可改变的洞见才能超越历史;如果它本质上是属于某一特定的历史情形的,它就不能超越历史。它属于某一特定的历史情形,那一情形不仅是历史主义洞见的条件,而且也是其源泉。"也就是说,"我们这个时代思想"的问题是,思想完全地依赖于它所处的时代,而且它不可能找到别的办法来摆脱这种依赖。在一个脚注中,施特劳斯区分了"'条件'和'源泉'的分别,与亚里士多德《形而上学》第一卷中哲学的'历史'同历史主义者的'历史'的区别相一致[1]"。我们至此可以看到,施特劳斯不会放弃作为历史的历史,但是他将历史重新思考成古典哲学之光。历史主义诠释与产生了一种狭隘的思想;在这种意义上,历史主义构建了"我们的时代精神"。正是人的概念开始成为关键:是将人思考为作为其本身的人,还是将其视为属于他特定时代的历史经验并由此将历史经验绝对化?

施特劳斯对于自然权利的捍卫其实就是对于人性的捍卫。自然权利的学说实际上认为,正义的基础与"人作为人"是可以相通的,也就是说它坚持的事实是"基本的真理可以让事实变得可行"。与此相反,激进的历史主义认为人的思想具有有限性,而且这种有限性

---

[1] 《自然权利与历史》,第一章,脚注10。

被认为不能与作为人的人相通：已经出现的命运被简单地认为是特定时刻的偶然。施特劳斯对于激进历史主义的两个要素进行批判：它否认人的精神的最高可能性，而且否认思想唯一的维度即超越性，也就是断言人的精神的局限性（这是因为它附属于历史，本质上依赖于一个特定时刻的到来；可以这么说，这个时刻偶然成为了时刻，而不是由思想本身推论出来的）。所以，在施特劳斯看来，历史主义也否认了它自己："在历史进程中有着某一个得天独厚的时刻、某一个绝对的时刻，在这一时刻，一切思想的性质都暴露无遗。为了使自己能逃避他自身的诫命，历史主义就声称它仅仅是反映了历史现实的性质，或者说是忠于事实；历史主义自相矛盾的性质不能归咎于历史主义，而只是归咎于现实。"历史主义被迫在现实的不完美中寻找它矛盾的原因：因为现实是历史性的，所以这就是为什么思想也应该是历史性的。历史主义的信条因此就丧失了作为人的思想的高贵，也就丧失了"人作为人"的高贵。我们应该搞清楚施特劳斯所理解的"人作为人"：他的话语中包含了哪种人性概念？对于这个问题的回答，要在思想的地位以及思想与现实的关系中去寻找。

历史主义定义了一个"绝对的时刻"，它通过这个观点来"模仿黑格尔"。但是，怎么让这个时刻得到承认呢？在施特劳斯的解释中，历史主义与黑格尔有着明显的不同：对于黑格尔，这个时刻是"那些根本之谜得以充分解决的时刻"，而对于历史主义，"那些根本之谜有可能得不到任何解决"，因为它否认形而上学；绝对的时刻成了不可能解决根本之谜的标志。"历史主义比怀疑主义走得更远"，尽管它对于真理是怀疑的，但是历史主义还是要找到某种意义。说到底，对于历史主义，哲学不仅不能够完成它的目标，哲学更是荒谬的。思想的概念和现实的概念合并在了一起：施特劳斯认为，这种对于哲学的批判是对于哲学奠基的批判，即存在的思想是"永远的存在"。紧接着,"激进的历史主义迫使我们认识到了以下事实的含义,自然权利的观念预设了在完全和原初意义上的哲学的可能性"。这就是为什么我们现在"需要不偏不倚地重新审视那些有效性是由哲学设定了的最根本的前提。这些前提有效性的问题,并不是采纳了或者依附了某种多多少少是持久存在的哲学传统就能得到解决的,以为这些传统的核心之处在于,它们在那些简陋的基础上建立起巍峨的大厦时,把这些基础掩盖或者掩饰起来了"。解决问题,以及由此而走出现时的危机,并不是要选择一个派别,应该考虑到思想是最根本的。这样根本性的视角将由追溯传统得到体现。在一个明显的矛盾中,作为方式的主导思想被认为是传统的结果,所以传统就与过去重新联系在一起,而传统却通过"历史的经验"的奇迹与过去做了了断。这样对于传统的重溯将与寻求证据相连。因为"'历史的经验'以及更少含糊性的对于人类事务复杂性的经验也许会变得模糊不清,但是它们不会使那些有关正确与错误的简单经验的证据消失无踪,这种经验乃是认为存在着自然权利哲学立场的基础之所在"。对于证据的重新发现伴随着一种历史客观性的新思想。实际上,"历史主义对于过去的理解方式与对于过去思想的真正理解之间,有着惊人的差异。历史主义在其所有形式中都或明或暗地否认了那不可否认的历史客观性的可能性"。

不同于这样的否定,施特劳斯为我们展示了一张"真正的"哲学可以存在于其中的图像,但是我们还无法认识到这张图像的意义。与历史的经验相反,根本的问题"在历史的演变中保持着它们的同一性";因为"无论它们可能会被某些时候对它们的合理性所作的否认弄得多么含糊,也无论人类对这些问题所提出的一切办法是多么的变化不定[……]在了解和把握这些问题时,人类精神将自身从它所具有的历史局限性中解放出来。原初的苏格拉底意义上的哲学,无需什么更多的东西来论证自己的合法性"。哲学进行自我论证，因为"它是关于人们不知道什么的知识，或者是对那些基本问题，因而也就是对于那些与人类思想相生相伴的、为解决问题所可以做出基本选择的意识"。然而，我们不应该搞错，这更多地涉及为一个方案的辩护，而不是一个简单、单纯的论断，这样的一种视角着手于整体的奠基过程，即先批判或建构。而且要明白"争论的诸主题"，从"非历史主义的哲学角度"去理解，"在实际来说，历史主义的问题首先就得从古典哲学的角度来加以考虑，因为古典哲学在其纯粹的形式中是非历史主义的思想"。借助于这个工具，就有可能对"历史主义有一种非历史主义的理解"，也就是说，"对历史主义的兴起有多了解，而不是把历史主义想当然地就看成是健全的"。我们可以这样自问"在19世纪被当作一大发现而被人们欢呼的，是否实际上是项发明，也就是说，乃是一种人们对现象的任意武断的解释——那现象是人们一向就知道，并且早在'历史意识'出现之前就得到了比之后更加恰当得多的解释的。我们只提出这一问题：所谓的对于历史的'发现'，是否实际上只是解决某一问题的虚假权宜之计，而那一问题只有在大有疑问的前提下才会出现"。这也就是要区分问题的真伪。

对此，应该切换角度，真正地转变视角，拷问人们普遍所承认的东西。但是，我们明白，施特劳斯这种所谓的颠覆要通过解释古代经典走很曲折的路，这条路长得他可以在其中建构哲学的本质，并且重新发现其意义。

对实证主义的批判

第二种被施特劳斯所抛弃的"现代性模式"就是实证主义，它已经成为我们今天掌握认识的方式。这种实证主义，本质上就是社会科学。《自然权利与历史》的第二章"自然权利论与事实和价值的分野"，就是围绕实证主义而展开的。施特劳斯特别分析了马克思·韦伯的思想，他被认为是"社会科学中，实证主义最伟大的代表[1]"。

我们可以看到，自然权利被抛弃，一方面是以历史的名义，另一方面是以"诸多永恒不变的有关权利与善的原则"的名义，施特劳斯试图回应以自然权利为目标发起的攻击。也就是在这样的判断标准之下，他自然就考虑到了马克思·韦伯的立场。这就是为什么，施特劳斯着手"对韦伯的思想作批判性的分析[2]"。韦伯不能掩饰历史主义的观点，虽然他是历史学派的信徒，但是他不是历史主义者。韦伯脱离了历史主义学派，对此，施特劳斯认为"不是由于历史学派模糊了自然权利的观念，而是由于历史学派在历史的面具之下保留了，而不是完全拒斥了自然权利"，韦伯拒斥了历史主义的基本假设，即合理即现实。我们可以看到，如果韦伯批判历史主义，那他与施特劳斯的理由完全相反。历史主义与实证主义有着复杂的关系，但是施特劳斯将分别回应它们对于自然权利的批判。对于自然权利来说，实证主义看起来比历史主义还要激进，因为历史主义走得还不是太远。如果韦伯是拒绝历史主义教条的话，那他的论证与施特劳斯先前所进行的"问题性颠覆"就大不一样了。

施特劳斯通过批判韦伯进而反对实证主义。他将韦伯的一般性观念进行了总结：个人的现象只能够像其他现象的事实一样去理解，这就是为什么我们不可能接受有活力的整体概念。相反我们仅仅能

---

[1]《什么是政治哲学?》，前揭，第一章，第 28 页。

[2] 除非注明，否则以下引用全部来自《自然权利与历史》的第二章"自然权利论与事实和价值的分野"，中译本，第 37—81 页，译文有改动。

够承认主观的历史意义,其在意图层面上是可以被思考的。然而意图不是永远都有效的,实证的结果往往是未预料到的结果,这样的结果构成了我们仅有的历史命运,这样的历史命运"不仅塑造了我们的生活方式,而且也塑造了我们的思想,尤其是决定了我们的理想"。

韦伯反对历史主义,是因为他将科学定义为本身独立于世界观(*Weltanschauungen*)的东西。在这样的框架之下,社会科学就有了一个特殊的地位,因为它打算回答诸多的问题,也就是说,社会科学部分地依赖于我们利益的取向以及我们的价值判断。这就是为什么说"社会科学本质上是历史性的",以及为什么"期望有一个基本概念的终极体系,都是无意义的",实际上"社会科学必定是从当下的观点来理解社会的";"事实的重要性取决于价值观念,因此也就是取决于历史上不断变化的原则"。正如在历史主义中,人的认识本质上依赖于他所处的时代,施特劳斯批判的关键也就在于此。然而,韦伯将实证主义变成了一个不可忽视的对手,韦伯的特殊性也就在于此,他将永恒价值的价值整合到了一起。通过重新认识由超历史因素组成的永恒价值,韦伯脱离了历史主义,但是作为道德中立的社会科学则在价值问题前是无力的。为了远离唯一与价值有关的问题,即正当性问题,社会科学总是先整合与价值的关系。也就是说:"社会科学家所指涉的、行动的人们所要在其中作出选择的价值,需要得到澄清。这一澄清的工作乃是社会哲学的使命。然而,即使是社会哲学也无法解决这一至关重要的价值问题。它不能批评那些并不自相矛盾的价值判断。"一旦如此,思想就由简单的行动需要所决定。韦伯的理论建立在"是"与"应该是"、事实与规范的对立的基础上。施特劳斯没有质疑这种对立,但是理论的后果是从这里产生出来的:"要从'是'与'应该'的根本异质性推论出一种评价性的社会科学之为不可能,显然是无效的。"借助于亚里士多德("目的与手段同属于同一科学"),施特劳斯更进一步,"倘若存在着对于目的的真正知识的话,那种知识自然地就会指导着一切对于目的的寻求"。换言之,施特劳斯不否认为了行动而去寻求规范,但是在人的精神无力的前提下还去想着规范,那么只能导致行动在没有坚定目标的情况下瘫痪。施特劳斯的论述在这里是具有实践意义的,并且他将思想的可能性和行动的可能性连接起来。然而最终起主导作用的还是思想:在韦伯知识的观念中,他本质上没有抛弃属于虚无主义的"指导性的政治科学"。虚无主义在韦伯对于西方文明前景的分析中,隐约显现出来,韦伯在"精神的重新焕发生机"与"被一种突发性的自鸣得意感掩饰起来的机械的僵化,[……]即一切人类的可能性的丧失"之间犹豫着。社会科学掉进了"道德相对主义"中:"实际上,韦伯认为伦理律令与文化价值都是主观的。"人的尊严并不是一定要献身于价值,而是在他的能力中,去"自由地选择他自己的价值或理想",独立于价值地去选择。"你应该有理想",这显得具有绝对命令的特征,但其实不过是形式上的命令,因为在诸多提供给人的价值中,冲突是不可解决的。缺少一个能区分高尚与卑下的标准:高尚只是某种献身,无论为了什么事业。施特劳斯在这里,借鉴了韦伯区分不同行为方式的方法;尤其根据价值来说,合理行为的理想类型,不仅在复杂的活动中,可以重新认识建立在服从价值体系之上的事物,而且还可以独立地考虑影响或后果。在施特劳斯看来,这样的行为方式就是其他方式中的一种,而且与其他方式相同。还有,被考虑的价值都是主体性的,也就是说从行动的主体的角度来看。在行动的社会学分析的视角中,被选择价值的合理性问题,是从来不被提出的。也就是说,施特劳斯不接受韦伯所思考的合理性(rationalité),因为这是主体的合理性,不足以将行动建立在理性之上。高尚与卑下"与对于行动世界的一种纯理论态度相依相存。那种理论态度使得人们对于一切事业都同样地敬重,但是只有对于并不投身于任何事业的人来说,才可能有这样的敬重之情,倘若高尚就是献身于某一事业,卑下则是对于所有事业都淡然于心,那么对所有事业所持的理论态度就应该是卑下的了。因而,韦伯被驱使着去拷问理论、科学、精神领域的价值,以及道德命令和文化价值二者的价值,就都不足为奇了"。施特劳斯在这里的判断,有两种层面。第一个维度是实践性的,行为的高尚是不可能的,因为无条件地尊重许多事业与为了一个事业而活着,二者是不相容的;所以将高尚——在没有考虑事业性质的前提下——定义成为事业而牺牲,在实践上是荒谬的。第二个维度是思想的坚实性:高尚-卑下只能导致鄙视、贬低精神的事物,一直到作为分析基础的"文化价值"。我们在这里重新找到了施特劳斯的方法,它揭露了对手的自相矛盾,但是这样的方法是由双重论据指引的,实践上的和理论上的。问题由行动的需要而得到体现,行动的方向是高尚的目的,为的是从属于思想的尊严。在施特劳斯看来,所有的行为都应为思想服务,绝对不能相反;这样的必然性矛盾地体现在思考行动其本身中(也就是行动所要达到的目的)。事实上,施特劳斯是假设高尚是人类行动中必不可少的一部分,也就是说,行动应该紧紧依赖于当下具有价值尊严的思想。所以,理性的本性就成了问题:什么是人类独有的理性呢?即使是最终的理性也不能支配行动,但是一种高级的理性形式也不能令人满意地赋予行动以意义,但是它可以赋予人性以它的意义。

韦伯的命令式最终可以概括为以下几部分:"你应有所偏爱",说到底这其实是你将成为你所是的意思。规范将不复存在,或者是规范只是流于行为的表面之上。还剩下最后一道阻止混乱的防线,因为无论怎样的偏爱,行动应该是理性的,但是看起来这显得不再重要了:"有关首尾不一的例子,比之韦伯在文化价值与道德命令之间选择了前者而论,人们不是可以很轻易地就能找到一个更有力的例证吗?当人们在声称他们有理由把'生机主义'的价值作为自己的最高价值时,他们不正是必然地在贬低各种形式的理性吗?"理性最终被贬低了,因为合理性的问题失去了它的意义。

然而,韦伯的虚无主义是"高贵的虚无主义","因为它不是来自于对所有高贵事物的冷淡,而是来自于对于所有被设想为高贵的事物的无根基性的洞见"。施特劳斯在这里看起来承认了在韦伯思想中"时代"所扮演的角色,但这样的承认是为了提出他的怀疑,即这样的洞见可能只是"被设想"的。这就是为什么要开始着手对于实证主义社会科学的批判性分析:一旦对其诊断被确立,就要去检验其基础的合法性,并自问"是否有一种纯理论研究的社会科学,只是去理解社会现象,并且它建立在事实与价值分野的基础之上"。重新回到韦伯对于西方文明两种可能前景的结论上,对于韦伯来说,这样的开放性伴随着社会学家无力的判断,所以社会学家也就无力对于两种前景的价值做出表态。施特劳斯用接下来的问题反对韦伯的看法,并呼唤真知:"在我们看到僵化或精神空虚时,我们真的对它们一无所知吗?如果有人不能够看到这类现象的话,这一事实就说明了他不配做一个社会学家,就像一个盲人不能做绘画评论家一样。"

施特劳斯继续将韦伯视角下的自相矛盾揭露出来。即使是当我们被事实所局限的时候,价值判断还是不可避免。也就是说,如果我们想要思考宗教或是道德,也必须要区分宗教现象与非宗教现象以及道德现象与非道德现象。施特劳斯接下来的目的是,从自然分野的必然性出发,显示出价值判断的必然性。这是一个承认的问题,它假设了文本与被研究过的现象之间的一致。说到底,只能在褒奖以及责备的范畴里,才能谈到恶与善,这也是唯一"恰当"的范畴。施特劳斯认为,在成为一种需要前,韦伯不能回避既定的法则:韦伯就是这样在宗教现象内部,分辨了真正的和虚伪的宗教。施特劳斯如是评价:"韦伯只能在对于现象盲然不见与价值判断之间作出选择。就他作为一名实践的社会学家而言,他作出了明智的选择。"也就是,韦伯选择了价值判断,但是毫不愿意丢掉对于现象的认识。施特劳斯认为韦伯的观点是荒谬的,因为在知识中拒绝价值判断就好像在讨论集中营的时候禁止谈残忍,而只能进行单纯的事实描述。然而"事实的描述实际上就成了一种辛辣的嘲讽,那号称是直接客观的报道成了极其迂曲委婉的报道",总之这是"理智上不诚实"的行为。换句话说,价值判断不是总能激发坏的主体性。相反,它可以是客观知识的必要条件。施特劳斯进一步认为,只有使用一定的价值判断才能建立认识与描述的差异。对于施特劳斯来说,对于价值判断的需要是现象的组成部分,这样的需要是既定事实。然而,它的地位与其他现象不一样。这就是为什么,在以简单的描述为目标中,施特劳斯拒绝将价值判断与已知现实融为一体。价值判断建构了既成事实,但是一种特殊秩序的既成事实,即一种结构的既定,一种为了思想结构的既定。实际上,应该是思想者去面对价值判断的必然性。这就是为什么施特劳斯使用引号,其目的在于人为地将价值与可观察到的事实合二为一,这只不过是"一种把戏,人们可以在否认常识(sens commun)的同时又对常识加以利用"。不能抛弃价值判断,但这回避了问题,加剧问题的同时也想要将价值判断考虑成诸多现象的现实中的一个角度。价值判断属于完全另外的一个问题(problématique):"必不可少又不可反驳的价值判断是应该得到表达呢,还是应该受到压制,就此而论,真正的问题在于它们应该如何表达——'何时、何地、何人、为何';因此这个问题应属于社会科学方法论之外的领域",也就是哲学领域。

然而施特劳斯认为,实证主义社会科学所力求达到的客观性是可以被恰如其分地使用的:"严格意义上的历史研究——它将自身局限于按照人们理解他们自身的方式来理解人们——如果能够安分守己的话,也可能取得丰硕的成果。认识到这一点,我们就在非评价性的社会科学背后,找到了合理的动机。[……]就此种纯粹历史性的、因此也就仅仅是准备性的或辅助性的工作而论,那种蕴含着放弃评价的客观性从任何角度来看都是合情合理而必不可少的。特别是对于像是某种教义的这类现象来说,人们不理解它——亦即要恰如其始作俑者一样理解它——就显然不能判断其健全性,或者以社会学或别的方法来解释它。"在拒斥历史主义之后,对于社会科学实证主义的批判伴随着对其在知识过程中抛弃价值判断的批判。这样的颠覆意味着分配一个新的位置给"历史研究":但是要假设能够建立这样的条件,在此条件中这样的研究是被接受而且合理的。

接着,在关于韦伯对于加尔文教的分析上,施特劳斯提出了"历史现象的本质"问题。他对韦伯的两个回答进行了回应,要么是"人们认为具有永久价值的现象的某一方面",要么是"致使现象得以发挥最大的历史影响的那一方面"。施特劳斯提出了第三种可能:"加尔文教的本质,与加尔文认为是他的事业的本质或主要特征的东西,应该是一致的。"所有这些都是一类的问题,应该多采用作者的观点,而不是"接受者"的,因为只有思考的人才能掌握思想的真理。问题就是建立真理的问题,建立一个客观真理可以产生判断的问题。施特劳斯认为,韦伯对加尔文教与资本主义关联的分析,表明他的"方法论原则注定不利于他的研究"。如果通过宿命论的教条的解释,认为加尔文的神学是资本主义的本质原因的话,那么施特劳斯认为,韦伯应该指出资本主义出自一种错误的解释,也就是说加尔文意图的"堕落"。所以他的拒斥价值判断提出的是一个如此不可能的观点,所以"为了避开必不可少的价值判断,他被迫对事实上发生的事情做出不确切的描述,[……]他本能地拒绝把加尔文教的本质等同于加尔文本人认为最具本质性的东西,因为加尔文的自我解释,自然会成为那些自称是追随加尔文的加尔文派教徒进行客观判断的标准"。也就是说,"拒绝价值判断使得历史的客观性面临危机"。我们看到对于历史的理解,在缺乏价值判断的情况下,竟然会产生价值判断的可能性;前提条件是,历史研究要有明确产生标准的功能。这就是说,对历史中性的理解要由思想做指引,没有价值判断,这样的理解什么也不是。相反,拒绝价值判断"使人们不能直言不讳",并且"危及到了那种合理地要求放弃评价的客观性,亦即解释的客观性",因为必须重视前几个世纪的思想家;而这就假设承认了客观价值判断的可能性。这种对于价值判断的接受,在让我们面对过去的哲学家的向度上,是探索性的,同时,在思想的解释与判断的向度上,又是建设性的。

拒斥价值判断,到最后使得思想无力去终结关于价值的重大冲突。在这个冲突的背后,施特劳斯更深地是着眼于伦理与政治的冲突。施特劳斯认为,韦伯"对于冲突具有至高无上的地位的坚定信念","促使他至少把极端主义和中庸之道等量齐观"。施特劳斯没有说韦伯是极端主义者,也没有说他接受了政治极端主义;但是他认为韦伯的思想不能产生理论方法。施特劳斯以韦伯思想中的责任伦理与意图伦理的对立为证:"意图伦理与韦伯一度称之为真实的人的伦理不相容,意图伦理乃是对于基督教伦理的某种解释,或者更一般地说它是严格意义上的彼岸的伦理。于是,韦伯在谈到意图伦理与责任伦理之间不可调和的冲突时,他真正的意思是说,此岸的伦理与彼岸的伦理是人类理想所无法解决的。"矛盾的是,拒绝判断导致了冲突的永久性:韦伯对冲突问题进行思考,他贬低理性在高层次上被用于判断、进行决断。对于韦伯关于现代境况的特殊性的论述,确切地说是"价值多元"的问题,施特劳斯将它放到了一边。对于一个处于现代性危机中心的思想者来说,这显得有些奇怪。事实上,施特劳斯所理解的这场危机是思想本身的危机,也就是说这场危机的起源与结束都是在思想中的。这就是施特劳斯观点的独特性之一。

在施特劳斯看来,韦伯最后将理性禁闭在了严格界线里:他没有倾尽全力去解决价值的诸多对立,这使得韦伯将科学与哲学置于了信仰的领域中,这也就使它们无力寻求其固有目的的合法性。找寻真理本身却丢失了真理的价值:"寻求真理具有与集邮同样的尊严。每一种寻求、每一种奇思异想都和别的一样合情合理。"这句话显示了施特劳斯对于社会学逻辑的评价,即认为一切价值都是平等的,但这句话并没有道出韦伯思想的本质。另外,施特劳斯认为,韦伯他自己并不总是走得那么远,因为科学是要让人之作为人的处境变得清晰;科学在这个意义上是自由的基础。但是韦伯在路上停了下来,因为"他拒绝说科学或哲学关心的是真理,它们对于所有人都是有效的,无论他们是否愿意知道这些真理"。也就是说,无论何种情况,都不是个体作为愿望的存在或是利益、意图的存在——其实只有以上这样的个体才能理性地为目的或价值行动,才能最合理地决定价值。当韦伯只是以行动的主体所表现出的意义为依据时,他就拒绝提供决定的方法。从这点来看,韦伯不仅不承认施特劳斯所认为的真理,而且还否定它:"为什么他否认可知的真理具有无可回避的力量?"

在这样的背景下,我们可以看到为什么施特劳斯拒绝"世界的幻灭"是不可逆转的,以及为什么他强烈地倾向于在超历史的层面中解释这样的用语(formule):因为历史经验在任何情况下都不能被用来有效地评判人与世界真实的关系。这就是为什么"现代生活和现代科学危机,并不必定使得科学观念成为可疑的"。在人类知识有限的情况下,施特劳斯试图依据韦伯的方法论推论出一种对现实的见解,这样的见解使其成为一种哲学的形式;这种见解就是作为对无限发展的现实的看法,于是在此其中,主体便错落有致(这就是施特劳斯所称为的一种"修正的新康德主义")。问题在于,施特劳斯认为,这样的观点是站不住脚的,因为"在所有的科学表达之前,就有了一种对于实在的表达:亦即我们在谈到日常经验世界或对于世界的自然理解时心中所具有的那种表达或诸多意义"。韦伯与社会科学因而都缺少"常识"的观点,这样的观点都被抽象的建构、理想的范例所取代了。

对于韦伯"事件"的分析,也告一段落:韦伯忽视了对于最高理性的向往,并且丧失了与常识之间的关系。施特劳斯认为,这样的丢失,要追溯到启蒙哲学,根本来说要到17世纪,"那时现代思想在与古典哲学决裂之后开始崭露头角",也是那个时候开始了我们所知道的自然认识与科学认识的对立。然而科学的存在使得我们这个自然的世界饱受痛苦。所以,如果我们想重新与常识建立联系,如果我们想"把握住本质上先于科学或哲学的自然世界,人们就得回到科学或哲学诞生之前"。而对韦伯的阅读必然要导致"重新建构起'自然世界'的本质特征",如此我们才能理解"自然权利观念的起源"。

思想的高尚

施特劳斯的论述,乍一看,在他那个时代是普通而且十分普遍的:学问人,不再与过去有着相同的目标,他们为自己彻底的视角的变化而辩护,对于通过新的经验(不可逆转的,不可超越的)进而最终抛弃哲学的理性目标这一事实,也自认为合理;所以我们推动了知识的"科学化"与"分科化"进程,这表明了真理普世性观念的丧失。所以施特劳斯这样的论述也是一种诊断,在对于理性的需要合法地超过科学实证主义需要的程度上,这是对于理性危机的一次诊断。

分析建立在对于普遍概念显明性丧失的观察的基础上(正义与非正义,善与恶,正当与非正当)。施特劳斯将显明性的丧失追溯到自然权利的被遗忘或被丢弃。这就涉及到重新找到单一性的形式:与人的存在的简单关系。思想力量的丧失表现在许多本质的事实变得不可理解,并且被历史主义与实证主义的思想规则弄得不清不楚。在教条的偏见的环境下,丢失的理性以及危机的理性在现代思想中显示出来,然而偏见采取的却是反教条主义的形式,因为它们像是在光荣地将作为评估的理性所具有的根本幻觉一扫而空。也就是说,危机被理解为是来源于思想的危机;分析的层面是思想的,也保持在思想中,人可以将最高的目光运用于现实中。被普遍接受的时代性的真理,被施特劳斯彻底地质疑;因为如果对危机进行论述,就不能不处于危机之中,也就是说,不能离开其活跃的症状。

关键是判断的可能性;危机首先总是判断的危机,处于危机之中这一姿态对于实际走出危机,是必不可少的预备条件。为什么主要地要涉及判断的危机呢?因为我们今天的思想显得独特,是因为它在判断的需求前退缩了,而这样的需求诞生于经验在其显明性中的重新被发现。判断在其最绝对最道德的意义上被使用:即评估正义或非正义、善或恶、正当或非正当的能力。在这个意义上,施特劳斯处于哲学家的传奇位置,他质疑广泛流传的真理并且突出这些普遍被接受的观点的本性。

但是应该注意施特劳斯研究他的对手所使用的方法,即它表现为一种"谱系学方法"的特殊形式;他评估对手的同时又分析他们观点的起源。如果历史主义是被它多样的面孔与力量以及不用的观点所打败(它的起因、蕴涵、暗示,它言明及不言明的后果,它最根本的逻辑),那么"衍生"的视角就是主要的。突出一种思想的真理,首先就要将其置于它的真实性中。我们可以看到,在施特劳斯的思想中,起源的重要性,它与"进化"论的概念完全不相干。因为在起源中,可以找到哲学的诞生,政治哲学的诞生。如果历史主义"质疑政治哲学的可能性[1]",那么我们应该重新思考这种可能性:我们明白这里不是涉及一个抽象的问题或一种纯粹的理论,因为重新赋予常识以力量就是有问题的。通过对哲学可以是、应该是什么的定义,人与其自身以及人与世界的关系被介入进来。对历史主义以及实证主义的批判直接将我们带入了本质的哲学问题,首先就是哲学地质疑的可能性。如果我们接受"所有的哲学观点都意味着回到根本性问题[2]",如果我们看到了历史主义贬低"人性的永恒特征[3]",那么这样的蕴涵就是显著的。我们应该懂得哲学根本问题的本性和地位,以及重新发现它们的方法;对于"人性的永恒特征"也是一样的,因为这可能将是人性思想的永恒特征。施特劳斯所说的永恒性提醒我们,这样的启发不能使我们减少对于哲学过去的关注,为了恢复真理的地位,哲学的过去建立在历史研究史无前例的地位塑造的基础之上。

批判"现代性模式"采用的是保卫理性的形式,从而也是保卫真理的形式,这个真理被定义为一个绝对的事物,而不是诸多价值中的一个:所以真理应该是理性的唯一目标。在此名义下,施特劳斯对于

---

[1]　《什么是政治哲学?》,前揭,第二章,第 59—60 页。
[2]　同上,第 73—74 页。
[3]　同上,第 31—32 页。

韦伯的批判首先着眼于"在任何形式下贬低理性"。值得注意的是，这样的贬低根本上是与滥用理性有关的，这样的理性我们称之为是"纯理论的"。重新阅读《自然权利与历史》的第二章，施特劳斯在其中讨论了判断人的态度与行为的高尚与卑下的可能性：高尚，被定义为宽容，卑下则是不宽容，"它们与对于行动世界的一种纯理论态度相依相存。那使得人们对于事业都同样地敬重；但是只有对于并不投身于任何事业的人来说，才可能有这样的敬重之情。倘若高尚就是投身于某一事业，而卑下则是对所有的事业都淡然于心，那么对于所有事业所持的理论态度就应该是卑下的了。因而，韦伯被驱使着去追问理论、科学、精神领域的价值，以及道德命令和文化价值两者的价值，就都是不足为奇的了[1]"。施特劳斯指出了被定义为宽容的高尚与被定义为参与的高尚之间的不相容。思考作为宽容的高尚，这是产出纯理论的决断，而不是行动的决断：参与的某人在这样的意义下不能是高尚的，因为对于其他所有的事业（将宽容定义为第一价值）无条件的敬重与为了一个事业（定义为献身）的生活是不相容的。施特劳斯以实践的观点，认为这样所建立起的区分是荒谬的。但是，最重要的是，在这样的区分中，理论以及最普遍的精神事物只能被贬低，因为它们低下，因为它们冷漠。这样的区分是无效的，但是这导致了对于思想价值的质疑。与这样的行动相反，施特劳斯要思考的是精神的高尚，它不同于冷漠，而在现实中它关注的是真理。

实证主义者明显地贬低理性，因为科学与哲学最终依赖于信仰（foi）；对于他们来说，科学与哲学是诸多信任中的一种信任（croyance），也就是说，在正当性只依赖于一个主体性或共同主体性的情

---

[1]《自然权利与历史》，中译本，第48页。

况下,他们的正当性是脆弱的。对于科学与哲学脆弱的正当性的判断,则是与否认真理的普遍性相关联的。

总之,施特劳斯的批判可以这样表述:对于所有人来说,有价值的真理的可能性,在价值的实效多元的名义下,被忽略了。所说的实效性只是事实的实效性。以存在的名义,否定应然(devoir-être)思想的正当性,这不包括它的永恒性,但含有其既定性,即可观察的而不是真实的。施特劳斯的态度则截然相反:是事实因素的多样性(特别是包括既定价值的多样性)推动或强制理性朝"应然"的方向去发展。实际上,这样的强制不是单一的,因为应然的思想就是"自然"视角在事物上的延伸,并且这样的延伸也体现在了可以判断善恶、正义非正义常识的视角上。

回到我们已经引用过的一句话上:韦伯"拒绝认为科学或哲学探寻的是对所有人都有效的真理,无论他们是否愿意知道这些真理[1]"。对于施特劳斯来说,对真理的探寻是内在于哲学或科学的境况之中的。另外,想要或不想要不是论据(只有最高的目标才能是)。最后,这样否认哲学与科学所寻觅的真理普遍性的主张,只是在拒绝言说,而这首先就是在拒绝倾听思想的力量。

韦伯的拒绝与否定特别地表现在他对于冲突的概念上。如果我们拒绝理性本身的力量,那么价值冲突只能持续下去,因为只有理性的力量才能终结它。有种观点认为,价值冲突是内在于人的生活之中的,所以它是不可逾越的,施特劳斯对此进行了批判。当他分析韦伯对于历史主义的批判时,施特劳斯明确地否认现实理性的观念。施特劳斯没有像黑格尔那样借助绝对理性的观念,他反对的是我们称之为脱离现实的姿态,它由事实判断与价值判断的分野产生而来。

---

[1] 《自然权利与历史》,中译本,第74页,译文略有改动。

同样，当施特劳斯对韦伯拒斥"积极全体性"的概念进行分析时，在没有运用黑格尔概念的情况下，施特劳斯为丧失同全体性的关系，也就是说为丧失了用理性眼光看待一切的可能性而懊恼。施特劳斯不是宣称以和解来结束冲突，而是在另一个层次上思考冲突；在进入真理的方式之间（哲学与启示的冲突）以及生活的不同方式之间（哲学生活方式与政治生活方式的冲突）。

反对韦伯思想中的价值冲突，但是与我们今天所说的施特劳斯思想中诸生活方式的冲突相吻合，施特劳斯，正如我们看到的，给予"伦理中立"一定的正当性：因为在任何理性的形式下恢复理性的地位，尤其是在它的最高形式下，就要通过恰当地对思想现象进行解释。这就要对解释的伦理进行定义，这种解释伦理的目标本质上是要进入过去思想的真理，即反对将当下的现实轮廓转移到古代。为了掌握思想的真正关键所在，应当带着客观的心态去关注过去重要的文本：这就是根本问题的永久性最明显的后果。矛盾的是，在缺乏价值判断的情况下，这种理解是历史性的，而这样的理解却会产生对于价值进行判断的可能性；最后，施特劳斯批评了价值理念，因为它已经包含了"价值"这一事实的对等性。

对于施特劳斯来说，思想既不是中立的也不是参与的，他既不想失去整体性也不想整合冲突，所以他不是一名进行调解的思想者。思想本质上被定位为通过它的能力而终结诸多最深的问题。从韦伯到施特劳斯，决定的问题由行动领域转向思想领域。施特劳斯在批判韦伯的同时，拒绝可理解的社会学观点，尤其对于行动的意义只能由意图，也就是只能通过行动者的主体性来赋予的理念，并不同意。一方面，施特劳斯告诫我们社会科学作为认识方法是危险的，因为这样的方法不能超越描述分析的秩序，这样的分析就是照本宣科；另一方面，社会科学的存在本身所提出的问题，超出了它要成为知识范例的意图;实际上,如果它能够激发思考,也是朝着"低"的方向;所以它远远不能像思想一样承担着目的论。

丧失的不仅是常识,同时也是对于最高精神的需要。通过"对我们在日常生活所知晓的一种对社会现实完备的分析[1]",我们要首先重新发现常识:不是去专注于外在观察者的现实,而是要注意自然的经验,它与历史的经验即骗人的经验大不相同。所以,这样的重新发现也同样会遇到起源的问题;因为要追溯到经验的自然性。思想的历史就是这种自然性被逐渐遗忘的历史。

目光必然要被改变:"只有当此地与此时的所是不再是援引的中心时,哲学的哲学或科学的研究角度才会出现。[2]"没有丧失当下观点,就应该摆脱作为虚幻的中心。历史学、谱系学的研究角度,就应该可以矛盾地进入反历史主义。进入反历史主义同时也是走出虚无主义。实际上,这样否定认识暂时的价值或应然的可能性,导致施特劳斯显示出了它对于虚无主义的诊断,而这种诊断的意义还有待于去理解。这也涉及澄清施特劳斯思想中经验的地位。他突出了经验的显明性,并且援引亚里士多德的"根本性经验",但是他清楚地指出了有一种思想的局限性,即这种思想在一种特殊的历史环境中掌握了它的来源,而后又宣称这种历史经验的特殊性。通过重新发现古代的经验,这种明显地必定要被超越的"现实性"或"情形"将处于什么地位呢?

历史主义与实证主义导致了对"人性永久性表达方式"的否定,并且不能够恰当地区分高尚与低下的分野。想着海德格尔,施特劳斯写道:"当国家处于最不明智最不节制而又谈论明智与节制的时

---

[1] 《自然权利与历史》,中译本,第 79—80 页。
[2] 《什么是政治哲学?》,前揭,第 21 页。

候,这是对于永久性的鄙视,因为在1933年它让最激进的历史主义屈服于命运的摆布,服从于国家最不明智、最不节制的那一部分。1933年中最宏大的事件看起来已经证明(如果这样的证明是必要的话),人类不能放弃关于什么是好社会的问题,为了回答这个问题,人类也不能从责任中解放出来而去寻求历史的帮助或是寻求除自己的理性外的其他力量。[1]"这个政治事件就是纳粹党的上台,它既是虚无主义的征兆,也是虚无主义的后果。如果我们必须被强制,那也不应是被动地接受命运(历史经验),而是要被重新发现的理性的力量所刺激。

---

[1]《什么是政治哲学?》,前揭,第32页。

第二章
汉娜·阿伦特：照亮危机的事件

极权主义的考验

阿伦特这样写道："伴随着纳粹德国的失败，这一部分故事有了一个终结。看起来这是第一次能在适当的时刻用历史学家回顾过去的眼光和政治学家的分析热情去思考当代的事情。我们第一次有机会去试着说出和理解过去发生了什么，仍然带有悲伤、哀愁的感情，还不能做到'不带愤懑和偏袒'，但已经不再是无声的愤怒和无助的恐惧。无论如何，在这个时刻可以提出和阐述一些问题：发生了什么？为什么发生？是怎样发生的？就是伴随着这些问题，我们这一代人曾被迫活着，去追求自己成年生活中最美好的那一部分。[1]"

事件创造了一种与时间新的联系，并且事件向研究它的人提出了一个经典的问题，那就是客观看待事实的可能性。对于这个回答，有两种必要的因素：一种是退缩；另一种则假想事件为了显示其本身而自己去完成。第一层意思，事件是被局限的，因为它一开始就将客

---

[1] 汉娜·阿伦特，《极权体系》(*Le système totalitaire*)序言，J.-L Bourget, R. Davreu et P. Lévy 译，Seuil，1972年，第8页。

观的反思变为不可能,而接着又要使这样的反思成为必要。所以问题就在于从缄默到表达、从木讷到理解的途径的可能性。为了有利于发展出这样的途径,思想应该把握住历史过程赋予它的时机:在某些时刻里,可以完全不用理会事件。达到客观不是假定要完全远离情感:阿伦特认为有必要与情感保持距离,但是她不认为绝对中立的立场就能够万无一失。实际上,事件自然而然地创造出感情和激情:如果为了掌握"事件"就去放弃情感上的互动,那么这条路就走错了。这里不是要去为某种"带感情色彩的思想"去辩护,因为这样可能会自相矛盾,而是要勾勒出一种"非单一含义"思想的轮廓。在某种程度上,事件所具有的"多重含义"就区分了事件本身[1]。

有种观点认为,奥斯维辛之后,任何思想都完全变成了不可能,阿伦特对此明确反对。她坚信思想能够也应该去面对事件,正如它一开始就承认事件。在任何情况下,这样的思想都不应该是突出的,也不应是成体系的,因为它不旨在简化什么,而是要去理解。思想对于事件(事件制造出的强迫与禁忌)的反应呈现在"说"(即表达的逻辑性,换言之,传送的逻辑同时也是适应现实的逻辑)与"领会"(区别于解释的一种理解过程)之中。事件应以"质疑"为目标。首先,应该认清事件的事实:既成的事实,中断,暂时的断裂。其次,应该使理解的手段多样起来,这样或许不是为了找到整合有机整体的意义,而是要去发现事件本身的意义。这种理解包括疑问-回答这样的关系所产出的衍生品。真实性不是简单地给予问题所需要的答案,因为问题的提出是独立于真实性的。理解的过程始于对事件的质疑。

---

[1] 应该注意的是,"多重含义"并不表示"模糊的含义";因此,对于纳粹德国,阿伦特所引用的事实都是"准确的结论"和"令人恐怖的详细、无争议的证据"(《极权体系》,前揭,第9页)。

理解的先决条件是问题的衔接，或者说是产出疑问与疑问之间的联系。

阿伦特在这里显示了她双重的身份：历史学家和政治学者。实际上，她的著作既是历史的（事实的建立与重新建构它们的逻辑），也是政治分析的（将极权主义当成一种新的制度来研究）。但是阿伦特对于"事件"的思想模式大大超出这两个范畴：她是怎样着手这样的理解过程的？

这意味着要将由事件偶然出现这样的模式与适应其感知的方法相互联系起来。阿伦特给她的三部著作统一起了一个题目——《极权主义的起源》，这个题目表示她要重新思考诸多的原理，同时假定起源的多样性。实际上，阿伦特并没有很贴切地思考"起源"这个字眼，因为说起"起源"就意味着在诸多起源中包含着事件发生的必然性：起源是开端也是原因。由于阿伦特不去理会"原因"的概念，所以阿伦特所思考的事件，不能完全理解成先前发生的事情，相反，事件解释了它自身的过去。因为"起源"在任何时候都没有使表象的整体枯竭。"起源"先于事件存在，可以被重新发现甚至可以被认为能够解释事件，但是准确地说，"起源"不是原因。由于还需要其他的基本概念凝聚在一起，所以在事件中，有一部分是不能够解释的。但是不能由于这样就不去思考：通过自身的存在，事件可以限制领会过程的发展。所以，这些尚存疑问的基本概念，被不恰当地称为"起源"，实际上是事件的大量涌现的条件。这些条件或多或少相互接近，这种由远及近的渐进过程也证明了三卷顺序的合理性[1]。

特别是在《极权主义》中，现象的新颖性作为中心主题，出现在

---

[1] 《极权主义的起源》三卷按顺序是：1.排犹主义；2.帝国主义；3.极权主义。参见由 H. Frappat 修订、P. Bouretz 指导的版本，Paris, Gallimard, «Quarto», 2002。

接下来的四个章节中。在第一章"没有阶级的社会"中,阿伦特特别研究了构成事件出现条件的社会现象。主要的分析集中在大众社会的出现上,其反映了社会关系的无私、聚集和原子化的三重现象。太多的个体不再有真正的社会存在,并且尤其要忍受没有政治承认的痛苦——大众就不被魏玛共和国的政党体系所承认。另外,中产阶级的仇恨正向大众以及精英蔓延,这使他们,围绕一个对于他们来说可行的蓝图,而建立起一个短暂的联盟。极权主义就是生长在没有政治承认、大众渴望拥有政治组织的土壤之上的,而极权主义运动就可以为大众提供一种政治归属感的幻觉。在这样的意义上,阿伦特指出了纳粹运动的兴起得益于魏玛共和国固有的弱点,这可以使阿伦特从反面看到民主天然所具有的脆弱性。所以我们处于双重的运动中:一方面,极权主义的降临,通过两种因素变成可能,一个是不完美的民主的存在,这样的民主将大多数人融为一体,但是他们既不参与也不互相承认;另一个是,这个大多数的非中立性,也就是说它存在的需求。另一方面,这样的分析反过来可以为民主提供方法,去消除它本身具有的危险。特别是,民主应该注意到,不能让没有政治认同感的大众肆意地增多。也就是说,大众的现象在当代是非常特殊的,极权主义作为从没有过的制度,扎根于从没有过的社会形态之中。问题就在这样的根深蒂固中:这些考量是否能让现象变成可能?它们是简单地急速发展吗?它们都凝结于事件当中。

第二章"极权主义运动"将社会形态研究与制度研究二者联系起来:社会现象的进展导致了权力被掌握,每个向度都是建立在前一个向度之上的。阿伦特分析了运动的建立方式,特别是她强调大众对一致性和虚构的需求,促进了极权主义运动中意识形态的发展。在第三章"掌权的极权主义"中,阿伦特没有继续讨论权力实际的使用,而是特别去分析警察恐怖组织和制度的"洋葱结构"的机制,也就是说,分析其方式和持久性。集中营和灭绝营是整个恐怖最有效实现的地点。最后一章"意识形态和恐怖:一种新型制度",在第一版中并不存在,是后来加的。阿伦特重新讨论了孟德斯鸠对于政府的"本性"和"原则"的区分,并且指出了极权主义的本性是恐怖,而意识形态构建了其原则。阿伦特颠覆了不同制度形式的传统分类法,并表明极权主义构建了一种与众不同的类型,它区别于暴政、专制或独裁。

《极权主义的起源》这部著作中的论述推进,是历史性的,也是一种"视角"的推进,因为它将最遥远以及最普遍的条件推到最近以及最特殊的条件,同样的推进也体现在了三卷、四章节的顺序上。整个视角展现出了现象的新颖性,纵观每一个副标题,它们本身都分别包含了新的因素。阿伦特分析的根本原则在于理解和发现特殊的因素,然后识别它们,最后总结到现象的整体新颖性中,而这样的分析让现象具有了特殊事件的特点。在所使用的方法与论述主题(即建立新颖性)的关联紧密性上,我们可以读出事件与思想这对关系的实现:第一,承认既定的事件;第二,必须要颠覆传统的范畴,而且要对这些范畴的不足做诊断;第三,创造出一种全新的、理论的统一性,这样的统一性完全是参照事实而来的。阿伦特就是这样精细地着手她的理解过程的,这样的过程非常合理,因为新颖的现象就不可能被简化,与我们"简化"断裂不同。这种理解在此意义上与解释及其原因概念不同:当最终出现的事件不能由思想来掌握的时候,阿伦特看出自负的理性想要掌控现实,而也就是这个原因,促使阿伦特想要通过事件的原因来解释事件。

阿伦特在几个层面上突出了制度的新颖性。特别是她指出了极权主义恐怖的特殊性,它不同于压制政敌或"可疑"的人,而是提出了"客观敌人"这样的概念。这个概念的定义是意识形态的,并且先于掌握权力。这样的敌人不是因为被怀疑有犯罪嫌疑而被拘捕,而是因为具有犯罪的可能性而被逮捕。他们进行犯罪的潜在危险,在意识形态上证明了这样一类的范畴应该被消灭。所以,个人被当作"有动机的人"而被消灭。从潜在的受害者的角度来看,最强暴的专制统治了一切,恐怖成了全面的恐怖。在不去考虑一个人真正做了什么或是说了什么、他的观点是什么的情况下,这个人就可以被处决。这种恐怖的特殊性就在于,很大程度上要取决于它与制度另外的一个向度的关系:意识形态。意识形态就是绝对严密的虚拟,它只是构成了"观念的逻辑",而且完全独立于现实。意识形态依赖于想象群众的能力,依靠着他们虚幻的欲望和他们一致的期待,而完全不理会令人失望的现实。意识形态通过宣传的手段,完完全全失去了常识。这种常识的丧失完全是由于意识形态,但是这样的现象变成可能的话,那么也是因为"'常识'已经失去了它的意义",特别是社会生活以及"欧洲大众的换位思考能力[1]"的缺失。

权力的极权概念被定义为一种所谓超人法律的真实实现,但是这个法律内在于世界的过程,以及自然或历史法则之中。制度唯一的功能就是加速进程,而这样的过程被认为是必然要完成的。另外,这种制度有一个特殊的、值得注意的形式,那就是它的"洋葱形结构",这种结构在进程中的每一个层面都减弱了它与外在现实的关系,而且这样的结构还提供了一种全面统治的工具。在这种意义上,纳粹极权主义在集中营和灭绝营中被圆满地实现了,在这些实验室里,"一切皆有可能",也就是说,"一切都可以被摧毁",人性可以被改造。这种全面的统治由三个步骤完成:首先,杀死作为法律人的人格;然后,杀死道德的人格;最后,通过消灭每个人的个体身份,进而

---

[1] 《极权体系》,前揭,第 37 页。

摧毁人与人之间的差异。所以，极权主义是一种新的制度，因为同时具有作为本性的恐怖与作为行动原则的意识形态，极权主义构成一种新的形式。恐怖与意识形态各自和联合起来后所具有的效果，不但摧毁了行动的政治自由，而且摧毁了意愿的内在自由与思考的自由，意识形态被阿伦特定义为"内在的恐惧"。

我们对此的理解要通过阿伦特对于"我们思想范畴的颠覆"的理解来实现，因为我们法理上、政治上和道德上的概念看起来已经失效了。在这种意义上，事件催生了思想，而不是与传统建立新的联系。必须建立起对于传统范畴不足这一事实的诊断，然而同时要让新颖性通过过去思想的正当和重现而体现出来，比如孟德斯鸠的论述。关键问题不是纯理论的，相反这涉及思想与经验的关系。阿伦特向我们指出，极权主义是一种从来没有过的制度。然而她说，它必然要建立在"人类共同体最基本的经验[1]"之上，也就是毁坏（désolation）：极权主义作为新的制度，植根于新的经验之上，在本质上让人脱离其他人和世界的经验。这样的经验不是个人的新经验，它的新颖性在于它是在其"政治"向度中的，或者我们可以说，在人们共同生活的视角下，这样的经验是反政治的，这些都是为了表明它破坏的可能性。这种将思想与经验建立起来的联系，这种对建立在事件基础上的经验的研究，形成了这种理解过程的核心和意义，而且这种理解显得十分紧迫。

如果事件推动着这种过程的进行，这是因为事件本身就是一场危机，这也是因为它构成了现实的危机。在《过去与未来之间》的不同章节中，对危机的诊断运用在现实的不同秩序之中，这样的诊断可以被理解成极权事件阴影的一部分。两个因素创造了联系，一是危

---

[1]《极权体系》，前揭，第224页。

机本身的概念，二是理解过程无限性的观念。因为这样完全可能看到这样的诊断是这种过程的全部痕迹。事件实际上是多义的，并且它的光辉是强大的。

为了证实这种假设，我们开始读三篇文章：《教育的危机》《对太空的征服以及人的地位》和《何为权威？》[1]。

处于危机中的教育

汉娜·阿伦特一上来就把教育的危机融入到整体的视角之中，即"侵袭现代世界并遍布于生活方方面面的总体危机[2]"的视角，其严重性最明显的标志是教育问题成为了政治问题。这不是一种简单的局部危机，这样的危机只触及到人的领域而独立于其他领域：政治从此应该被研究，因为它是作为解决问题的有效方法的地方，在某种程度上说，政治也是危机形成的地方。在一段非常精彩并且本质上有助于我们反思的片段中，阿伦特展示了危机的强制或压迫的力量。她写道，存在着一个有说服力的原因"能让人们关心一个与他自己可能并无直接关系的危险状况，那就是危机事实正好提供了一个契机，让我们破除假象和偏见去探寻事情的真正本质。教育的本质是诞生性（natalité），即人出生在这个世界上的事实。简单来说，偏见的消除意味着，我们丧失了在我们通常没有意识到教育根本上是对诞生性问题的回答时，所盲目依赖的答案。危机迫使我们返回

---

[1] 这分别对应《过去与未来之间》（中译本）的三个章节，第163—182页，第247—262页，第86—135页。

[2] 除非另有注明，以下引用全部来自《过去与未来之间》，中译本，第163—182页。

到问题本身,要求自己给出新的或旧的答案,但绝对不是匆忙的判断。只有当我们用早已形成的判断,即偏见来回答这个问题时,危机才会演变成为灾难。这样的态度不仅加速了危机的来临,而且使我们丧失了对现实的经验和它提供的反思机会"。

如果说普通的人可以(而且应该)受到强迫,这是因为危机所具有的独特性超越了"职业思想家"或者"专家"圈子,甚至超越了整个"实践者"。问题是政治性的,因为它牵涉每个人在政治共同体中的位置。危机要求整个共同体看到它,并且寄生于共同体之中:这是危机本身的力量,它所显露的力量。但是它的力量也是一种揭露的力量,危机"破除假象和偏见";也就是说它剥去了个人和制度的外壳,去掉了它们简单的外在。这种揭露的力量使得外表的空间不是被外在而是被事物的本质所占据。实际上,放弃偏见是迫于危机,因为危机表明了判断的不合适或者不足,而恰恰是通过这样的判断,我们去理解处于危机的现实。但是,在这种进程中,对问题回答的本性显现出来了。思想与现实的关系因而有机会成为对话性的,成为或再成为各种问题的关系;因为危机要求其他的判断,也就是说其他的回答。

确切地说,危机是危急的时刻。因为两种路径表明了这一点。一方面,有可能给出其他的回答,也就是说,这些回答直接与现实正确的问题相连。这种情况下,我们可以说,思想将"很好地回应"危机;也就是说,思想不会被排斥也不会被忽略,而是被真正地超越。对于思想来说,危机是一种证明它适应动乱的现实的能力,也就是思想能够在现实中生长,反过来它也可以滋养现实。另一方面,回答通过偏见,也就是说不回答或错误的回答,即回避来找到。在这里,危机就是灾难,崩溃,对思想的放弃。现实与思想一起崩溃,因为经验没有契机去形成、接受它的意义;现实丧失了其经验的本性。

这就是为什么有必要搞清楚有关教育的问题。然而问题的基本因素之一就是教育领域和政治领域的混淆。阿伦特通过诞生性,也就是说通过新事物出现在世界上这一事实来定义教育的本质,这样的世界已经存在,而且根据其本性,它是古代的世界。从这样的思考出发,可以在两种态度中辨别教育与政治领域所出现的混淆:

一方面是在教育公民的意志中。存在着一种混淆,当公民应该被认为是可以对自己负责任的成年人时,我们却在使他们变得幼稚。一种强制的力量在这种意图中显现出来,这种力量只是反映了权力与强制之间的一种共同表象。阿伦特将其视为保证的趋势。

另一方面是在孩子的世界可以直接地与成年人的世界对等的概念中。这样的概念有两个特点:孩子处于体系的中心,他被视为是"小成年人";成年人影响着孩子的世界,并且野蛮地想要与新来者建立一个新的世界。成年人的"新事物的激情"为了得到实现,而侵占了童年。这样的趋势在其内容中是可以被察觉的,因为确切地说,新来者体现出了更新,证明了人道开始的力量。但是,阿伦特抵制隐藏在这种情感下的危险:这是一种乌托邦的情感,它在儿童教育中找寻着一种虚幻的实现,并因此意味着一种严重的视角错误:"靠着成年人的绝对优势采取专制的干预,试图把新事物当成一个既成事实造出来,仿佛新东西已经在那里。"也就是说,我们论证新事物的存在是为了不让它被造出来或者出现;我们对于未来的开始作出承诺——这是诞生的意义,孩子的新颖的意义——一个开始已经被实现、完成,这是成年人自己,通过他们的欲望与悔恨,可以轻易做到的。

然而,如阿伦特所示,这样的态度又是对诞生性所代表的新生力量的否定。实际上,想要与新来者建立一个新的世界,对于这个世界来说,就是要剥夺他们所有开端的可能性:"每一代新人进入一个旧世界,正是人类境况的本质,从而为新一代人准备一个新世界的做法,只能意味着企图从新来者手里剥夺他们为自己创新的机会。"

新事物是一种力量——无限开端的可能性。当它变得不正常，当它开始对自身产生欲望，开始把我们在这个世界所处的境况抽象化时（这样的抽象化把我们定义为人，而它也只是暂时的、空间的），那么新事物就有问题了。在教育的危机中，从我们引出问题的实质——诞生性——的那一刻起，其实就有可能看出对新事物不正常地关注的危险性。我们可以肯定的是，对于阿伦特，新世界的爱（它的"政治"形式是乌托邦）与旧世界的爱同样有害：一般来说，一种只对人的爱，是可疑的。

因为在这两种情况下，我们本身所处的境况是被否定的，所以对于思想来说，有可能在这样的境况下开辟一条路。在此意义下，教育的危机意味着丧失了当前的方向：特别是在所谓的"绝对"的指引下（绝对的新事物），拒绝看这样一个人性的世界。在这种世世代代的连续性中，连续性应该在最彻底的非连续性视角下思考，非连续性创造了诞生与开端。以上是对过去和未来不正常的关注进行的判断：阿伦特得出了她的诊断，本质上是常识的消失。我们所称之为的"悲悯[1]"与所能揭示"理论"的东西不是不能共存的：相反，对于理论来说，它可以被定义为一种过度的爱，在很恰当的程度上来说，理论是也一直是被怀疑为是与经验脱节的。同样，"为了某些或好或坏的理论，所有健全的人类理性规则都被抛在一边了"。然而，"面

---

[1] 这一概念被 Myriam Revault d'Allonnes 所扩展。人不加思考地将自己的欲望与悲伤投诸于他不能直接进入的现实的场域之中，所通过的就是远离能够揭示出经验接受性的东西。与情感和判断不同，悲悯阻止任何与事实相联系的知识。这样来看，悲悯与纯理论有相关性。见她在《脆弱的人性》合集中发表的文章《阿伦特，知识的心灵》(«Hannah Arendt. Le coeur intelligent » in *Fragile humanité*, Paris, Aubier, «Alto», 2002)，还参见她的《悲悯的人》(*L'homme compassionnel*, Paris, Seuil, 2008)一书。

对政治问题,一旦健全的人类理性无力或放弃了解答的尝试,我们就被迫面临危机"。危机可以被理解成在激情与理论面前,判断的失败。危机通过我们试图给出的"解答"清晰地显示出它的双重性:这样的双重性,来源于在它的问题向度中,对于现实的错误理解。

常识的丧失,无疑是危机的信号,因为常识是证明我们在这个世界中人与人之间关系的事物:"在每一场危机中,世界的一部分塌陷了,为我们所有人共有的某些东西毁灭了。常识的丧失,就像一根探测杆一样,标出了塌陷发生的位置。"

无疑这成了极权现象和教育危机最明显的交汇点,在不同的层次与程度上,两者都意味着常识的丧失,而两者体现了政治领域中的问题。因为这样的缺失说到底是政治力量的缺失,"共同生活"于同一世界中的缺失。由此,意识形态与纯理论的一种相似也显露出来,前者将思想扼杀在摇篮中,后者可能使人丧失人性的意义。

危机总是双重的,它所呈现的正如思想的危机在棱镜中所呈现的那样。而且,"美国的教育危机一方面宣告了进步主义教育的破产,另一方面,它出现在大众社会的条件下,并且是为了回应大众社会的要求而出现的,这就暴露出了一个巨大的难题"。难题就在于此:危机从来不是虚幻的,它是现实的必然后果,以至于危机就是现实本身;现实不是去经受危机,现实就是危机。确切地说,从某种程度上说,"现代的解答"建立在混淆的基础上,而这种混淆的特征又是理论脱离经验,所以这样的解答是不恰当的。本质上的混淆触及到了"教"的概念:我们实际上只知道我们曾经做过的事情,据此我们实践观念;实用主义由此进入到了教育的方法中。在这里,做和学就混淆到了一起。一些人类活动基本的意义也就由此消失了。同样,为了有利于玩,工作和玩也被混淆了;实际上,孩子"应该学一门外语就像他幼儿时期学母语那样,在玩耍和直接的生活连续性当中来学"。孩子被停留在幼儿阶段，为了"保护孩童世界的自足价值"，孩子们应获取的工作习惯被消除了。所以，将实用主义实践于教育中，"就倾向于创造一个绝对的儿童世界"。那么，常识丧失的特征是什么？由于混淆，不加以区分同样是无－差异（in-différence）以及绝对化的方法。换言之，丧失了常识就不能再现代与代之间的关系，也不能体现不连续性中的连续性。

当解决办法失灵（在新的"解决办法"无效面前），我们向后退缩，危机的各种表现就重合在一起。旧热情不是比新热情更好：所以谁要是在阿伦特的文章中去寻找古人的方法作为支撑教育的理论，那他就错了。阿伦特认为，回到古人的方法就意味着否定危机的现实性，就只是将危机思考成思想的事实——这是对思想的误解。然而危机就是这样的，因为它发生在现实最核心的地方。所以，为了面对境况，思想要承担风险，恢复的努力（tentatives de restauration）只是要去拒绝承认风险内在于思想之中。首先，应该吸取危机的教训，这导致了两个根本性的问题。一方面，要深入对于"教育的本质"的理解，这就涉及其关键，通过什么我们可以被当作人和公民那样去被关注，以及"孩子的存在需要每个人类社会应尽的责任"。政治生活首先是责任，它假定一个要被提起的重担，一个在我们这个时代稀松平常的负担；这就是在人（人可以被理解成个人，也可以被理解成物种）的时间性中对人性的铭记。这样，在人的生活中，政治事务就成了真正意义上属于人的一个场所。

另外一个问题是："教育危机实际上暴露了现代世界及其危机的哪些方面？也就是说，几十年来人们所做、所说与常识南辕北辙的真正原因是什么？"教育的危机在这里被认为是一个棱镜，是一个可以反映其他方面的现象，也可以说反映了"现代世界的危机"。这种反思的动力通常就是"良知"（bon sens）。因为良知的丧失从不会是局部性的,从逻辑上讲,它不会局限于人类活动的一个特定方面。危机是多重的,它的每一个方面都能反映出它的基础所在。共识性就处于理性的特殊形式中,而常识就是理性。阿伦特着手的是对事件的参透(intellection),事件只是对于过程的事实的揭示,而这样的揭示显示了事件的特征并且可以如是地去理解它。

这两个大向度之间的联系或许是要在未来投入热情感,并且为恢复这种热情而辩护。因为这两种态度是特殊的现代性的,以失去现代性方向为标志。然而它们又不是表面现象,可是当它们开始表明一种对人的本质责任否定的时候,它们导致了我们所说的反人类的立场:这就是对"新来者"的描述。

教育的关键在于孩子与生命和世界对话的双重关系。这样的区分可以显得很惊人:难道人的生命不就是在世界中的生命吗?当我们用"人的生命"表达的时候,我们确实可以这么说。但是,当阿伦特用"生命"与世界对立的时候,她所说的是生物性的生活,也就是在人的生命中所具有的新陈代谢的秩序。在这种关系中,个人,包括当他是孩子的时候,他与外界"环境"存在着联系;但是这个外界,如果只是在生物的生命层面中去理解的话,它不具备世界的高度。在这个框架下,孩子的处境是特殊的:童年时期实际上是一个过渡时期,从与生命的本质关系到与世界的本质关系。教育者的任务就是要促进这个过渡通道的畅通。这就是为什么,最基本的一个要求是保护孩子,也就是说保持他们私人领域的意图,保护他们的"生活空间"。"生活空间"应该由家长和其他的成年人来维护,旨在让他们的生物生活蓬勃发展。由此来看,在童年时期,与世界的关系应该是破坏性的,因为它要打破保护。需要避免两种错误:一个是孩子被光环包围——这是名人的孩子们"在世界中的生活"的不祥事实;第二个是由孩子自己来建立一个世界:一个拥有特定规则的"童年世界",并且表象的空间都是它固有的。

我们在这里接触到了阿伦特分析当中关键的因素之一。危险还是处于混淆之中:在私人领域和公共领域之间,在保护生物性的生命与世界中的生命所体现的空间之间。对于这里所讨论的危机的这种维度,教育的危机很明显地与现代性世界的危机相连。因为阿伦特将这种混淆与现代性的判断联系起来,这样的判断从现时代就已经开始了:重要的是要与生命一致,因此,社会领域的思想就构成了其自身在私人领域和公共领域之间的混乱;在公与私之间,现代社会引入了"一个社会领域,在此私人的变成了公共的,反之亦然"。阿伦特告诉我们,解放的过程对于妇女和劳动者是好事,但是对于孩子只是有害的。应该将"解放"理解为来到这个世界之中,也就是说出现在公共空间之中。应该让孩子尽量避免这样的过程,因为"他们正处在生长发育比个性因素发展更重要的阶段"。通过现代年轻人所特有的热情,在对孩子世界的关注中,时间的坐标被混合了:具体来说,人生阶段的存在被忽视了。

然而成年人在孩子面前的责任只是"世界责任"。世界是既定的,它由成年人来承担。这种责任的概念很大程度上是无可厚非的。它包含了对"所是"(ce qui est)的肯定,确切地说,使得在未来一切的变革和颠覆都是可能的。也就是由此,阿伦特认为教育中的权威是正当的。教育区别于权力关系,因为教育只是对实际的反映,而在服从关系上,教育与世界责任又不同。既定世界所存在的条件应该作为框架给予孩子,在此框架中孩子变革的力量可以得到施展。同时,在时间的长河中,人性的连续性也依赖于经过构思的责任。

从这种意义上来说,在教育所构建的前政治领域中,权威的消失是危机最彻底的表现,这就是阿伦特所做出的诊断:因为,在这种表现所触及的诸多领域中,权威显得带有自然性的色彩,诸如家长-孩子关系中的权威,更普遍的,如成人-孩子关系中的权威。这样来看,阿伦特的观点是双重的:只要能够理解作为责任的权威本质上是人类世界的权威,而不是个人间或群体间力量关系的表达,那么权威的丧失就是危机最根本的体现;同时,阿伦特抛弃了自然性的理论支撑。因为在任何情况下,权威都体现不出它的"自然"的特征:权威只有人性的价值,即世界责任。

责任和思想在此交汇:如果思想只是在有能力揭示事件以及理解事件的情况下才正当的话,那么思想就是世界责任的一种有效形式。这不是对世界不满或是厌世:对世界忧心忡忡,这是承担世界责任,为的是让非连续性,真正的新事物在连续性以及永恒中涌现出来。这也体现了现实境况的根本矛盾:革命精神在教育中是一种保守的态度。阿伦特写道:

> 要保存世界抵御它的创造者和居民的有死性,他就经常不断地被更新。这是一个教育的问题,仅在于这样的重整是实际可能的,尽管都从来无法确保。我们的希望总是要系于每一代人带来的新事物;但正因为我们把希望建立在上面,那么,如果我们这些上了年纪的人试图控制新事物,规定它应当如何,我们就破坏了全部。正是为着孩子身上崭新或革命的东西,教育才必须是保守的;它必须既要保护这些新人新事,又负责把它们引入一个旧世界,因为新人的行动无论多么革命,从下代人的立场上看也终究是过时和即将毁灭的。

这里不是要在现代主义与保守主义之间做出选择,而是对教育本质的理解,必然要使教育保守。阿伦特所指的概念不是一个保守的"概念",毕竟我们可以为教育选择一个方向。"保守"应该在责任和永恒性的依据下进行:因为什么情况下都不能回到过去或"复辟"。那么怎样理解阿伦特提出的"教育的现代化[1]"呢？现代化,既不是复辟,也不是迷信现代性的偏见,更不是不遗余力地引进新的理论,在经验中,这些观念上的逻辑进程没有立锥之地。教育的现代化,就是赋予人的世界以其永恒的条件,在它存在的条件之下,而不是在其现实的状态之下,去接受世界所变成的样子。这种保守的教育不是要保留教育的内容或方法,而是保留世界的人性化因素,然而正如我们已经看到的,在极权主义之下,这样的因素被摧毁了。

教育的现代化,就是在既有的(不是被接受的,而是被思考的)现代性中,去继续永恒性的使命。这个蓝图的第一要务就是通过完善的、在过去和现在都是实际的、以深刻观念作为支撑的答案,拒绝回答质疑。保守的使命是一项艰难的使命,它要求准确地找到问题并不断地追求答案。看上去一个简单的陈述,"教育应该是保守的",包含了政治责任的原则,而做起来却又那么不容易。工作是巨大的,当我们正处于危机之中,当我们明显地、本质地与世界有联系的时候,怎样才能去认识看起来已经消失的常识？然而,问题首先是,"常识的消失"是什么意思？

现象性和常识

在《对太空的征服以及人的地位》[2]一文中,阿伦特着手于一

---

[1] 见《过去与未来之间》,前揭,第175页,阿伦特讨论了教育者,认为他们"在相对较晚时开始教育的现代化":阿伦特认为教育的现代化是必须的,也是紧急的。

[2] 除非注明,以下引用全部来自《过去与未来之间》,中译本,第247—262页。

个很细的问题:"人对太空的征服是提高了他的地位,还是降低了呢?"矛盾是明显的,因为以最具代表性的科学进步来看,答案显然是:人的地位提高了。但是,阿伦特要摆脱这种由科学界定,以掌握和增加力量为标准的普遍观念。因为这是向外行人而不是学者提出的问题,因为问题是在"人文主义者"关于人的看法的框架之中被提出的。这种不同不是微不足道的:以科学的立场来看,同其他东西一样,人和地球只是宇宙中的一个元素,而人文主义的立场则是"人类中心论的"(anthropocentrique),二者的对立是显而易见的。阿伦特的观点很坚定,她就是要突出作为真正人文主义必要条件的人类中心主义的价值。如果现代科学要求人皈依她的观点,即具备普世性观点,也就是法的普遍化法则,那么阿伦特则考虑它的对立面,即挖掘人的立场。也就是说,外行人对科学进步的看法仅适合回答人的实际地位的问题。为了理解涉及人与其自身关系的新经验所带来的意义上的转变,应该颠覆现代科学的视角,追求将我们带到世界立场的人类中心主义。因为问题产生的同时,伴随着人类世界生存条件的明显错乱。

实际上,必须要根据"常识"和"日常用语"来回答这个问题。外行人或人文主义的回答,与常识联系在一起,这样只是回答了由科学演变而提出的问题,但是在它的形成与表述的过程中,这样的回答是与科学思考的方式完全相反的。科学家放弃了感觉经验和常识,"而常识正是我们赖以沟通五官感觉,获得对实在的整个认识的关键";他也"放弃了普通语言,因为即使普通语言中最复杂、最精微的概念表达也无法摆脱感官世界的限制,也就是说仍然跟我们的常识联系在一起"。为了回答所提出的问题,应该去处在或栖息于这个世界的现实之中,也就是我们共同世界的现实。阿伦特分析科学的思考方式,就是建立思想与现实领域的分离,正如她一贯的方法。也就是说，物理学是从尼采所说的"后世界"出发开始反思的。这体现在对科学语言的使用上：不是说要将我们所熟悉的语言进行特殊的使用，而是要创造出一种特殊的语言，这个语言能够总结这样的现实，使得现实可以完全地被建构。科学家的能力是质疑所给定的东西，探寻表象以外的东西，将从没有表现出关联的现象联系起来，他本身对于科学的抽象能力，使得他可以揭示作为基础的科学研究与有可能丧失正确方向的断裂理论之间的亲近关系。阿伦特不相信物理学的数据，"它们不是现象、表象，因为我们在哪都不会遇见它们，无论是在我们的日常世界里还是在实验室里"。她相信我们所生活在的这个世界，对世界的判断比对世界的任何情况所进行的判断都要真实或实际。常识、普通语言与现象性联系到了一起。因为共同空间以及我们现象的空间，就是我们的理性所能辨别和依靠的东西，对于它的理解（发现一种意义）只能在它其中才能恰当地产生；对于在这之中和空间的表象，这样的理解也只有通过普通语言才能被言说。也就是说，只有普通语言才可能将我们生活的痕迹呈现于世，将我们经验的痕迹放置于共同空间之中。我在这里也要理解思想应该是什么，它真实地是什么：它是普通语言的延伸。思想是对所有人的共同语言的运用。阿伦特在这里所思考的普世性，完全不同于人作为因素之一的普世之法的普世性。阿伦特的普世性只在语言的共同体中才被说出，语言不只是简单的沟通或表达的手段，它承载了这个世界的经验（如果我们是这样思考这些经验的话）。

作用于其本身的科学思维，它的内在问题加剧了现代境况特殊性的事实。阿伦特区别了三种问题化的水平：一方面，一般科学的水平，虽然不相信感觉，但是它的目标还是要发现秩序，也就是说，"拯救现象"；另一方面，现代科学的水平，它寻觅的是后世界，这样的方法就是为了理性主义而抛弃现实主义，特别是巴什拉（Bachelard），完全相信理性主义的科学态度；最后，可以产生最近的"事件"的水平，"事件"使科学本身成为了危机，以外行人的观点来看，它具体地是要求运用常识和普通语言的资源。就像在教育中的情况一样，危机的事实产生了普世的忧虑，也就是说，焦虑是直接对人的焦虑。对常识的呼唤以及对人的视角的需要，是对于危机的回应："它对外行和人文主义者提出挑战，促使他们评判科学家正在做什么，因为他们所做的事情关系到全人类，而这个争论理所当然要有科学家本人的参与，因为他们也是我们的公民同胞。"

外行人讨论属于科学范畴问题的正当性不是显而易见的，我们可以说："那些信任常识和日常用语的外行人和人文主义者，已经触及不到实在了；他们只理解向他们显现的东西，不理解现象背后的东西[……]并且他们的问题与焦虑纯粹是由无知而引起的，因此无关紧要。"阿伦特分两部分来回应这样的异议：一方面，"生活、人、科学或知识这样一些概念从定义上来说就是前科学的"；另一方面，知识在这些领域中不能是论据。实际上，为了回应普世性的问题，最恰当的方法就是通过我们"世界公民"的资格；它的正当性，既不是建立在知识的基础上，也不是在于特殊的能力或实力，而是建立在人类世界表现的事实基础之上。参与争论与反思也就是我们实际显现在同一世界的标志，因为它也是我们对于世界的责任的标志。我们从这里可以看到，从何种程度上这种指导阿伦特思考的理解进程区别于认识(connaissance)。认识(知识)本身并不是有价值的，相反，理解的开始只是简单的一种可能性，具有其内在的价值。说到底，由危机提出的关键问题，直接地将外行人和科学家的分界线消除了，因为问题所关注的是他们的共同点：是在同一个世界中的共同表象，而不是共同的"本性"。要重新发现封闭世界的视角并抛弃无限普世的视角，不是通过退回到人类前科学阶段的过程，而是汇集能够给我们的生存带来方向标的东西,也就是以人的观点去思考人。

这就是为什么,像生活或人的概念一样,通过定义,"理解"可以被说成是前科学的。因为理解是我们经验的延伸。这种普世性的特殊形式解释了我们可以找寻已故人的思想:所要找到的答案"是在同许多人交换意见之后获得的,虽然其中的许多人也许已不在"。与危机相关的问题开启了过去之门:前科学思想是跨代的。

电脑的力量构成了危机的现代因素之一。一上来,电脑会被拿来与人脑在干活上进行比较:这样的现象本身一点不令人担心,因为纯运算能力与"人类心智"没有任何关系;也就是说,电脑仍然可以被理解为是人类的手动工具。当科学家宣称电脑可以做"人脑所不能领会的事情"时,情况就变得危急了;换言之,"人能够做,而且能够成功地做他无法用日常语言理解和表达的东西"。所以危机在这里表现在理解力的技术超越中。人类精神不能再去跟随它本身所创造出来的事物。它创造出了鸿沟,甚至是人类理性与现实的深渊。这里就出现了分析的两种层面。一方面,科学研究层面:科学研究所创造出的境况在它的原则中是成问题的,因为它建立在理论与现象分离的基础上;另一方面,经验的层面:当理论以技术工具的形式(超越理解能力)进入现实中时,危机就显现了。危险就是失去常识的危险,常识所面对的都是完全离它而去的现实和现象。问题不是没有掌控或是去掌控的问题——阿伦特的思考不是这个角度。既然人性不再能控制它的现实(控制是建造者的假象),人性不会自我迷失。相反,当理解的方向失去的时候,危险才是真实的。

为了思考这种境况,进行偏见-判断的辩证法,以及用知识替换偏见,是不够的。这样的判断与人类理性进步的模式是过时无效的。是心智的"正常"活动的可能性条件看起来构成了疑问:它是理解活动的问题,而不是知识活动的问题。阿伦特写道:"这个图景不仅拒绝了带有人类精神'偏见'的描述,而且拒绝了每一种人类语言的可理解的描述方式;于是根本就无法描述,只能用数学方程来表达,但不能描述。"这就不可能对感知的事实进行简单的总结,也就是去反映经验。唯一对新经验恰当的语言就是数学语言,通过定义,它无法进入常识,也就是进入作为人的人。"概念框架恰如其分地扩展"就不够了,因为彻底的非连续性在语言和经验之间建立了。也就是说,我们要与构成我们现实——我们的世界——的现象打交道,但是现象不再能到达经验的地位。理论与世界的一种力量关系建立起来了,如果现象只能在理论语言上被讨论,那么最终理论有可能压倒现象:"作为这个和感官世界毫无关联、拒绝一切人类语言表述的理论的后果,我们居住的星球灰飞烟灭的可能性,要远远大于一场飓风引起的理论像肥皂泡一样破灭的可能性。"

在理论与应用之间,存在着一种实际的、有效的联系,但是这种联系被常识和普通语言打乱了,或者说是被我们世界的现实所拆散了。科学真理是强制与现实的,以至于它有可能摧毁我们的世界。但是不要认为阿伦特随便地提出一个灾难主义理论,她清楚地明白人有能力制造出其生存的条件:人类生活的条件在一定程度上是"被制造的条件[1]"。但是这种能力在这里,却矛盾地成了反人类的。从科学进步与生物生命的条件的矛盾开始(正如人与自然的对立),"技术的危险"显得平庸无奇,不被阿伦特所考虑,但是从现象(现实,从中断的理论关注世界的时刻起,现实成了被制造的现实)与人类精神的矛盾开始,这才被她所理解。我们重新找到了这与教育危机的关联。精神的两种显著功能,理论与理解真实地、实际地对

---

[1] 汉娜·阿伦特,《人的条件》(*Condition de l'homme moderne*), G. Fradier 译, Paris, Agora, «Pocket», 第44页。

立了起来。思想的地位是关键。

阿伦特告诉我们,当对太空的征服完成的时候,也就是人自己,而不只是机械工具探索太空的时候,人的地位问题势必会被提出:因为到那时,人的地位就只能被想象与抽象(在理论中),以及被制造(在技术中)。只有当它具有人性的时候,才符合它的名:这是人道的人类中心主义的逻辑性结果。阿伦特这样描述这个时刻:"正是在这一点上,新物理学世界观的所有困惑入侵了,正如现实入侵了人的世界并使他的'自然的'常识,即受地球所限的常识,失灵了一样。"我们终于开始怀疑我们世界的现实。这也是阿伦特所分析的"爱因斯坦的双胞胎悖论":我们到达了这样的一个阶段,笛卡尔的彻底怀疑"可以变成物理式样的一个主题"。彻底的怀疑只是思想的经验,所以它就不能再被认为是为可能的重新建构或是建立真理做准备的一个时刻。这样的一种怀疑,不会被确定性的经验所取代。怀疑不再是理性的,也不是直觉上的确定:最确定的直觉,在它最深刻的根本性中,成为了怀疑本身。现代思想的开端越是一种诞生,我们今天所参与的改变就越是一种危机的秩序,因为理性自身已经无力建立或承认一种秩序的正当性。新的现实开始质疑我们现实的意义。

危机产生的过程分为三个步骤。第一个步骤,科学找寻表象、现象性以及常识世界背后的东西,但是它的目是"挽救现象",并且带有和谐与合法性的理念。第二个步骤,科学家的理想是通过抽象与想象,将普遍化推向尽头,这样的理想状态通过对于混乱的"真实实在"与物质无限的可分性的发现,被简化为虚无,这就是相对论与原子革命的结果。第三个步骤,实验和技术以及以后的直接的人的经验,将这些发现与我们的世界联系起来,并且将我们的常识拖入一场彻底的危机之中。我们的世界包括地球上的世界,会像表象一样崩塌。在物理学家所谓的"真实实在"与我们的世界之间,有可能"真实实在"通过强制和"实现"的力量占据上风。我们最后就变得彻底化,然后破坏性地超越物理和科学现代性的原则,这样的现代性的标志就是笛卡尔式的沉思:因为这样的沉思是彻底的,但是失去了它的批判特点。

这就是这种境况最终和矛盾的表象:在"自然"之中,失去既定的关系导致的是,人在活动和行动中,只能遇见人。在太空之中的宇航员就是这种事实状态的标志,因为他是"一个最不可能遇到除了他自身和人造物之外的任何东西的人,他越是热切地想从他和他周围非人的世界的交往中消除一切人类中心主义的考虑,他就越可能陷入他自己和人造物当中"。根本地说,否认人类中心主义就是现代科学的结果,而这又导致了否定简单的现象性。矛盾的后果却是对自我的反省。对自我的反省就是科学的语言。另外,普通语言和常识具有开放性立场。这样的开放性其实是感知的开放性,也就是积极接受的开放性,这是被定义为理解的思想的开始。

在这个框架下,思想的任务就是重新找到一种可能的连续性条件,在常识的资源中获得"使人重新理解"(réhumaniser)现实的方法。但是在任何情况下,都不是使现实与固定的"人的本性"的画面相一致。在这种境况之下,将会导致两种可能的结果,其中的一种,确切地说会构成一种出路(issue)或回答(réponse)。一方面,我们可以想到一种地球中心说(géocentrisme)和人类中心说的新形式;通过一种对地球概念的修改或扩展,地球就是我们生存的基本条件。这种可能性说明了,通过表现对于人来说的一块新领地,常识适应了这些变化。然而,"在这个时候,这一如此有利的发展前景以及对现代科学技术的当前困境的解决之道,看起来不是特别好了"。另一方面,危险存在于对科学所产生出的新观点的最终采纳。因为"我们已经找到一种方式,能对地球如此行动,仿佛我们可以从外部,从爱因斯坦的'在空间中自由定位的观察者'的角度,去处理地球自然"。这涉及关于人的观点的一种彻底的、反人道的改变。"从足够远的距离来看,我们旅行用的汽车看起来就像海森堡说过的那样,是'我们自身必不可少的部分,就像蜗牛的壳是蜗牛必不可少的部分一样'"。

关于人的视角可能将变成科学的视角,极其"科学客观"的视角。其后果就是将人贬低为有机世界的一部分,也就是最后降低到一种生物性的生活。人的生活应该可以达到与物理法则同样的必要性和普世性程度。这就是阿伦特在"行为"概念中所论述与批判的。从教育的角度,我们已经看到对"新事物的道德"和对理论的迷恋有打压革命的能力或者打压儿童和青年创新能力的危险。危险在这里也是一样的,因为采纳科学视角的核心观点,就是将人的生活和其活动视为行为,就像服从法律的人却不知道法律的必要性。而且这种态度反过来又会否定人格中固有的开端的能力。这就是为什么阿伦特用这句话为她的文章作结:"空间征服和市值能成为可能的科学,已经危险地逼近了阿基米德点。如果真的达到这一点的话,人的身份将不止是按我们所有的已知标准被降低了而已,而是将被彻底摧毁。"

在阿伦特对于极权现象、教育危机以及人的地位的理解中,我们实际上遇到了权威的问题。在《教育的危机》中,阿伦特认为教育世界中,权威的消失是危机的一个重要符号,因为这样的权威具有自然性的表象,阿伦特将这个问题引到了政治上的权威问题:"如果我们从政治和公共生活中扫除了权威,就意味着从现在起每个人都要等同地担负对世界进程的责任。但是这同时也意味着世界的主张和世界内秩序的要求被有意无意地排除了,所有对世界的责任都被抛弃了,无论是给出秩序的责任还是服从秩序的责任。[1]"当政治权威以它传统的形式消失的时候,会出现两种可能的情况,一个是适应,另一个是拒绝:这仍然是关于我们承担世界责任的能力。这样的分析使阿伦特指出对于两种类型权威的传统性的混淆:"从远古开始,我们就习惯于在政治思想传统中,把父母对孩子的权威、教师对学生的权威,当成理解政治权威的模式。[2]"误解来自于混淆,它与私人领域和公共领域的混淆非常接近。

我们在此迷失了方向:习惯使用的概念工具显得失灵了,传统工具又表现出它的不足,这些都是判断危机的体现。同样,《教育的危机》突出了"偏见"没有能力去为新的问题找到可以接受的答案;《对太空的征服以及人的地位》显示了,在科学研究之中,被提出的新问题定义上是与传统的断裂,这无疑导致了理论和现实的彻底分离以及一种让人感到陌生的现实的构建。对于极权主义,这毋庸置疑是显示传统最无力的地方,因为它的哲学、政治学以及道德范畴给不出任何形式的回答。

这样的迷失方向总在与传统的一定"关系"中被领会。首先,极权现象是例外,因为它是事件的极端化。另一方面,当阿伦特将教育危机与社会领域的现代创造联系起来,当她在家庭权威(私人)与政治权威(公共)之间辨别出了传统的混淆时,当她看到在科学态度本身的态度中,常识被割裂时,她不停地动用传统。与传统关系的模糊(总是复数的)被称为政治中权威概念的"异常模糊[3]"。另外,极

---

[1] 《过去与未来之间》,中译本,第177页。

[2] 同上。

[3] 同上,在柏拉图和亚里士多德的模式中(家长的权威或老师的权威模式),"让政治中的权威概念变得异常模糊",第177页。

权制度尤其构成了对于政治的否定,也就是强暴的权力无处不在;而且,教育的问题可以被确切地定性为危机,也是从它进入政治领域的那一刻起。我们不遗余力地重新找到区别权威和权力的必要性。如果权威的概念与"世界责任"相关,那么理解和解决危机的关键之一,可能还是要明白权威的概念。

权威和传统

《何为权威?》[1]对权威在现代世界中的消失做了彻底的分析:更确切地说,这样的消失"使我们开始提出这个问题",对权威的本性进行考察。试图弄清楚这个问题是有必要的,因为权威这个词十分隐晦:实际上,"对于我们来说,不再可能借助我们共同的、真实不争的经验"去理解它。成为问题的危机看起来与经验的不可能性相连:我们通过什么去理解它?此外,应该从我们现代性的状况出发去思考这场危机:"几乎所有的人都承认一场持久的,在深度和广度上不断加重的权威危机伴随着现代世界的发展出现在我们的时代中。"这场危机出于政治本性的深处。特别来说,所有传统权威的崩溃构成了极权现象最深刻的背景。我们也将权威的危机看作是较根本的——但不是最本质的,它只是"前逻辑"的——这是相比之现代世界表面上更为"区域化"的危机而言的。寻求危机的起源,正如极权主义的例子一样,假想这些起源就是能够聚集起来形成事件的诸多要素。事件性质的危机,其本身的根源就是一场危机,权威的危

---

[1] 除非注明,以下引用全部来自《过去与未来之间》,中译本,第86—135页。

机,而且这场危机涉及前政治的范畴。然而它的意义是政治上的,危机在政治领域中形成。

在这个层面上,引入传统就将问题复杂化了。实际上,一方面,阿伦特看到的是"真实"经验的不存在性,换言之,就是没有办法去理解;对于理解传统通过权威而领会的东西,即理解传统意义上的权威,由于传统的连贯性被割裂,这些都变得困难起来;为了理解这个权威,一切有效的思想向标都消失了。而另一方面,传统地理解权威本来就是建立在前政治领域与政治领域之间的混乱中的。在阿伦特的思考中,这样的事实与权威的消失都占有重要的位置。

我们可以继续提出这样的假设:从一个特定的方面来说,我们现在的处境无望去思考权威,另一方面,现有的契机可以"干脆利落"地思考权威,也就是说,以后退的方式将传统的偏见一扫而光。因为如果说传统可以提供诸多工具,而危机明确地显示出这些工具的不恰当,那么这些工具就只是偏见。确实应该质疑权威,这样做也意味着将权威所要制造的混乱公布于众。"新的质疑"本身不能变得"一般化";相反,它只能是通过重新思考"权威历史上所是的样子"。危机受制于朝向传统的目光,而只有这种目光才能帮助我们理清概念,看清处境;但是阿伦特与传统的关系应该重新被思考,甚至是重新书写这一部分的"观念史",这样做就是为了在我们这个时代的思想中有一个最本质的时刻。

阿伦特通过区分概念来探讨权威:一方面权威不同于暴力的权力,因为它排除了强力(force);另一方面,它也不同于"论理上的说服",因为它建立在一种等级上的集体承认上(所以它不被包含在平等的背景下,因为平等就是规劝的背景)。

权威可以将两种明显相反的话语联系在一起,这样也就看清了他们对于权威和政治自由的共同视角;这就是"自由者与保守者"的话语。自由者坚持在自然引导下进步的这一假设,并且对于这种过程持不同意见的人,他们会做出激烈的反应。这种思潮最主要的后果是将三种截然不同损害自由的方式混为一谈,"在专制体制下对自由进行束缚,在暴政和独裁体制中废除自由政治,而在极权制度下要完全消灭自由产生的自发性"。同样,自由者倾向于思考权力的消极性,从而忽略了合法权力与不合法权力的本质区别;这也就是阿伦特所指出的,正是由于"以前就混淆了权威与暴政,合法的权力与暴力",所以这样就"自然地将极权主义看成是专制"。而保守者们"确实是没有忘记区分暴政与权威",因为他们本身就是"权威的现代代言人"。他们对于历史的诠释与自由者们恰恰相反:在自由者所认为的进步里,"保守者看到由于权威缩减而开始的灭亡过程,因为对于自由来讲,失去了限制与保护它的界线后,它就没有了支撑,最后只能是毁灭"。这里就产生出了自由的另一个同义概念。结果是一样的:"暴政和极权主义再次被等同起来,只不过现在极权主义政府(如果不是将其等同于民主的话)被当成前者不可避免的后果,即一切传统认可的权威消失后不可避免的后果。"

这两种话语完全忽视了事件新颖性,也就是说从未有过的极权主义这一现象的出现,所以对此的无知使得人们根本无法理解它。正如对权威盲目的批评(自由主义者)以及对权威的消失感到遗憾(保守主义者),本质上这些搞错了权威的本性。阿伦特对两种话语的双重讨论向我们揭示了许多。一方面,她认为,传统权威的消失是现代性的最根本特征之一;另一方面,她指出对"传统权威"的惧怕是从错误地理解权威的本质开始的。发现权威到底是个什么样子,这样的发现就使得追溯过往变成一种可能,同时也是对于恐惧的一种批评。这就是为什么"权威的危机"或许将引出一种与哀叹、拒绝截然不同的态度。所以阿伦特对于传统的权威形式没有丝毫的怀念。

我们可以在这里重新找到对于"理论"的些许概括性的批判：由于暴政与极权主义、专制与极权主义等概念的混乱，阿伦特干脆直接从政府的形式入手，也就是一上来她注意的是现象。阿伦特给出了三种模式，分别对应三种形式的政府：金字塔型代表专制政府，将金字塔每一层都归为己有的是暴政，洋葱形的结构是极权主义。自由主义者与保守主义者对此做的都不够。但是，阿伦特告诉我们："他们概括性的断言具有很高的可信度。"按照自由主义者所持的"自由逐渐丧失"的观点和保守主义者认为的"权威不断衰退"的看法，极权主义就是在这样的过程中被孕育的。在现代世界中，我们看到太多损害自由以及传统权威丧失的事情。这就是理论化的方法涉及的层面，"只需要关注两个现象中的一个就足以证明某种进步的理论或者灾难的理论"。

首先应该确立形势的事实，"实际上，在现代世界中，我们同时遭遇了自由与权威的双重衰退"。但是在"理论场和意识形态场中"，每一个理论都需要一个相反的理论而存在下去，更准确地说，是因为每个理论都建立在对于诸多事实的选择基础之上，产生于"激烈摇摆的公众意见"中。说到底，"这两种话语本质上都是想进行恢复，恢复自由或权威，或恢复二者的关系，使之回归其传统地位。正是在这个意义上，它们构成了同一枚硬币的两面，正如进步或倒退的意识形态对应着历史过程本身的两个可能方向一样；如果有人像自由主义者和保守主义者那样，认定存在着有一个明确方向和可预测终点的历史过程，那么显然我们要么着陆在天堂，要么着陆在地狱"。

所以阿伦特对于所有要恢复价值的传统地位的企图都持批评态度：她认为，回到所谓的传统位置是荒诞的，重新思考权威与自由新的位置——现代的位置——也是无谓的。这样的批评针对的是作为历史发展必然的历史观,因为这样的思想只能是理论上的,也就是说将所有进程归结为在已知条件中的选择,这样的思想是对人行动能力的否定,是对不可预见性的否定,是对人的开始力量的否定。这些缺陷都无力认识事件,因为这些理论(或意识形态)在本质上有着时间性和方向性的凝结,毋宁说它们是死板的。理论与想象相连,而不是与思想相关,它们只不过是最后代表了天堂般或地狱般的幻觉。当真正的地狱由人而非历史制造出来的时候,这样的态度产生出的最矛盾的结果无疑是不能去承认这样的地狱。作为进程的历史思想——也就是说如同"转化"的继续而非"事件"的继续——与对此区分的消失,是紧密相连的,因为任何事物都可以转化成另外的事物。对此,阿伦特写道:"自由主义和保守主义正显示出它们是和19世纪更一般的、无所不包的历史哲学相对应的政治哲学。"

其实自由主义和保守主义隐含地揭示了另一个理论,"特别是在社会科学中,功能化包罗了所有的概念和观念",比如,这样的功能化就可以将共产主义定义为"新的宗教",因为它取代了宗教的某些功能。从这一点开始,两种话语就分道扬镳了。保守主义者"认为无神论可以提到某些宗教的功能,而这些功能证明了宗教是必要的";对于自由主义者们,他们诠释的是同一个现象,这个现象"作为对于世俗化的最严重的背叛",他们认为应该最终建立一套"真正的世俗化"去确保受宗教影响的政治。在这两种例子里,现象最终只是成了它本身的功能,也就是说,我们只是坚定不移地相信它在体制中的作用。换言之,理论的系统化导致了事实的缺失。更确切地说,这两种话语不能去面对宗教现象的特性,因为它们只是有理论上的优势,抑或只用单一的理念去说明一切。一味追求想象的而非理性的一致性就将人的关系(宗教,政治)模式化、非人性化了。真理的一致性，这样的逻辑肯定要损害真理的相符性。然而，由事实产生的真理是什么，什么又能独立于已知的事实呢？这些理论不能成为与现实截然相反的纯粹假设。然而这些现象可以把它们重新整合成理论，这样的整合实际上是一种转化，因为现象在任何时候都不能被视为这个样子。它们只能通过它们的功能找到自己的价值与位置，在理论中，思想确实是先于已知事实的。相反，对于阿伦特来说，如果一种思想不能去揭示已知的事实，那么它就不能称为是一种思想，因为已知的事实首先就是很清楚的。

关于权威，也是采取了同样的手段，将事实简化为它的功能。"如果暴力履行了权威的功能——让人们服从，那么暴力就是权威。"由于秩序-服从这种功能的相似性，暴力和权威被混淆了。权威只是一个不加区分就使用的词语，但是这个词语所表达的概念并不是权威本身的概念。这是因为从作为命令-服从关系的政治关系的角度来看，暴力的概念也被混淆了。换言之，要明白这种混淆，就需要权力这样一个中介的概念，因为权力可以使暴力延伸至权威。权力这个词本身，如果不细化其形式，它也只是表达了一种功能——发布命令，使别人服从，不管这样的命令与服从的本性和起源是什么。

这样的混淆也妨碍我们去理解混淆本身，因为不加区分的后果只能是导致对于政治问题错误的解读，而且也产生不了好的解决办法。如果只是停留在纯粹理论与抽象的反思中，那就没这么重要了，但是问题（problème）与解决办法的关系是一对现实的、实际的关系，提出问题的方式与理解问题的方式完全依靠于解决办法的产生[1]。

---

[1] 应该优先建立疑问（question）-回答的关系，而非问题（problème）-解决办法的关系。

在这种情况下，保守主义者认为必须重新回归到权威的诊断加深了权威与暴力之间的混淆，这样的混淆只能产生危险的解决办法，"我们使用暴力进而重新恢复权威"。也就是说，通过产生建立在混淆之上的经验——错误的经验，混淆就建立在了经验之中。

阿伦特对于现象性的选择可以被定义为反功能主义，也就是说"现象的内容决定了政治体的本性和它在社会中的作用（而不是相反的）"，在这样的视角下，阿伦特对于"强"政府形式的区分是反功能主义的。同时，诸多的区分（distinctions）（非简单的对立）构成了思想中必不可少的、现象的本质。这些区别避免了思想走向形式主义和功能主义，也避免了形成所谓的一致性。这些区别也是在现实中对于现象的重新认识。这种意义下，思想是一种强有力的行动。只有这些区别才能帮助我们理解我们遭遇到了什么，去理解我们现代世界所产生的现象与这些现象内在所产生的从来没有过的经验之间的差别。换言之，区分可以让我们重新认识事件，不是去认识已经被注定的过程，而是去认识现象性的本质。这就是为什么，这些区分假定，"自由，即人类活动的自由，也处处受到了威胁，即便在自由的社会中也是如此，虽然只是在极权主义体制下（而不是在暴政和独裁体制下）才被彻底取消"。历史的"传统的现代"观念作为进程（过程）应该被"历史空间"所取代。一种被主导的进程建立的只是一种不明确的观念，而历史空间是开放的。由定义而言，历史空间是自由的空间。但是，它开放的话，也就是说它可以接纳自由的新经验，政治自由的经验，甚至暴力的新经验。在此意义下，"反抗"和极权主义都具有事件的意义：为了自由的事件与摧毁自由的事件。历史不会将一个转化成另外一个，也不会通过一个走向另一个，这两个事件共同存在于"历史空间"中。

阿伦特式的反思拒绝追问问题的永久性，特别是解决办法的独一无二性。因为想要找到解决办法，比如找到让权威消失的办法，其实就是去找一个替代品，这样就成了要提出问题的永久性，解决办法的永远有效性，最后就是现实本身的永久性。这样的话，找到解决办法就简单地成了填补空缺，解决办法也就意味着某种世界、世界经验的固定不变的、绝对理论的代表。

在这样的框架下，阿伦特对于这些区分的坚持，与经验多样性在其文本中的建立有关。另外她所强调的"区分"不是"概念性的区分"，而是"实际的区分"。关于权威，随之而来的最根本的问题是："哪种政治经验对应了权威的概念并产生了这种概念？"为了搞清楚权威的观念，阿伦特选择将过去的经验建立在它们的现实与意义的基础之上，也就是她着手于重新发现权威的经验。这些经验与权威本性的关系是一种对应的秩序。经验对于思想的逻辑先前性使得通过思想重新发现经验成为可能，而且这不是以了解某种不变的知识为目标，而是为了领会我们所要说明的、找到我们想要的答案。这就是为什么在根本上要建立一种对于过去世界的准确的表象。"现时代不仅要在诸多领域中质疑这样那样的权威形式，而且要让权威的概念完全消失，那在这之后，世界到底是哪个种类的？"我们出生的时候，世界就存在，我们死的时候，世界还将继续存在，但是这并不表明世界是永恒的。因为是经验造就了世界，而这些经验有一天就可能不再造就什么了，或者那些经验有一天就只是空洞的经验。同样，许多新的经验，最好的最糟的，都可能会发生。

"权威，作为人类共同体的一个要素（如果不是决定要素的话），固然可以追溯至一个绵长的历史，但是不是从来就有的。并且作为这个概念之基础的经验也并不必然出现在所有政治当中。"一方面，在形成经验的层面上，政治制度的本性影响了经验的形成。这些制度之所以可以被称为经验的"载体"，也许是因为政治空间就是优先找到问题解决方法的地方。政治体至少是经验的一种表达形式,也可以说政治体与人的经验相对应。另一方面,连接经验概念和政治体概念的是人类共同体的观念。在一种制度中,是人的经验去寻求表达。这就是为什么制度的多样性只是对于经验多样性的一种反应。制度的独一无二性包含了它所对应的经验的独一无二性。最后,阿伦特的问题着眼于起源问题的特殊性,不是那种被认为是一瞬间发生的起源,也不是概念发散出诸多要素过程的一种起源,而是思想的起源,作为某种断裂,某种新事物的产生,一种可以让位于其他起源的无限性的起源,简单来说就是一种开端。

阿伦特从三类源头中挖掘这些现象:语言、历史与哲学。目的就是找到构成权威经验的因素。对她来说,权威,这一词语与概念,起源于罗马时期。然而,她在阅读柏拉图和亚里士多德的过程中,就已经发现了"一种向希腊城邦的公共生活中引入类似于权威的某种尝试"。在希腊政治生活和私人生活中,不存在某种经验可以让权威建立起一种特殊的关系模式。实际上,"权威意味着人们在服从的同时保持他们的自由",这样暴政、军事首领以及家长的模式就变得无效了。柏拉图的思想就处在这样困难的框架之中,他"希望找到一种这样的服从:当他年老的时候,他将这样的性质赋予法律,让法律成为整个公共空间的统治者"。但是,这样的尝试相对来说失败了,"不过柏拉图的法律统治显然仍是以专制而不是以权威的方式来解释的,最明显的迹象是柏拉图仍以私人家庭生活的术语来谈论法律,而不是以政治术语来谈论它们"。正是这些出了问题的"政治术语"才是政治自由的术语。因为具体来说,权威不是被定义为否定政治自由或与政治自由截然相悖。柏拉图所面对的问题,极其复杂地说,恰恰是权威思想在政治领域的问题。在这个意义上,即使创造了政治自由的希腊人不是权威的创造者,但是他们在形成这一思想的过程中起到很重要的作用。换言之,即使权威这一事件发生在罗马时期,所有的因素汇集起来,可以追溯到希腊思想中:由柏拉图与亚里士多德将希腊政治经验进行转化。有必要将这些看作为"起源,在某种程度上我们希望掌握、理清政治思想的传统在权威的理念中为我们留下的遗产"。实际上,"如果我们不仅希望理解权威概念背后的实际政治经验(至少其积极面向是罗马独具的),而且希望像罗马人那样理解它——罗马人对这个概念已经做出理论化理解并使之成为西方政治传统的一部分——我们就有必要简单考虑一下那些对它的形成有决定性影响的希腊政治哲学特征"。先于实际存在的表象具有实现的性质。希腊人从来没有经历过权威,也没有在理论层面中直接讨论权威的理念,但他们在权威概念的形成上对罗马人的影响是显而易见的:思想不能被简单地说成是经验的后果,也不是经验最纯粹的表达。有效的思想只出现在与经验的联系中,但是对于经验来说,它不是源于虚无,其本身也受一定理论因素的影响。概念-经验的关系从不是单义的(univoque),相反,我们可以说只有当理论因素有机会与有效的经验建立联系时,理论因素才能达到思想的高度。当开始将词语与观念看作是出自思想,而不是出自简单理论的时候,我们就可以寄希望进入到被观念所包含的经验之中。

就是在如上的原则下,阿伦特投入到她对于诸哲学家的阅读中。要找寻"强制的正当原则",柏拉图使用了真理的强制力量。问题就是要在不使用暴力的情况下束缚大多数人,并且以此方式保留政治自由。两种主张紧密相连。第一种,《国家篇》中的主张,用地狱的神话产生服从;第二种,《法律篇》中的主张,向公民解释法律的目的。柏拉图思想的一贯性,体现在对于知识与实行的区分之中。哲学家的"权威"形式在城邦中的创立,建立在人不平等原则的基础之上,因为可能只有这个原则才能消除暴力,并且产生"自身就蕴含着强制因素(先于实际命令的表达)的关系"。强制是理性的强制,强制的权力处于被哲学家所接受的超越的理念之中,这些理念对于政治生活,构成了外在的、绝对的规范。强制的权力建立在对于判断归纳(subsomption)的能力之上。理念与手工匠和生产者的表象具有相似之处。这样的范例源自于政府权威形式的诸多典型行为之一:"使权力形式合法化的权威来源,应当超越权力的领域,就像自然的法律或者上帝的指令一样,不应该由人来创造。"神话所扮演的角色就是实现权威:"柏拉图认为,神话是一种很简单的办法,去强迫不服从理性权力的人去服从,而且这样还不用求助于身体的暴力。"

但是在这种概念下,存在着"暴力的因素",这种因素我们可以在手工匠的例子中去理解。"所有制造、生产的行为都是内在的,也就是说人们都是通过这些行为直接地面对自然。"所以"柏拉图在一小部分事例中偏爱暴政政府的形式,就会被过度地演绎并且成立"。阿伦特认为,哲学王理论所对应的经验并不是政治的,根本上来说,它反映了哲学家与政治之间的冲突:"探索最好的政府形式变成了哲学家们去探索最好的政府,反过来就变成了,哲学家想象的一个政府,在此之中他们是城邦的统治者。"

所以我们可以看到,权威概念中固有的统治因素从超政治范围中找到了它的经验起源。但是在"印证哲学家的政府"方面,统治还是有它的政治意义。所以,哲学家的真理与人的事务就联系了起来,从美的观念通向善的观念,这就需要哲学家管理人的事务。不同于美,善本身就包含了适当与运用的可能,善已经是一种规范了。

亚里士多德诠释了"根据统治者与被统治者的关系建立权威概念的第二种尝试"。他认为,理性不是暴政的,范例并不是被制造出来的范例:两分法建立在自然的基础上。这与亚里士多德的城邦内平等原则产生出的矛盾是明显的。实际上,亚里士多德区分出了公共领域(平等公民领域)与私人领域(专制统治领域),每个人都要参加两个领域(公与私)。在私人领域,人们考虑的是生活的必要性;只有在公共领域中经济问题被解决了,政治生活的可能性才能产生:"在可以开始好的政治生活之前,必要性应该被解决,且只能被统治解决。"借助暴力,统治才能进行,才能震慑住奴隶。所以,"统治与从属,命令与服从,指挥与被指挥,这些是政治领域建立的先决条件,因为这些条件不是政治领域的内容"。当亚里士多德感觉有必要在政治领域中区分统治者-被统治者的时候,他应该发现这样的模式源于私人领域,也就是"前政治时期";也只有在政治领域的内部才会有诸如年轻人与老年人的区别。阿伦特指出了问题:年轻人或者老年人统治不是政治的特性,实际上"老年人与年轻人之间的关系本质上是教育关系(pédagogique)",由此而来就是"教育替代了统治"。我们在《教育的危机》中会遇到这样的困难:"没有什么比从教育领域中来说明政治相关性更成问题的了。"不过,"从政治上看,只有我们像罗马人一样假定在任何情况下,祖先都代表了伟大的范例,承认他们是 majores,在定义上即最伟大者,那么权威才有教育意义。如果没有这样的信念作支撑,任何借助权威的教育模式都只是依附在政治领域中……这种模式最根本地是要掩盖真实的或有预谋的统治,佯装搞教育而实际上是想要统治"。阿伦特在这里仍然坚持权威在教育的前政治领域和政治领域的区别。但是,权威的统一性仍然是可以被思考的,只要这样的统一性被"基本的信念"——即坚信祖先们的伟大——所支撑。借助这样的信念,我们触及了权威的本性,也就是说,更确切地讲,触及了可以使它变成理念的东西。权威揭示了信念的秩序以及一脉相承的意识的秩序。内在于权威的责任,让我们有充足的理由去思考过往的祖先们,因为他们的行为实际上产生了开端,但是我们也可以思考未来的人,因为祖先们的范例使他们有力量去制造开端[1]。阿伦特不仅将权威从暴力和说服角度拆解出来,而且区分了权威与统治本身的不同。换言之,权威的经验不是统治的经验。也恰恰就是这个原因,柏拉图与亚里士多德接近权威,也就是说将权威引入到政治理论与经验的尝试,归根到底只能是一场失败。

阿伦特强调的是权威来源的外在性或超验性因素;但是,为了思考权威,在政治领域中,她也列出了所有经验或超政治模式引进的界线。这就是为什么"解决办法"可能只存在于超验性来源的表象之中,但是政治起源和超验性的原则是内在于政治领域中的;这个原则就是跨代责任原则。阿伦特拒绝用统治来限定政治领域。也许柏拉图与亚里士多德的尝试只能表明统治的关系,统治-被统治的关系是多么地不具有政治建设性。然而应该怎样定义政治领域?通过政治自由,希腊城邦的政治自由,平等空间的政治自由;通过自由能力,这种特定人性的开端的能力只能像政治经验——人的共同体的经验——一样存在,并且只能通过责任被保留下来,也就是世界跨代别(transgénerationnel)的忧虑。

权威只出现在罗马人时期,因为只是在罗马共和国时期,权威才真正构成了一种政治经验的内容。罗马人承认希腊政治哲学"在一切方面的思想和理论的权威。但是正因为权威和传统在罗马共和国政治生活中一直扮演着关键性的角色,罗马人才会实现二者的融

---

[1] 见 M.Revault d'Allonnes 发表在 2004 年 8 月—9 月号《精神》(*Esprit*)杂志中的文章《从权威到制度:公共持续》(De l'autorité à l'institution: la durée publique):作者强调了权威特有的时间性,并且着眼于思考建立一种未来权威。这种权威理念摆脱了严格意义上我们经常局限于的对空间的反思,这样可以让我们进入时间的向度。也参见她的《开端的权力:论权威》(*Le Pouvoir des commencements. Essai sur l'autorité*, Paris, Seuil, 2006)一书。

合"。换句话说，权威通过其实际的政治存在诞生于思想之中，也就是坚信祖先们的伟大。所以如同传统的权威，权威诞生于其自身的实际性。作为政治哲学的创始者，可能希腊人一下子并没想到要去依靠传统，相反作为开端者，他们专注于思考自由。对于他们来说，政治经验是不可能的，因为罗马人的基本信念对他们是不可能的。相反，罗马人对于过去的看法足以产生出传统的理念以及在权威的力量中理解权威。希腊人的权威力量，首先是理论性的，这样的力量相比较于罗马共和国的政治经验，不能作为一种思想的客体。绝对不能认为这样的一种理论抱负可以"实现"，就像政治领域是理念的运用一样。确切地说，政治共同体诞生于对思想的过去的看法之中，而我们已经走出了与共同体相关的经验事实。这个"事件"的核心问题之一是，权威并没有实现这个事实：柏拉图和亚里士多德具有的影响力，就恰恰是希腊思想对罗马人的巨大影响，但是权威在罗马人经验中所呈现出来的，没有包含任何柏拉图与亚里士多德想要实现的东西。希腊人的思想在另外一种意义上有着举足轻重的作用，正是由于希腊人的伟大，罗马人的权威（经验过的，名副其实的权威）才能够如同传统的权威一样存在于世。

激发罗马政治的最基本的信念就是"奠基的神圣性，也就是某物一旦奠基，就对未来世世代代有约束的能力"。同样，"一个新政体的创建，对希腊人来说几乎是习以为常的经验，对罗马人来说却是他们整个历史核心的、决定性的、不可重复的开端，一个独一无二的事件"。也就是说，在罗马人那里，只要能成为简单事实的东西就可以变成一段真实的经验。政治几乎等同于宗教，它包括"与过去相联系，受制于几乎超人般伟大的英雄，他们总是以传奇般的伟力建立城市，奠定基石，并为永恒而建"。正是"在这一背景下，权威的词语和概念最早出现了"。权威将建立在一种信念之上，也就是说，建立在一种对于主体性强烈的接受之上；它将有一种神圣的特点，所以权威也意味着超验性；这种神圣性在政治领域中是固有的，因为长久以来，它都表现出典型的政治行动的特征，即奠基，也就是说，一个政治共同体的出现和诞生；这种与特殊政治神圣性的联系产生了权威暂时性的力量以及伴随它的跨代责任。在所有的注意力都集中在奠基之伟大的情况下，可以产生权威。换句话说，它具有绝对开端的这一特点。权威之所以可以出现，是因为奠基成为了实际经验的一个客体；经验的本质是它永远不能被重复，但是它可以建立精神以及生活。独一无二行动的经验是永久性的创造者，同时它也是独一无二的事件——这就是奠基性的经验。

结果就是"与权力完全不同，权威植根于过去"。它使得过去重现于世，但并不是无论怎么样的过去，一定是事件的过去和绝对政治的行动。权威一直在"增添"奠基性的行动。与权威（*auctoritas*）的词根相同，对于作者（*auctor*）一词的分析向我们表明了权威持有者的特点，那就是他没有权力，因为"长者所作的'增添'，其权威性只在于它仅仅是一个建议，既不需要命令也不需要外在强制来使之被听取"。权威的优越性体现在它像一个永久的状态：权威可以自己发展。它不需要强制力，也不需要被证明，它自身好像已经包含了它的证明和合法性原则。两个原因都具有世俗性质。过去产生了合法性，奠基行为的过去得以让共同体存在：所以这就涉及到一种由这种共同体存在原则所产生的合法性。至于证明，它体现在过去对我们未来的保证。这样的保证既不是提前预定也不是制约，而是自愿服从的被迫。行使权威本身总是提升自由的行为。权威的力量不是一种命令的力量，而是一种增加的力量以及确认行动的力量。每一个行动都充满了过去的厚重，这就是重力（*gravitas*），罗马时期最显著的特点。

是传统让过去变得神圣，也是传统赋予权威以力量。这就是为什么权威说到底是传统的权威。但是如果它严格地源于政治，那么它却在思想领域中发展起来："罗马人认为他们在思想及观念的事情上也需要奠基之父和权威性榜样，因此接受了希腊伟大'祖先'作为他们在理论、哲学、诗歌上的权威。"在哲学与思想的秩序中，权威确实是被派生出来的，但在西方哲学思想中，它是"宗教-权威-传统"这三位一体的活力来源。耶稣复活也可以被视为是一次新的奠基，与基督教反政治的视角不同，这是"罗马精神的胜利"。天主教教廷的建立重复了罗马的建立，特别是在权威与权力的区分上。元老院的权威传递给教会，人民的权力又通过王朝家族之手让给了君主。希腊与罗马同时对基督教产生了这种建立在传统之上的影响："就天主教将希腊哲学融入到它的教义学说和信仰中而言，它整合了罗马政治权威概念（必须以一个开端和过去中的一个奠基事件为基础）和希腊人的超越尺度及统治的观念。"这样的"混合"产生了两种结果：一是对于所有关于人和个人判断关系的规范的必要性，二是宗教-权威-传统三位一体的连带性，一个消失就伴随着另两个的消失。

　　阿伦特在这里的观点是双重性的。一方面，她重新发现了权威所对应的实际的政治经验，这个经验就是罗马奠基的经验。她重新发现的不是"自为"的奠基，而是罗马人的奠基，也就是奠基的事实，伴随着对于其力量与永久能力的坚信。我们因此得到了真正权威的代表，也就是说权威不是与思想紧密一致的，也不是与其相符合的，而是与它所产生的政治经验相对应的。在这里，阿伦特真正区分了权威与权力，她也就否定了命令-服从这样的关系的权威。同样，她建立了宗教-权威-传统三位一体的"经验的合法性"。另一方面，她重新回顾了传统的进程，也就是导致权威的传统概念的因素。在这一层面上，通过综合希腊理论和罗马经验的影响，权威与权力的逻辑重叠起来。我们也就明白权威可以由权力使用模式及其合法性问题来赋予。事实上，确切地说，权威的问题可能被曲解为权力合法性的问题。也就是说，我们有关于来源的问题，但是存在与政治共同体长久的利害关系并不能推出来源，而是要通过决定权力功能的权力关系。这就是为什么试图恢复传统意义上的权威到最后变成了将压迫，甚至是暴力合法化的努力。我们已经看到，这是强制与责任的问题，在权威中它是关键。难道我们不能希望一种权威的思想近似于责任的思想？这是阿伦特在《教育的危机》中所要说明的。

权威与权力这样传统式的重叠，体现的正是地狱学说。一开始，我们看到作为政治功能的柏拉图神话，也就是一群一无所知的人表现得好像他们什么都知道。"基督教把柏拉图的地狱学说引入基督教信仰体系，增强了宗教权威[……]但为这个附加力量所付出的代价是，罗马的权威概念淡化了，一种暴力因素悄然潜入。"这种暴力因素与地狱所代表的"以恐惧而施加强迫的巨大效力"是一致的。也就是说，它定义了基督教最政治的因素，但是这个因素是在权力秩序中，而不是在权威之中的，暴力巩固了这个权力。不过，"来世赏罚的信仰，比所有其他与之一道在西方历史上铸就了权威形态的宗教和世俗因素存续的时间更长久"。也就是说，它凝结了我们在传统上通过权威所理解的，以及这个在权力与统治，甚至暴力范畴内包含的传统概念。我们参与了一场真正的工具化运动，而这只是为了形成"权威"的手段。权威的工具化逐渐使它失去了原有的本性，因为本来与它紧密相连的问题，在地狱作为正确表象的情况下，变成了作为强制权力的合法性问题。

我们可以认为地狱学说包含了暴力的因素和权威的因素。暴力因素表现在它作为强制力量的过分运用，而权威因素则表现在革命运动中,因为"革命者传播对一个未来状态的信仰"。当产生权威的东西变成了一种简单的权力工具的时候,也许革命的奠基就在恐惧之中被颠覆了。

事实上,"对来世信仰的丧失是从政治上(虽然的确不是从精神上)使我们现时代与前现代区分开来的重要标志"。对于权威,诊断我们现代的处境具有两方面意义。一方面,我们已经失去了传统权威所留下的东西,也就是用强制与政治领域中命令-服从关系的偏见去看待一种统治的伪权威。但是另一方面,我们也忘记了权威本身和其奠基的经验。"虽然权威关系的所有模式、原型、榜样都发源于希腊并在历史中得到了忠实的保存,直至在反复阐述中变成老生常谈,但另一个使'权威'作为词语、概念和现实写入我们历史的政治经验,即罗马的奠基经验却似乎完全被遗忘了。"这样来看,危机是双重的,因为危机来自于消失的秩序与被遗忘的秩序,也就是权威的消失与对其起源的遗忘。可能正因为是第一场危机加剧了另一场危机,才使得我们要去找到危机的解决办法并且重新知道什么是真正的权威。对此,有必要像阿伦特分析罗马时代那样,对我们这个时代进行分析,也就是要试图重新找到权威真实的政治经验。我们不是因为现时代的传统歪曲了权威的经验,以至于不可能重新发现权威的真实经验,而是应该超出统治与被统治的关系,去发现政治关系的本质。在现代性中,阿伦特不是已经给我们提供了方法去思考非传统意义上的权威的新来源吗?

当阿伦特说想要重新发现过去的时候,也就意味着要找到奠基的经验,在思想语言中找到经验的痕迹。为此她研究了现代革命以及马基雅维利的思想。因为"在我们的历史中还存在着一类事件,对这类事件来说,奠基的概念仍然是决定性的;在我们的思想史中还存在这一类政治思想家,奠基的概念在其著作中占据了中心地位。

这类事件就是现代革命，这位思想家就是马基雅维利，他站在现代的门槛上，虽然他没用过革命这个词，但他却是第一个构想了一种革命的人"。

通过对权威在罗马时期经验的重新发现，可以理解权威是朝向过去的，这个过去完全是属于作为奠基事件的思想，所以过去是政治行动的范式、开端，同时也产生了永恒性。阿伦特接下来要做什么？从我们这个失去传统权威的时代出发，她要在我们的历史，我们的现代史中去找寻：现代性可以被认为是一个时代，而由诸多事件与思想构成的现代性可以让我们理解权威。值得注意的是，革命作为重要的事件，一上来就体现出了与权威的对立，因为它是与已建立的秩序的一种断裂。但是我们已经看到，真正的权威与断裂的思想是不可调和的，相反它只建立在开端的现实上（与恢复、复辟相反）。所以，我们所理解的自罗马以来的权威，可以帮助我们找到它在现代革命中的表达。

阿伦特认为马基雅维利是一个研究"罗马人核心的政治经验，正如他们对这些经验本源地表达，并等同地远离基督教敬虔和希腊哲学"的思想家，也就是说，他拒绝明显的和繁琐的传统，而去重新发掘其他的根源。马基雅维利在他的时代所做的，就是阿伦特在我们今天所要做的：他们二人都以全新的视角看待过去。他们两个人最主要的区别就是他们所处的环境不同：传统权威在马基雅维利的时代中是有效的，而在我们这个时代却消失了。"他对古代的发现最伟大之处在于，他不是仅仅复活或诉诸一种已得到明确表达的概念传统，而是亲自阐明了那些罗马人未加以概念化，只是出于表达习惯而根据希腊哲学术语加以表达的经验。"阿伦特对于马基雅维利这样的定义，使得二人有了很明显的相似之处。马基雅维利为了在罗马经验之中理解它，而排除了与其不相干的经验。像阿伦特一样，马基雅维利发现了"奠基的经验"这一核心特征。他选择这样的经验为范例,换言之,他选择罗马人作为权威:"他相信,通过建立一个统一的意大利,可以重复罗马的经验,使之成为意大利民族永恒政治体的神圣基石,就像永恒之城的创建曾是古意大利民族的神圣基石一样。"在罗马人的权威之下,马基雅维利想要制造一种可以产生权威的事件,因为作为祖先的罗马人已经给出了范例。将权威理解成奠基的永久性就是这种行为的支撑,而抬高"奠基"这一行为就能让永久性变得更牢固。

阿伦特明确指出,马基雅维利从没有直接地讨论革命。但是"马基雅维利和罗伯斯庇尔似乎经常说着同样的语言"。比如,"对于创建新政体和改造腐化政体来说,暴力是必须的"。一方面,与罗马人有相似之处是在于,奠基是"核心的政治行动,是确立公共–政治领域和使政治成为可能的一个伟大业绩",但是另一方面,阿伦特认为,"与罗马人不同,对于罗马人来说奠基是过去的事件,而马基雅维利和罗伯斯庇尔认为,为了这个最高的'目的',所有的'手段'(主要是暴力手段)都是合法的"。在借鉴罗马模式的过程中,需要引入一个非罗马的因素,那就是暴力。这个因素歪曲了从事件中产生出来的权威。我们已经讨论过,权威的定义是反暴力的。引入暴力因素是为了什么?可能是要反映一种未来的权威学说的形式:我们不要忘记在罗马人那里,权威的经验是着眼于过去而进行的。也就是以宗教信仰为目标的过去事件引起了经验。在任何情况下,奠基行动本身都不是权威式的,甚至不是有意的权威式的,因为在权威中放置一种意图,就是重新工具化权威。阿伦特将这种观点放置到了行动领域与制造领域之间的根本混淆中。因为作者(*auctor*)不是手工艺人(*artifex*),有可能前者被迫成为后者,但是不能强制成为。马基雅维利和罗伯斯庇尔"完全以制造的形象来理解奠基行动,对他们来说,问题是如何'制造'一个统一的意大利或一个法兰西共和国,他们对暴力的辩护也受到下面这个隐而不宣的论证的引导,并接受了其内在的可信性:你造一张桌子就不能不砍树,做一个鸡蛋饼就不能不打碎鸡蛋,创造一个国家就不能不杀人"。

为了理解现时代的革命,应该"承认罗马人奠基的热情激励着革命者们",他们阐释革命的方法不是要与传统断裂,而是"通过建立新政体——它们在很多世纪里为人类事务赋予了尊严与伟大——来修复这些基础,重续传统断裂的纽带"。权威奠基的行为与重新发现传统是分不开的。但是这样的重新发现完全不同于在特定的状态下接受传统。为了寻找权威的经验,重新发现传统需要将过去投影出来。革命行动的暴力因素,反映了制造的活动,同时也与罗马式的本质(romanité)格格不入。这导致了奠基行动的变质,所以只有美国革命是成功的,因为"建国之父们不借助暴力而借助一部宪法建立起一个全新的政治体",而且"美国革命相对较为温和似乎确实是它成功的一个重要因素,在美国,暴力或多或少限于正规战争"。所以,革命的政治失败,也就是说旨在建立一个新的政治秩序的失败,都归咎于超政治因素的介入(源自于制造领域)。美国革命成功的因素之一在于他们的奠基行动可以掌握传统最直接的方向:"奠基行动,即美洲大陆的殖民地开拓,在《独立宣言》颁布之前就已经存在了,以至于宪法的制定依靠既存的宪章和契约,只不过是把已经存在的政体加以确认和合法化了,而并非重新塑造了一个新政体。"也就是说,象征性的奠基创造了权威,因为它本身源于有效的奠基,所以政治经验在前并且先于它的概念表达。

当阿伦特回归现实情况的时候,她将三种事实交织在一起。一方面,革命使传统再生,而不是与其割裂。另一方面,"革命似乎是罗马-西方传统为紧急时刻提供的唯一解救之路"。也就是说,当我们要在我们的传统中寻找解决当代危机的办法时,我们可以找到革命作为权威的奠基行动。但是第三个事实是自法国大革命以来,所有的革命都失败了,这"似乎表明传统所提供的最后解救之道也不再是最适合的道路了"。而且阿伦特建议我们所重新阅读的过去,看起来也提供不了任何回答,因为我们完全没有能力将权威重新建立起来。阿伦特所提出的一般意义性的革命失败,不仅触及了试图在历史中运用的解决办法,而且也与重读过去有关系;而现实就是要惩戒革命的模式。改变视角后,就可以看清这项失败的意义,也由此看清我们所处时代的意义:"因为我们生活在这样一个政治领域中:没有权威,同时也没有权威的来源超越权力这种意识,那些掌权的人打算革故鼎新,却没有一个关于神圣开端的宗教信仰,面对人类共同生活的基本问题,我们没有传统的从而自明的行为标准作为屏障。"最终我们丢失了权威,但是由传统所致的"曲折"可以搞清楚危机。事实上,这样的丢失将我们放在了绝对开端的位置。这样的观念有两种含义:一方面,要能够思考政治存在的基本条件,这是与人的多样性的事实相联系的问题;另一方面,能够解决这些问题的办法只能来自于政治的本性;危机"全面性的"、"绝对性的"特征同样触及了罗马式宗教、传统、权威的三位一体,这样的特征强制了一种自由的姿态(geste libre)。在这样的框架中,阿伦特回顾过去的方式为我们打开了新的视野,特别是在本质的政治维度中理解权威。这是可以开启政治自由的空间以及赋予权威以意义的唯一姿态:开端摆脱了所有的暴力。阿伦特在这里没有再提美国革命的例子,但却得到了它全部的意义,即这种开端的有效性。也就是说,应该类似地将人的政治存在以及每个人的能力视为开端。在这样的意义下,开端的权威就是每个人在其自身中所具有的权威。这就是为政治地建立权威、将权威内在地建立而提供的方向。这种理解过去的新方式,不仅拒绝复辟过去,而且为我们显示了这种方式的可能性。

这种自由也是选择"热情"的自由:"奠基的热情"有别于对新事物的热情,后者对于教育来说过于危险,但是它也是来源于极权主义运动。传统权威消失的境况可以帮助我们从权威的实际经验中思考权威,但这种境况也可以在第一时间里诞生一个完全理论、意识形态的世界,这个世界不立足于任何传统,也不考虑无论什么样的过去,它只是把它绝对的一致性强加给经验。这并不是说权威的消失是极权主义的"原因"或者起源。一方面,阿伦特从没有鉴别事件的"原因",另一方面,凝结在事件中的因素是复杂的。相反,我们完全可以在她对于权威的反思中看到一种理解过程的角度,而这样的角度就是作为事件的极权主义强加给我们的。这样看来,重新阅读过去就是要抵制单纯否定人性的经验,因为人性是由经验的传播构成的。传统权威的消失不应该割裂与过去的关系,因为这样的断裂不仅毁灭了政治,对于人类也是具有毁灭性的。

思想的危机,现实的危机

对于施特劳斯与阿伦特来说,确定与分析危机的过程都是至关重要的过程,二人都认为危机是现代性的危机以及危机是判断的危机。在寻找解决危机办法的过程中,施特劳斯与阿伦特的思想一样,都认为由哲学传统势必会产生出一条合理的途径。但是,对于施特劳斯来说,危机首先是思想的危机,而阿伦特认为,危机总是现实本身的危机。

在施特劳斯的思考中,危机是在思想本身的视野中发生的:由于思想只依靠于现实,所以它才被认为是有限的,这才有了危机;因为思想在它所信仰的、可以指导它、强加给它目标的现实面前退缩了,所以才有了危机。施特劳斯为了远离现代性模式而采取的批判性态度,来源于他对于思想最高目标的正确考量,也是思想对于自身力量与最高目标的重新思考。因为对于施特劳斯来说,思想地位的下降,一直到虚无主义以及哲学的消失,都不是经验造成的,这与"历史经验"的发现者让我们所相信的截然相反。但是,在施特劳斯的思考中,事件从没被排除在外,但是它也从不是首要目标。事件其实存在于思想的觉醒中,存在于思想所开启的亮光中,所以事件应该站在思想的角度去被思考。同样,施特劳斯的经验看起来在本质上就是思想的经验,真实连接思想与经验本身的经验。最后,施特劳斯通过"常识的失去"去理解价值判断的失去,也就是在我们的"自然态度"与我们精神的相同使用中,失去的是建立在理性之上的方向感。施特劳斯的常识本质上是善与恶的意义。

阿伦特看到的险些就要丧失的常识,就是指世界中人际关系的自然性,与被涂上一层自然性色彩的现实截然相反。常识主要是一种能够在真实的现实中感到变化的能力,也就是经验之中的变化。阿伦特思想中的核心是关于事件模式经验的概念,在此概念中现实是第一位的。只有在事件的视角下,思想才有意义,思想是自为地思考,而不需要借助后果。在哲学的过去之中,看起来阿伦特要寻找的是能够依靠于经验的条件,或者是一种可以朝向事件的思想。关于危机的文章,特别是关于权威的文章,构成了一种理解的过程,而这样的过程是由极权主义事件所要求的。这就是在《何为权威?》中,阿伦特通过传统告诉了我们她思考脉络的关键。她这样写道:"随着传统的失落,我们失去了那条带领我们安全地穿越过去之广袤空间的引线,但是这条线也曾把一代代人束缚在过去的预设角度上。

只有在此刻,过去才向我们敞开它出乎意料的新鲜面容,告诉我们一些前人有耳也不能聆听的事情。但是不可否认,没有一个可以安全停靠的传统(这种安全性的丧失,在几个世纪前就发生了),整个过去的向度都变得岌岌可危。我们处在忘记过去的危险中,而且这样一种遗忘,更别说忘却的内容本身,意味着我们丧失了自身的一个向度,一个在人类存在方面纵深的向度。[1]"传统是使我们与过去重新相连的东西,传统的消失就意味着失去了这个纽带。但这也是重新发现某种意义的机会。危机的特性是它能使我们自我迷失,或者相反,让我们在它的多样性中倾听某种意义。因为传统是纽带,但是它也是规定性的,甚至是预设性的。过去不应该被认为是过往,而应该被认为是开放式的。传统权威的丧失将我们放在了遗忘的深渊与过去的深邃的平衡位置之上。

施特劳斯与阿伦特各自处理与传统关系的方法显示了他们方法的不同。这涉及研究他们如何有效阅读过往的哲学,而且首先要分析他们各自对于传统与现代性之间的关联所持的概念。这种尝试应该按他们的人生不同时期来进行,突出他们各自在不同地域的经历。这样也可以帮助我们去发现事件与思想的关系,从而显示出构成他们各自事实的特点。

---

[1]《过去与未来之间》,中译本,第93页。

第二部分
现代性和传统

第二部分

选择过程的结构

第三章
施特劳斯：作为屏障的传统

现代虚无主义

从施特劳斯将纳粹主义视为事件起，他的分析就追溯到纳粹主义最深刻的起源中。他想表达什么？什么促使他重新思考传统与现代性之间的关系？

在《德国虚无主义》[1]一文中，施特劳斯对纳粹主义进行了深刻的判断，这种判断是以诊断的形式进行的："国家社会主义只是德国虚无主义最有名的形式而已。"他的研究是对于起源的研究，对"根"的研究：他突出的是一种谱系学方法的形式。这种方法的原则，在他对"德国虚无主义"第一次的定义中就体现出来了："它只意欲毁灭某些特殊的东西：现代文明。"将纳粹主义视为虚无主义就已经构成了谱系学方法：纳粹主义应该最深刻地被定义为虚无主义。但是虚无主义本身又将我们带到现代文明。纳粹主义与德国虚无主义其他可能形式的最大区别在于它的"有名"。这种

---

[1] 该章节引文的中译，除非另有标注，否则全部引自"德意志虚无主义"，丁耘译，载《苏格拉底与现代性问题》，华夏出版社，2008年3月，第101—130页。

"最有名"的形式是政治的形式;在这个意义上,正是在政治思想中,虚无主义的问题被立刻提出来。但是这种政治领域的"特权"只是它公共性的特权;也就是说,只能表达或表现一种存在于它以外的现实,在这个意义上,事件指引我们朝向虚无主义的普遍问题,而不是只关注一个单一的现实:"国家社会主义只是德国虚无主义最有名的形式而已。[1]"施特劳斯也开始简化事件,同时他要求起源概念和它"精神"特征的有效性。他的观点一下子就把我们带到了思想领域之中。

但是,能被虚无主义"思想"所包括的东西,都带有意欲的特征,"意欲摧毁",摧毁的目标是被限定的:现代文明。这是其观点的本性,具有几乎绝对的特征。实际上,"对现代文明的否定——那个'不'字,不是建立在任何清晰的肯定性概念上,也不会伴随着这个概念"。对于施特劳斯以及尼采,虚无主义的观点揭示了否定的纯权力;但是它这里的意义要从对它的意图研究中开始找寻:在现代文明中,什么成了目标?"德国虚无主义意欲摧毁现代文明,这是对现代文明的道德意义而言的。"在德国虚无主义的基础上,施特劳斯提出了"道德异议",他坚信只有在封闭社会中才有道德的可能性;这样的坚信就是要反对开放社会的现代性蓝图,即现代国际主义。

施特劳斯在定义虚无主义本性的时候,他就是尼采式的哲学家:并非好战,而是"好德(l'amour de la morale),一种对濒危的道德性的责任感"。面对现实的被颠覆,德国虚无主义表现出的是保守的反应。当施特劳斯揭下虚无主义对摧毁的根本信仰的面纱时,施特劳斯还是尼采式的哲学家。当他痛斥举止的单纯否定的特点时,他依

---

[1] 由作者着重指出。

然是反对坚信全能的尼采式的哲学家。可是当他拒绝损害好德时，他就不再是了；实际上，道德本性的事实是"这种激情或确信，其本身并不是虚无主义的"。所以就不能产生新的价值，但是可以离开价值场，脱离它所处于的庸俗的冲突。意图是保卫文明抵抗现代性的意图。如果好德能保持不受损坏，那是因为它本身不是虚无主义的，所以"德国虚无主义的最终动机"是"虚无主义"的。施特劳斯与尼采的态度也就对立起来了。尼采将一切价值的标准看作是虚无主义的起源，而施特劳斯，恰恰相反，他建立了虚无主义的非虚无主义起源，进一步说，因为我们在任何地方都可以找到"价值"。如果尼采是想要实现"道德超越"，施特劳斯则想实现超越价值的秩序，为的是在价值以外发现或重现发现道德性——也就是说，他想重新思考一种道德和一种真理（道德和知识的统一），这有可能规范现实，而不是将其放入众多价值体系所构成的现实中。

事件马上属于了思想的秩序：它总是要回到思想的观点，回到人在面对它所处世界的根本反思的态度。即使摧毁与这种秩序紧密联系。它不一定能揭示一种健全的思想，但是会揭示一种坚信或意欲；然而摧毁已经是一种精神意图。也就是说，事件不是标志着行动，而是意图。在"德国虚无主义"中，意图是惯于否定的，这种否定是一种"道德异议"。在虚无主义中，道德为了自保，会采用摧毁的手段。导致这种道德意图（即道德反应）实际上表现出虚无主义的诸多"情况"还有待理解。

那么，什么是"非虚无主义动机导致的虚无主义的缘由呢"？虚无主义的定义需要被重新定义："我姑且把德国虚无主义定义为一种摧毁当今世界及其潜能的欲望，但是这欲望没有伴随任何清晰的概念来填补摧毁后的空缺。"在他的第一种定义中，"德国虚无主义"定义不是对虚无主义概括的定义，施特劳斯已经明确指出它的彻底性使其缺少"任何清晰的肯定性的概念"。我们明白他是思考对不是虚无主义的现代性的一种批判性视角的可能性。虚无主义和批判态度之间的区分显现出来了：它们的不同在于有没有"任何清晰的概念来填补摧毁后的空缺"。没有这样一个概念，危险就是混淆、混乱、"无"（虚无主义的"无"）的危险。相反，"不"伴随着一个清晰的概念可以建构一种清晰的、肯定的、确定的思想事业的基础：真正的批判的态度。

所以虚无主义是要避免的危险，而且要避免现代性令人作呕的固有诱惑[1]。施特劳斯所研究的"情况"已经将本不是虚无主义的意图转化成了虚无主义，这些情况实际上一方面是属于简单的情形中的秩序（事件和现代观念），但是另一方面，它们属于面对情形而持有的观点；在这两种情况下，它们同时揭示了合理的摧毁和建构方面的缺失。

第一种情况是由于缺少德国的自由民主而造成的（魏玛共和国），"德国一切形式下的自由民主政制都绝对无法克服德国面临的困难。这便产生了一种针对自由民主制本身的深深偏见"。这样就造成了下滑（glissement），从一种不完美的自由民主形式到如此的自由民主。大体上，这就是偏见产生的最根本动力。反对偏见只能是打乱主宰产生的过程。精神的独立，要在不同批判的态度之间，在合理不合理，在理性的秩序和摧毁的秩序之间，通过建立区别而完成。实际上，偏见也是通过精神从一个客体下滑到另一个客体而形成的，这也就说明了，对自由民主的局限和缺失的分析是合适的，但条件是

---

[1] 在国家社会主义到来之际，关于怨恨与不满所起到的作用，可以参考 Philippe BRURIN 的《怨恨与灾难：论纳粹的反犹主义》(*Ressentment et apocalypse. Essai sur l'antisémitisme*, Paris, Seuil, 2004)。

民主本身的观念不能成为摧毁的纯粹行动的目标。对于魏玛共和国,施特劳斯思考了许多,因为给自由民主一次机会就假定了它会忠于它的意义和基础,特别是从根本上反对暴政。民主应该被永久地建设和思考,而暴政代表了这些的对立面[1]。

第二种情况是"共产主义视角"的出现,"一个每个人都幸福而满足的世界"的出现,也就是说"一个没有血、汗、泪水的世界",而且,施特劳斯说道:"对于共产主义者而言似乎实现了梦想的东西,对于这些德国年轻人来说,好像恰恰是人性的最大堕落,是人性的终结,是末人的出现。"这里,虚无主义存在于对立之中,存在于对一定的世界观的抛弃或厌倦之中,或者说,某些道德会出现在未来,而人性的观点在未来也得以实现。三种因素凝结在这种冷酷抛弃的趋势中:一方面,"开放"社会的观念使得整个民族主义变得无效和荒谬;这就是为什么,在根本上,通过向自由民主和共产主义理想倾斜,现代性——"现代文明"——可以成为被意欲摧毁的目标;因为这两种视角都可以被合理地解释为现代性方案和"开放社会"的表现。

---

[1] 这是施特劳斯对将"极权主义"特指于纳粹主义的一种批判的视角。见法文版《论暴政》的前言(*De la Tyrannie*, Paris, Gallimard, «Tel», 1997, p.41—51)。施特劳斯认为应该恢复古典暴政的名誉,当它出现在我们面前时,我们应该承认它。这样来看,不向"现代主义"妥协就可以让我们避免20世纪最大的"暴政",这样的一种暴政肯定是新的类型,但它首先是一种暴政。"现代主义"大部分在语言上使用的"现代"这个字眼都属于建构性质的,"现代主义"可以让一些人想到纳粹统治可以成为一种政治制度,这种制度可以将我们从"现代性"中拯救出来。这就是为什么,正如我们所看到的,施特劳斯在《什么是政治哲学?》中会说是海德格尔的历史主义导致其变得盲目。相反,承认本质(政治制度的本质就是它的本性)可以帮助我们逃过这样的威胁,这种威胁来自于现代性。我们也可以看到,具有一种对于情形的"清晰概念"也能够辨认出这些威胁,并在它们的本性也就是真理中承认它们。

第二种凝结的因素在于,共产主义代表了人与人之间的和谐相处:在诸多价值中最高的价值是斗争和自我牺牲,这样的道德只能与上文的观点对立起来。最后,要特别指出的是,共产主义视角呈现的是未来的视角,它只能对可判断的未来进行预测:这样的一个表象的制度顺理成章地会导致一种反作用的感觉,即害怕最终失去"封闭社会"的诸多价值。在这种与共产主义关系的框架下,"道德异议"明显地出现在虚无主义的基础中,所出现的强制会使某些道德传统地消失。

一个问题产生了:以这样的分析来看,怎样理解虚无主义不具备任何它应有的清晰概念呢?可是,这个概念好像就是清晰的:它的内容就是传统道德,它被政治地反映在了民族国家中,并且以个人的形式反映在了自我的超越以及对好战精神的尊崇上。在同样的观念秩序中,我们可以用纳粹党和希特勒的例子来反驳,因为他们看起来有了他们想要的清晰概念,也就是以人性"优越"的形式进行统治:摧毁所谓"低等"的种族,只是出现在作为实现这个目标的方法的话语中。施特劳斯对此的阅读是怎样的呢?一方面,群众(也包括精英与知识分子)在国家社会主义运动中重新聚合:就是通过一种根本上虚无的态度,使得朝一种清晰概念的聚合成为可能,具体来说,就是还不存在这种概念;也就是说,在改造世界与人的方案中,纳粹的意识形态就是简单地利用了一种扩散开的虚无主义的精神状态。另一方面,或许施特劳斯感觉到了(只是在1941年的时候)纳粹意识形态中根本的、本质的特点,那就是摧毁,所要摧毁的目标就是摧毁的简单手段和借口。在这一点上,施特劳斯与阿伦特的分析是一致的:对于阿伦特来说,实际上如果纳粹所实验的(根据大卫·鲁赛特[David Rousset]的表达)是"一切是可能的",那么他特别指出"一切是可能的"只是意味着一件事情:"一切都是可以被摧毁的。[1]"最后施特劳斯强调,简单地回到一个古老的道德概念,是荒谬的并且在逻辑上是不可能的;对于现代性"好"的批判,为了反对现代的价值体系,不应该满足于仅是对传统价值体系的批判;真正的关键不是价值体系之间的简单对立,因为这个关键点不是源自"价值秩序"而是思想的秩序;在传统的蜿蜒中,应该是思想指引我们的方向。

如果思想要求得太多,而又不能与行动保持一致,那么所有的不幸都会体现在这样的事实中:实际上,"他们说'是'总是模糊不清——他们其实也就只能说出'不'。然而这个'不'体现出来的是行动的那个前奏,毁灭行动的那个前奏"。"真正"的思想,根据它的本质,永远不仅限于摧毁性的基础,而摧毁的意欲则完全可以造就最糟糕的行动。

必须要重新找到思想的领地,并且首先要关注年轻虚无主义者的增长;他们的思考是怎么产生的?"不幸的是,他们知晓的所有理性论证都是历史论证,确切地说,都是关于可能未来的陈述、预言。这套东西的基础是对于过去尤其是对现在的分析。因为这种现代占星术,即作预言的社会科学,曾经折服了一大批青年大学生。"施特劳斯认为,虚无主义根本上是受了社会科学的影响:社会科学产生出的反思不是建立在知识的基础上,而是预言。它非理性的论证伪装在历史理性之下;施特劳斯反对处于历史界面之上的"历史感",也就是说,这种历史感是从纯粹"既定的历史"中汲取论据;施特劳斯批判它所产生的理论,即现在构成了论据以及"对现在的分析"构成了猜测未来的原则。与《自然权利与历史》第二章的论述路径正好相反,在那里实证主义导致对于虚无主义的诊断,而在此就是在它的

---

[1]《极权体系》,前揭,第 176—177 页。

矛盾立场中,虚无主义反映到了实证主义中:一种追求科学性的立场,这样的科学性通过纯粹的分析和"对事实的判断",使得理性丧失了。在非理性的信仰与被误解的科学性之间,确实存在着相似之处:说到底,施特劳斯在这里让我们明白了什么是意识形态,什么是"现代占星术"。社会科学倾向于意识形态,因为它依赖于对事实的判断的需要,实际上,这样明显的需要绝不能满足判断标准的要求;如果理性不能承担起它应有的角色,如果它不能够制定这些标准,想象就有可能取代它的地位。

在这样的背景之下,施特劳斯对于进步教育的诸多方面进行质疑:特别是放弃由"老派教师"(maîtres à l'ancienne)苦心经营的"理智纪律"(discipline intellectuelle):如果没有"理智纪律",没有对于理性能力的学习,没有建立理性的判断标准的空间,那么年轻人对于新事物合理的憧憬就体现在预言上。也就是说,这表现为最高理性(哲学)与常识之间的联系的事实,而不是将决定的能力让位于想象与情感:这就是为什么德国虚无主义是不成熟民族的事情,因为其理性被情感所限制。阿伦特也有过类似的表达,"德国虚无主义"归根到底是对于"新事物的激情",它具有一定的现代性特点。

受尼采思想的影响,虚无主义也是无神论的一种表现:"尼采断言,对于一种激进的反民主、反社会主义、反和平主义的方针而言,无神论假设非但可以并行不悖,而且必不可少;在他看来,甚至共产主义信念也无非是有神论与天命信仰的世俗形式。"虚无主义问题的核心在于无神论之中,也就是在于抛弃一切宗教信仰形式:"意识形态"填补了失去传统宗教的影响之后所留下的"空缺"(vide)。然而无神论态度本身将"共产主义信仰"认为是"有神论的世俗化形式";也就是说,施特劳斯批判无神论态度的功能主义,它把所有信仰都解释成对宗教的替代,再换言之,接受由"世俗化定理[1]"所赋予的阅读上的障碍。无神论态度因而就是功能主义态度,也就是混淆类别的态度;这就是为什么共产主义信条的反应,是同时、同形地(du même geste)对"所有有神论形式"的反应。

无神论立场的固有问题是,这种立场原则上失去了区分不同态度、共产主义与基督教,而且是更为根本的信仰与理性的方法。将共产主义解读成是有神论的世俗化形式,这实际上是一种将理性主义解释成宗教(理性的宗教,尼采所挖掘出的"理性信仰")的"现象性"表现之一。然而,无神论远不是虚无主义态度的一种简单的描述性因素:它构成了虚无主义的核心。无神论的特征不是自由思想也不是理性主义;它标志着理性否认它本身的能力,理性失去了区分具有意义与无意义、理性之物与非理性之物的能力;还是在这里,对"低级机制"使用理性(所谓使用纯粹的分析)只能导致对于绝对教条的信仰的维护。现实的中立(现实给予我们的"纯粹经验"),过去的中立,将要发生和已经发生的中立,这些都是错误的原则,这些原则放任了"对新事物的激情"。这就是为什么要从这张思想的图表中走出来,就要在过去的内容中而不仅仅是它的形式中对它有一个重新的发现:在它的面料(étoffe)中或者在它的肉体(chair)中,也可以说是在它争端的特点中。

虚无主义的形态就被定义为是"意欲摧毁某些清晰的事物:现

---

[1] 这种表达出自 Hans BLUMENBERG,在他的《现时代的正当性》(*La Légitimité des Temps*, Paris, Gallimard, 1999)一书中,这种表达是指施密特对于现代性的解释,他说"所有现代国家理论的简洁概念都是世俗化的神学概念"(卡尔·施密特,《政治神学》[*Théologie politique*], J.-L. Schlegel 译, Paris, Gallimard, 1988, 第46页)。同时,施密特也指出,虽然现代性是单一的,但是它可以被认为具有从年轻人到老年人的文化运动的倾向。

代文明",也就是说进步的文明。另外,历史是虚无主义视角的领地:历史将特定的关系强加给事件,确切地说,将不同的时间向度联系起来——过去,现在,将来。在这样的框架下,施特劳斯告诉我们,拥护进步的人,在反对虚无主义者的斗争中,处于防守的位置:"因为进步理想的支持者便处于这样一种劣势,他们不得不以保守者的态势抵御同时已被称为未来浪潮的东西,他们给人的印象是背着古旧陈腐传统的沉重包袱,而年轻的虚无主义者则不受任何传统的束缚,拥有完全的活动自由。"斗争也以"新人"与"老人"的斗争形式进行。施特劳斯分析中的两种看似不相称的方面在此连接起来了:处在过去-现在-未来关系框架中的争论和保守者反驳虚无主义的无力。施特劳斯说,"一个人无法反驳他没有理解透的东西";然而,虚无主义的反对者将他们的斗争缩减为"观念"的斗争,也就是论断(affirmations)的斗争。这就是为什么他们有能力辩驳年轻人的"是",而不能辩驳他们的"不":他们不会攻击虚无主义的摧毁性力量,也就是它激情的甚至是冲动的特点,因为:"许多论敌甚至没有试着去理解支持着否定世界及其潜能的炽热激情。""虚无主义的论敌"缺少两种方法。一方面是缺少"谱系学方法";实际上,像"虚无主义"这样的现象不可能只在"理性论据"的层面上被打败,有两个主要原因:因为它的论据不是理性的,而是历史的,因为它的源头不是理性的,而是"本能的"。同样,虚无主义的论敌缺少他所有向度中对于"论敌"的承认,也就是说,承认他批判立场的正当性。换言之,"反虚无主义者"不应该退回到"保守者"的立场上:因为他们处于使用理性的层次,理性阻止他们去采纳(embrasser)论敌的论据以及阻止他们理解他们的根本意思。实际上,虚无主义者"终于开始严肃地怀疑,不仅仅是在方法上或是方法论上,他们不再服膺现代文明的权威";所以"如果要听取什么论敌意见的话,这些论敌应当从自身的体验中体会了怀疑"。这种语气有点像尼采:我们实际上只能认识我们证明过的;认识是同化的过程。"真正的"深刻的认识,不是以停留在事物的表面(停留在"论证"的层面上)为前提,而是追求深度;也就是说,是要掌握严肃的事物,不是要将"严肃"从"方法论"中分离出来,而是拥有另一种理性,一种强的理性或"高级机制"。所以这也要超越纯粹的工具理性;因为"战后德国思想的特征是技术术语的数量达到了天文数字。能够打动虚无主义年轻人的唯一答案必须用非技术的语言给出"。

最后,这是忠于一种传统与应该被放弃的"未来浪潮"之间的对立,没有这样的对立,自由将总是站在新来者的一边。我们由此可以明白,理性的"高级机制"将可以超越历史线(过去-现在-未来)。这样的超越不包括具有错觉的"中立",但是相较于只能制造桎梏的既定传统,这样的超越将掌握自由。值得注意的是,掌握自由不应该成为经验的解放;相反,它意味着经验的思想是一种验证,所以它是要研究真实经验的形式,其本性与骗人的"历史经验"完全不同。"历史感"孕育于我们在历史潮流中不可超越的意义之中,接受其未加工过的经验,只能伴随着理性的破产,要么导致论据的无力,要么使想象变得疯狂、无所不能;危险是实际的,因为,如果想象不能产生真理,那么它很可能会导致行为,也就是说,闯入现实中,具体地说,纳粹主义事件就是德国虚无主义现象性的表现。

施特劳斯努力地进入行使理性的高级阶段,也就是证明正直:"我们别忘了学者的最高责任,即求真或正义,这是没有界限的。现在让我们立刻在虚无主义者自己的视角下考察我所说的虚无主义这种现象。"这样的观点就是认为希特勒只是历史简单的工具;未来的视角显得清楚,反思包含了实施的方法。然而,施特劳斯说:"老实说,对于那些期望从'历史'与未来本身得到所有问题答案的人,那些把对现在、过去或将来的分析当作哲学的人,我不知道他们如何抵御塞壬歌声的诱惑。"也就是说,纳粹主义建立在历史作为原则的立场上:相信未来,一种没有内容的未来,或者说什么都有可能的未来;虚无主义建立在"精神的历史表达"的基础上,这种精神"对虚无主义缺乏抵抗,最终缘故似乎是对理性与科学的贬低与轻视(理性要么是唯一的、不变的,要么不存在)"。在历史主义中,理性责怪它自己。因为它是"唯一的、不变的"或者它是"不存在"的。等待理性给予的"第一个问题和最后一个问题的答案",也就是说,期待历史所给出的标准进而否定理性。历史经验不是什么标准,它本身不包含任何真理;这样看来,对于思想,将某些经验作为参考完全是荒谬的,而且对理性是不公平的。

虚无主义从它自身来看,只能是毁坏性的。虚无主义的政治现象性成为摧毁的秩序,这不是偶然的:摧毁是纯粹技术理性最大的危险。在德国虚无主义出现的时候,"思想背景"起到了根本性的作用:历史主义风靡一时,还有"实证主义"和它的技术理性,这也就把思想降到了中等行列。

施特劳斯对虚无主义概念进行渐进式的解读。德国虚无主义首先被定义为"意欲摧毁某些清晰的事物:现代文明",更确切地说是"意欲摧毁现代文明,这是就现代文明的道德意义而言的",也就是说"意欲摧毁当今世界及其潜能的欲望,但是这欲望没有伴随任何清晰的概念来填补摧毁后的空缺"。缺少"清晰的概念"实际上表现了虚无主义逃避到了文明领域之外,正如施特劳斯定义的那样:"有意识的人性文化,也就是说,可以让人成为人的是有意识的理性文化","文明的支柱"是道德和科学。在现代文明中,虚无主义最终不是指向揭示现代性的事物,而是揭示文明的事物:虚无主义是对人本身理性的拒斥。施特劳斯所做的否定性的分析,具有超历史的向度:

因为历史的原始观点(这个观点没有内容:"未来浪潮")是对超历史的攻击,反永恒,反人类最高级的潜力,反对文明具有的能力。反对这样一种人性的"现代"视角(比如人权和共产主义),虚无主义甚至也否定人性的原则。这样解读概念促使我们承认"我们不能称虚无主义是对现代文明彻底的批判者"。停留在虚无主义之中,我们就失去了斗争的手段,我们停滞在了论证之间的争论之中;我们在挖掘本质的同时,就是在探寻方法:方法不是由现代性提供(历史主义和实证主义)的,而是由文明,也就是理性提供的。施特劳斯朝彻底改变方案的方向走,强行采用了反历史的观点。

"对现代文明最彻底的批判者"不是虚无主义者。虚无主义者的角色是一个糟糕的对现代性的批判者:好的批判者是哲学家,也就是说具有科学与道德的意志的人,因为这些意志是理性最高的有意表现。哲学家,现代性的批判者,将不妨碍文明的原则,即"有意识的人性文化"。由此就定义了施特劳斯的立场:文明的理念正如人性所具有的意识,任意一个"历史进程"都不能以进步、未来潮流等任何形式干预其中。人类唯一合理的对未来的预测在于理性文化;施特劳斯反历史地思考文明:判断"文化"价值的唯一标准就是对文明原则、道德与科学意志尊重还是不尊重。根据这一标准,虚无主义只是文化的摧毁者,而且社会科学的实证主义就是"低层次"的文化。施特劳斯先是基于尼采的思想评估了文化现象:但是最终的落脚点还是在于真理的意志和道德的意志。施特劳斯从来都没有沿用尼采对意图、意志、真理的批判。

施特劳斯建立了一套评估是不是虚无主义的标准:"如果虚无主义是对文明本身的原则的拒斥,如果文明的基础是认可这样一个事实,即文明的主体是作为人的人。那么,严格地说,凡根据种族、民族或文化来解释科学与道德的,都是虚无主义。"反对历史观点,施特劳斯重树了普世观点:不是抽象的或理想的(想象的)普世概念,而是在使用理性的最高层次中,在评估的理性中,在寻找真理的过程中,我们所获得的真实经验。所以,所有绝对性的观点,说到底是虚无主义的,因为它只能是一种特殊经验的绝对化,即使这种经验是共有的;只有判断在超越了由一个特殊的价值体系所建立的标准后,判断才是真的。希腊人与野蛮人的根本区别就在于,后者是希腊的还是不是:"我们谈到希腊人时,通常想到的那几个希腊人,他们与野蛮人的分别就在于学习意愿——哪怕向野蛮人;而野蛮人呢(不管是非希腊的野蛮人还是希腊裔的野蛮人),则相信他们所有的问题都被祖先的传统解决了,或可以在此基础上得到解决。当然,如果一个人仅仅断言,一个民族在对某类现象的理解上较其他民族更为擅长,他并不是虚无主义者:对文明的定义来说,因此对虚无主义的定义也一样,起绝对作用的并不是科学或道德的偶然命运,而是它们本质的意向。"只有承认科学的普世性,才能沟通文明;野蛮人优先考虑文化,由于他们的眼光被他们的传统负担所局限,他们被禁锢在了传统中。通过抛弃线性传统的过于限定性特征,施特劳斯向我们说明了普世性的可能性;特殊经验(通常是继承而来的)所提供的视角只能被看成诸多视角的一个。因为文化本身总是特殊的,只有文明是普世的;所以探索或再探索文化就要在它的文明向度中,也就是说要注意它的科学与道德意图、真理的意图以及在文化中所能揭示思想的事物。

在这个框架下,施特劳斯评判了劳西宁(Rauschning)的命题,他"把虚无主义等同于'一切传统精神标准的解体'"[1]:施特劳斯在

---

[1] 施特劳斯引自劳西宁(Hermann RAUSCHNING),《虚无主义革命:告西方》(*La Révolution du nihilisme, un avertissement pour l'occident*),巴黎,1939。

两方面对使用"传统"这个字眼表示怀疑。一方面,施特劳斯认为,在虚无主义中,就深刻地涉及了精神标准其本身,而且精神标准在传统中是独立的:因为虚无主义的意图是反对理性的,后者有能力提供判断的标准;另一方面,在对抗虚无主义的过程中,倾向于传统将是不够的:在这种意义上,施特劳斯明确地拒绝与传统挂钩;他拒绝采用保守主义者无效而且无力的立场。为了理性,他要求自由,就是使用理性本身力量的自由:"很明显吧,不是所有的传统精神标准(就其本身而言)都能超脱于批判与拒斥之外,用亚里士多德的话说,我们追求的是善好者,而非继承者。换言之,我认为国家社会主义的反对者退缩到简单的保守主义是危险的,这种保守主义通过特定的传统来界定其终极目标。"重新探索善,就要进入到传统的多重向度中。

施特劳斯通过否定的方式,让我们明白了对于传统的重识不应该是什么样的,所以他在这里描述的是虚无主义与过去的特殊关系,而不是与未来的关系;实际上,虚无主义的源头之一是"浪漫的判断",它被定义为"一种受这样一种意见引导的判断:在有史以来的某些阶段中,曾经存在着一种绝对优越的人间秩序"。施特劳斯不想去建立一种文明高等状态下的事实存在。历史,它既不是对于未来的虚幻预判,也不是某种信仰,而是一种对于过去事实的科学工作,所以它不能用来建立现象之间的等级。事实本身不是论据:文化也不是论据:只有文明是,但是文明从不以文明的状态自居。意图是深刻的:文明表现在"现象"的实际与意图的张力中,在此张力下,人类的理性也可能表现出来。这就是为什么,如果要找到对过去正确的观点,就必须要研究伟大作者的思想,因为只有在这些思想中,才有可能发现本质差异的标记。在黑格尔的"历史的终结"或虚伪的"历史经验"中,过去时刻的绝对化与现在时刻的绝对化同样荒谬;

因为历史从来都不会被绝对化,被抬高到不属于它的位置,抬高到标准的位置。绝对应该在它所在的地方被发掘:在真正的思想中,也就是在非历史中;在这个框架下,唯一涉及的时间就是起源的时间。这就是为什么,历史的观点虽然合理地追求中立,但是它只是进入到根本性意图的一个有用的通道,它可以被认为是最高理性的一个标尺。施特劳斯认为我们对于思想的过去的观点,应该被改变。在区分文化与文明,拒绝"文明状态"观念的时候,施特劳斯指出了在历史向度中,思想与"现实"之间必要的张力。纳粹作为"回归前理想现代",确切地说,回归到"哲学的前文学阶段,前苏格拉底哲学"的典范,它提醒我们,应该不惜一切代价地避免这种对于过去的观点,也就是说,不要让位于浪漫主义态度,面对传统应该有批判性,不是将传统留给我们的看作是事实的总和,而是看作解释的结果。而且"不管回归到什么层次上,前现代理想都不是真实的前现代理想,而是德国唯心主义者们所解释的前现代理想,而且这种解释的意图是为了反对 17 和 18 世纪哲学"。在哲学的过去中去发现文明的痕迹,哲学需要解释和再解释的工作;但是,前现代理想被曲解了,有两个原因:一是因为前现代性不是理想的,它也没有处于一个旧时期;二是因为,如果过去一旦被曲解,它就是危险的。

这就说明了虚无主义的德国特点,它象征性地体现在英德战争中:"英国人在德国虚无主义面前捍卫现代文明,就是在捍卫现代文明的永恒原则。"施特劳斯将英国人与德国人对立起来,前者在"现代理想之初",在牛津、剑桥保留了"古典的人文理想",后者果断地站在新事物一边;英国人是一个"帝国性"民族,而德国人组成了一个"地区性"民族:也就是说,一个以自己的经验观点去看待世界的民族。这就是为什么英国人可以以文明的名义,去象征对抗虚无主义的可能性:这场战斗在于不让虚无主义压倒文明的原则。施特劳斯对于事件的阅读,说到底是"精神性"的,因为本质在于思想的态度。理性采用的是什么立场?它怎样看待这个世界?它对这个世界妥协吗?这些问题可以去评判诸多价值或理想的体系价值。但是解释的独特性在于它能够同时抓住虚无主义特殊的现代特点:虚无主义不是偶然现代的,而是本质上的。实际上,"意识形态"不是填补传统权威失去后所留下空缺的简单方法。施特劳斯的视角是"精神性"的,不是"功能性的",所以这里尤为关键:施特劳斯所讲的"意识形态"并不涉及这几个字眼,它没有占据哲学与宗教的位置:它只能够从对理性的现代视角中去理解。然而,如果不可逆转是在事件的、历史的高度中被孕育而来(即不可能朝向后),这就有可能回到这样一种观点:人类的理性,合法地并且一致地,针对其本身去探索理性。

真理的意图

《我们时代的危机》[1]介绍了这一发现的诸多根本因素。现在的人对于"现代方案"进行质疑:如果它部分是成功的话,那是因为产生了一个新的社会,但是这个社会不是全体人幸福的社会。这就是我们为什么被迫要改变这种自起源时就推动社会发展的精神。然而现代方案的精神就是诞生于16、17世纪现代政治哲学的方案,它的结果只是"政治哲学概念自身的解体",进而没落到与"意识形态或神话"为伍。同时,现代方案要回到"政治哲学最初遭到破坏的地方,回到现代政治哲学的诸开端";也就是说,必须要"唤起……古今

---

[1] 该章节引文的中译,除非另有标注,否则全部引自"我们时代的危机",李永晶译,载《苏格拉底与现代性问题》,华夏出版社,2008年3月,第1—16页。

之争"。

现代方案将社会建立在价值多元的基础上：普世社会，自由和平等，生产力的发展，富裕的状态（科学就提供了实现这种状态的方法），以及从整体视角上看，对于所有人而言的正义和幸福。现代方案处于危机，是因为经验因素的侵入，即共产主义，"如今，许多西方人开始怀疑这套方案，因为共产主义显示了强大的力量，并极大地冲击着西方关于如何建立和治理这种普遍而正义社会的想法。西方和共产主义之间敌对的后果是，一个普遍的社会绝对不可能在可见的未来存在。政治社会过去一直是并在可见的未来也仍将是特殊的社会、有边界的社会，是一个关注自身改善的封闭社会。不过，我们既然已经具有了上述经验，就不仅必须重新确定政治的方向还必须重新确定我们在思想上的某些原则"。共产主义经验看起来完成了现代方案。它自身的内容必然点亮了一种新的方式，这种新的方式本质上建立在它所带来的对未来的确定性上，而且它的内容产生出的顺从观点使共产主义失去了它的有效性。西方与共产主义间的根本冲突就是不可逾越的境况：政治现实侵入了它冲突的特点。这种经验被迫回到政治的本性：我们这个社会保持"一直如此"其实不是偶然的，但是要求助于政治的本质特点。思想不但应该改变目标，而且它也应该改变本身的观点，对自身进行改变；它的目标不再是将要到来的，而是它已经具有的；它历史的观点应该变为非历史的。要对内容进行质疑，也就是说，对价值、对经验所称的现代方案进行质疑；但是仅仅是经验不能胜任这个工作。这要求质疑诸价值的价值：特殊主义真不比普遍主义好？幸福和正义是富裕的必然后果吗？"相信科学在本质上服务于人类力量，这种信念难道不是一个错觉吗？"施特劳斯不是简单地用古代价值代替现代价值，即"现代方案"的价值：他提出了事物的本性的问题，在现代方案成功的时候，它为了事物的未来（历史性的未来），早就把这些问题抛到九霄云外了。换句话说，施特劳斯要回到人是永恒的这个命题：人的理性能力。

施特劳斯区分了"西方的危机"与"西方的没落"。在他看来，其实对"没落"的诊断是片面的，甚至是错误的，因为"没落"的概念是对一种文化力量进行评估；这样来看，施特劳斯所认为的西方的"没落"本质上是因为"共产主义文化"力量的上升；但是衰落的基调则突显了问题。第一，我们认为，在文化多元性中，每一种文化都与其他文化共存；每一种文化都可以使用"没落"这一字眼，因为这样的视角是文化特殊性的视角。第二，文化具有文化的自身意识以及"人类精神的文化"的意义，也就是"文明"，对"文明"与"文化"的区分，施特劳斯在《论德国虚无主义》的讲座中已经指出了。谈到"西方的危机"，就要提到作为精神的文化概念。在这个意义上，无论文化的残存是否成问题，危机是可以产生的。相反，"无论西方的力量多么衰落，无论西方的危险多么巨大，这种衰落，这种危险——应该说西方的失败与毁灭——都不能证明西方处于危机之中"。关键不是在于文化的状态，而是个体们与他们的文化之间的关系："一个一度习惯于用某个普遍目标来理解自身的社会一旦不再相信那个目标，肯定会变得浑浑噩噩。"这就是为什么施特劳斯可以提到对现代方案的"怀疑"：当失去了信心，处于不确定中，那就是与现代方案的关系，也就是与未来的关系处于危机中；人性所具有的感知出现了危机。对危机的判断不能像对衰落的判断那样来自于外部；要掌握文化现实的复杂性，也就是要结合对个体与这个方案的关系，或者个体与他们所生活的社会的关系的思考，这个关系只能通过方案的中介而存在。因为社会的统一是由对它的方案的信任而构成的。

这就是为什么"西方的没落意味着高级文化的可能性已损耗殆尽。人的最高可能性也业已枯竭。然而，只要人的高贵使命尚存，只要人面临的那些基本难题尚未在它们能被解决的程度上获得解决，人的最高可能性就不可能耗尽"。也就是说，如果我们接受"西方文化是唯一充分意识到了文化本身的文化"的话，那么西方的没落就意味着一切文化的不可能性。西方几乎不能被考虑为没落的诊断对象：这样的判断只能是荒谬的；因为谈到西方的没落就回到了文明的没落，这是没有意义的，因为文明状态的观念是荒谬的。这里指导施特劳斯思考的原则还是理性永恒的原则："西方的衰落"意味着理性最高潜能的不可逆转的丢失，这是矛盾的。相反，对危机的诊断，以人性与其方案的关系为特征，可以将问题置于理性本身的层面上；并且，它意味着走出危机的实际可能性，因为理性不能在历史的变化中被恰当地理解：理性是非历史的。

　　现代方案的本质只能在哲学或现代科学本身的特征中去寻找；这是它的起源给我们提供的因素，为的是理解起源的本性：说到底，方案与它的起源是相同的。然而，这个"哲学或科学的本质不再被认为是沉思的，而是行动的。哲学或科学应该有助于消除人的等级"。为了"人的力量"，哲学被下降到工具的行列："人能够成为自然的主人和所有者。"也就是说，现代方案的类别，自一开始，就在现代哲学的意图中：所有权的研究，自制，通过对自由与正义的探索而有的普遍幸福。现代的起源，开始了一个平等化的过程，它有使命去使自然权利生效，而自然权利就是被定义为自保（conservation de soi）的权利。

　　从实现这个方案的角度上看，共产主义可以是"与西方运动并行的一种运动"，它以其他的方法去追求同样的目标（普世社会）；它也可以被理解成是对西方运动的一个反应：如果西方的运动需要一个它应该反对的少数派敌人，那么共产主义只是这些敌人中的一个。然而，施特劳斯说，共产主义在斯大林主义中所采取的真实形式，让我们不得不思考另两种运动：它是建立在两种相反的道德之上的。在斯大林主义中，追求与西方同样的目标不是问题；斯大林主义也参与现代性的建设，这样看来，它不能被看作是恶的象征。这就是为什么西方运动应该"承认，西方计划以自己的方式准备反对所有古老的罪恶形式，但它不能提供任何措施反对言辞与行动中新的罪恶形式"。"我们可以看到，西方运动与共产主义之间不仅有程度上的差别，更有类型上的差别。"然而这样的差别具体表现在"方法的选择"上，与长期流行的意见相反，这不是程度上的差别，所以要提到道德（定义运动之根本意义），道德无论如何都不会下降到目的的位置，但是它同时处于目的的序列与方法评估的序列之中。施特劳斯重新恢复了"政治道德"的名誉，它不会向幻觉让步，也不允许歪曲世界和为恶辩护的行为。实际上，"人们日渐明白，无论是流血的社会变革还是不流血的社会变革，都绝不可能消除人性中的恶"。施特劳斯批判现代纯洁主义（angélisme）盲目的自信。理性应该保持它区分的能力，正确地在什么是善什么是恶之间做出区分；然而理性这种最高的功能与常识秩序相呼应。所以施特劳斯可以说："共产主义给西方提供了一个双重教训"，"政治上的教训"和"政治原理上的教训"。

这是哪个教训呢？在现代视野中，制度代表了社会改善的主要条件。然而施特劳斯说，被委托给制度的东西进而去除了"特征的形成"，这样的移位建立了法律与道德之间的彻底分离；也就是说，对统治者本身的教育一点都没有被保证，而且政治责任被排在了希望的行列中。施特劳斯也将主权者引入了自由民主制："主权者由个体组成，而这些个体却不承担任何责任，我们也无法要求他们承担任何责任。""不负责任的个体"，在施特劳斯看来，是民主投票的后果。这个现代方案逻辑的后果构成了对它精神的背叛，对"自由民主初衷的背叛","其初衷是这种享有主权的个体是尽职尽责的个体,是本着自己良心自我约束和引导的个体"。实际上,如果"不能从法律上界定尽职的个体由哪些品质构成",这是因为"只有通过非法律的手段,只有通过道德教育才能培养出尽职尽责的品质";在这样的情况下,"自由民主制"(意图秩序)滑落到"放纵平等主义"(事实秩序)。这里存在着一种没落,更具体地说是"道德衰落",一种法律与道德分离的过程。因为想到道德是私人的,进行道德有效力的行动时,就不依赖道德的内容,那么这样就否认了道德的实质。现代方案的弱点在于,在个体的存在模式与法律的建设性目标之间,它引起权利的分离。制度可以将民主的个体们带到其道德的演变中,这样的想法是一种虚幻;现实也会呈现出相反的虚幻的表象:制度和个体走的是不同的路,它们对于个体的道德缺乏客观的标准。一般为了道德而援引的宽容原则不过是一种漠不关心的原则,它放弃了对于好生活这个问题的追问:这样的简化在"文化"的现代意义中被重新找到,在鼓吹所有"文化"都是平等的同时,"文化"这个字眼导致了一种与"有文化的人"同等的意思;这样来看,文化不再是个体之间差异性的原则。平等价值,这是现代方案的核心,不能创造出真实的平等(这是一种幻觉),但是,它改变了理性基于现实的观点,即理性采用了平等化的原则,而失去了区分和评估的意义。

　　换言之,现代方案导致了施特劳斯所称的"道德没落",这是因为它自以为实现了自己过于强大的意志。现实无力跟随:就像制度实际上不能让所有的个体都负责任,也就是说让所有的个体都变得有道德,是理性屈服于现代方案的价值,或者说失去了它自己。被道德领域的法律抛弃,揭示了一种没落,但是民主的个人和社会与现代方案之间的中断所产生出的根本性疑问,将我们置于危机的面前。这些问题的显露从共产主义经验而来:因为直到斯大林主义,理性还可以维持在它现代的宏大幻觉之中;是经验被迫从对没落的诊断到了对危机的诊断。

这是因为,现代方案的原则是现实不能追随的空概念(比如"负责任的个体");在自控的幻觉、思考"脆弱"的自然权利(需求与自保的需要)与不可能达到的要求的立场(以原则的名义)之间进行选择,现代方案只能依靠西方而存在下去;这就是为什么,危机自身的基调是"绝望"的道德基调。

社会科学显露了危机,同时也加剧了它。因为在社会科学中,现代方案被置于众多意识形态中,而且也成为怀疑的目标,所以社会科学显露了危机;它加剧了危机或使它更严重,是因为,它在"相对化"现代方案的同时,不是去寻找新的方法评估它,相反却是满足它;科学与哲学,存在的认知和应当的认知之间的断裂显得司空见惯,直到哲学的信誉扫地。而现代方案的转变就是在朝这种信誉扫地迈进。现代方案的缘起以及它的灵感都是哲学性的,也就是说它建立在自然权利的观念上,"不变的人性"的基础上。但是,自然权利的内容本质上是由"人最强大最自然的需要"决定的,而且自然权利不能从"应当"中分离出存在;存在的秩序与应当的秩序是等同的。然后,人性进步的原则战胜了不变的人性原则,人显得是进步的桎梏;也就是说,人性本身必须要改变。这就是为什么"应当"脱离存在,脱离哲学的科学:人的力量的论据应当独立于理性的要求,理性往后就是反"自然"的了。进步还得到了显而易见的地位,但是只在相对于产生范式和标准的整体解放中。所以,进步被认为是一个既理性又合理的目标(即现代方案),被下降到理想的行列,而政治哲学则沦落到意识形态的行列。在经验层面上,进步表现出了它面对幸福时的独立性:应该看到,人的力量的论据与普遍幸福不匹配。

现代方案留下了纯洁主义的印迹,出现在它的自然权利概念中;

如果我们在源头处就将与现代方案联系的事物(即科学与哲学)分开,那么我们会夺走现代方案的一切资源。在这个意义上,施特劳斯所倾向的"政治哲学的复兴"就意味着怀疑现代方案的原则,但是只是出于拯救哲学这个唯一的目标,因为没有这个目标就不会有任何可行的方案。

施特劳斯并不想从现代性中逃离出来,他是要改变我们已有的观点,即从"历史经验"的幻觉中走出来,并且不让"社会科学或政治科学变成一项理性的事业"。这就要让政治的事情或政治经验回到理性之中,并且以批判性的口吻质疑科学与哲学的分离。但是哲学不是不可逆转的吗?为了回答这个问题,应该采取前科学的观点,并且回到公民视角:然而"公民对政治事务的理解同事实与价值的区分毫无关系";公民视角应该致使我们重新找到理解的自然性形式,一种对诸价值的价值进行的判断与常识之间的有效联系。应该重新找到科学思想的前科学观点:因为"科学的理解意味着与前科学的理解断裂开来。然而同时,科学的理解仍然依赖前科学的理解";另外,要承认"科学的理解是第二位的或是派生的"。事实上,"人们对政治事务的常识性理解是一种前后一致的综合理解,优先于一切科学理解;社会科学如果不能处理这种前科学的理解,换句话说,如果我们不按公民或政治人对政治事务的感受去理解政治事务,那么社会科学就无法搞明白自己的所作所为"。也就是说,社会科学不能省掉探索和产生政治事物的真实经验,这种经验只是政治本性的经验,即一种本性的经验;社会科学作为科学,可以走出它自己,可以认可它衍生出的地位。对理性的理解只能来自于对前科学的掌握,也就是来自于常识的秩序,在经验中理性存在的秩序;"真"的经验,真正的经验是表现为事实与价值统一的经验。

这种统一不是粗糙的,而是被加工过的:理性应该自控,应该显得清晰,应该让它自己更清楚。单是经验不能产生出真理。姿态是重新发现的姿态,因为这项规划的工作,远不是我们这个现时代的特殊性所称的那样,它对应的是哲学的非时间要求。现代方案的危机自然地将我们置于这项重新发现的紧迫性面前,也就是将我们置于起源的特权之前:这样的一种规划内在于政治哲学的本质之中;也就是在这时,政治哲学在它的本质中被确定了下来,也就是在它的起源中,在可以导致它的自然存在的行动中,我们可以在这项工作开始的时候发现这种行动。同样,"这项工作已经被做过。诸位或许晓得,亚里士多德已经在《政治学》中做过这项工作。这部著作为我们分析了关于政治现象的最初理解,其中的分析堪称经典,令人难忘"。要通过回到亚里士多德完成对政治哲学的修复。如果大家都知道亚里士多德所做的工作,如果他的分析是令人难忘的,这就是点明了大家所含糊不清地知道的东西,这个过程是可能的,因为所存在的东西是"令人难忘"的。我们只能真的忘记能揭示传统的东西,揭示一种特殊传统的东西:这里,我们要说的是难忘,因为我们思考的是起源。起源总是有效的,总是积极的;相反,通过传统,它变得模糊不清:施特劳斯的工作就是揭开哲学起源的面纱。

他以另外一种方式看待哲学,也就是认为哲学可以有一种除历史以外的意义。"政治哲学的研究和教学都已完全被政治哲学史所取代。"而且"它意味着,用一系列错误审查去取代一套自称正确的学说":必须承认政治哲学的根本意图,它是一种真理的意图。这样的过程是让视野变宽广的过程:因为"政治科学的专家"应该"至少考虑古代政治哲学比今日的政治科学更合理、更正确的可能性"。是真理的前景应该被重新发现。如果通过科学当下的状态从它的决断中摆脱出来,那么视角就不再是简单的历史性的了。"有必要研究那些政治哲学:不仅要研究首创者的理解方式,以便与各种各样的追随者们的理解方式进行对照,而且要研究其对手们的理解,甚至要研究那些超然的、中立的旁观者或历史学家的理解。"反对单纯的"历史观点",这就是突出观点多样性的意义。

为哲学辩护

现在,我们可以在《自然权利与历史》的程序向度上,重新阅读这本书。我们已经看到,施特劳斯认为美国与《独立宣言》之间的关系已经丧失:它的政治存在的起源已经无效了。实际上,这就是要让这个国家回到它的过去,并且重新将力量赋予其起源;因为重新发现作为"自然权利表述"的《独立宣言》就是重新找到作为自然权利本身的显明性,也就是给予政治生活以意义的东西,可以让"人性"的概念变得可理解的东西。当我们的判断力在其真实的力量中被考虑的时候,这样的显明性本质上是由我们的判断力所表现出的显明性。批判的判断力最终是在既定的社会之外的,它自然地朝向普遍:自然权利就是普遍的标准,这可以在现实中区别所参与的和在政治真理的秩序中所不能参与的;它是绝对的,它构成了理性对于诸多价值的价值的理性观点,也使我们挣脱出了价值或理想的秩序。恢复自然权利的地位,使得人们重新脚踏实地,重新建立起目标对于方法的首要地位,这样使得对于最好制度的理性选择变得可行;在政治领域中,反对独裁和疯狂的统治,科学可以重新找到它的尊严以及重大问题的严肃性。这样我们也可以让理性重见于世,去引导、建立行动,这样的理性可以防止我们产生幻觉,也就是让我们以苏格拉底的性情和方法去继续他的目标,而不是色拉叙马霍斯(Thrasymaque)的目标;因为自然权利不能是诸多价值中的一个,它应该建立在它的真理之上，而不是简单地建立于它可能的用途之上。

　　方案也包括了中止对于历史本身的信仰，也就是说，要在事实的厚度中，在它所限制的绝对向度中去理解事实；这样来看，对历史主义与实证主义的批评，是重新建立自然权利的第一步。正如我们看到的，如果正义与权利概念的多样性不被定义是自然权利出现的条件的话，那么哲学应该负责将观点替换成为认识，应该建立起从事实到权利的通道，而且应该以权利的观点来评估事实：从洞穴中重新走出来，就像对永恒的理解那样重新思考哲学。在这样的视角下，思想的态度确切地说是革命性的，因为在已存在的制度面前，它使得一种不满的情绪产生了，这种情绪与我们的判断能力是分不开的。放弃这些的典型代表就是现代科学，考虑到古典哲学的"模型"，通过其科学的身份，现代科学荒谬地将哲学建立在一个外在于哲学本身的模型之上：思想只能正当地建立在它本身之上；这种行为假设是思想应该在它最高的能力之中被考虑。如果"历史经验"局限了思想的话，相反，古典哲学应该允许重新发现它上升的力量；施特劳斯最后呼吁一种皈依柏拉图主义的信仰：为了努力地扩充视野，接触到可以让洞穴的存在成为可能以及同时可以给出判断其正当性标准的东西，应该走出由洞穴的岩壁造成的狭窄、错误的幻觉。作为绝对真理的真理，是一切的真理，善与正义的规范。

　　为了使我们能够进入到古典思想，我们必须明白传统所呈现出的东西，即在问题被重新提出的情况下，传统给我们提供的错误的解决办法；施特劳斯想让我们重新找到思想所提出的质疑的全部力量；这不意味着要找到多种可能的答案：因为说到底，所提出的全部问题的作用是让我们看到真正解决办法存在的可能性，这个解决办法是由原则的真实认识所构成的。施特劳斯所认为的真理是应该被人所接受的，不是在"历史"中，而是来自于思想本身，也就是说只能在使用理论的过程中被揭示,哲学理论(theoria)强烈地让思想者、让事实从"政治领地"中走出来,而且不被某一个理论或特别的潮流所奴化。问题不是在于选择自由主义一派还是圣·托马斯弟子们那一派,而是超越这种错误的选择,因为这种选择是由历史背景而不是由反思提出的。思想不能远离经验,但是思想应该在经验中寻找它所限制的绝对向度。这种向度,无论在什么时候,都不能由未加工的事实或者简单"分析"过的事实提供:它们只能呈现在可以掌握思想的能力的人眼中。这就是为什么经验不能总是拥有与思想同样的地位。一种被人工绝对化的经验总是骗人的;只有真正的经验才能产生出理性本身的力量并且永远地、非历史地具有这种力量的标记。因为只有思想才能提供真正的绝对,这种绝对不是绝对化过程的结果。强有力的理性与常识并行;因为只有伴随着显明性,经验才能作为善与恶的经验出现在它绝对的维度中。但是在我们所处的环境中,这种显明性只能来自于施特劳斯所提出的重新发现的工作中。重新发现自然权利,就是承认权利与人性相联系,也就是与人的永恒本质相关联;应该打破约定俗成的权利,但是要处于自然与约定俗成的强烈对立之间。怎样思考这种自然?不是要寻找与人相同的地方,因为需求、自保、感觉等由分析和描述所获得的因素,只能建立一个脆弱的自然权利,要通过人性的目的,也就是通过人类中最高的东西去定义人性。

从自然的现象看,亚里士多德的目的论肯定是被"超越"了;但是对于施特劳斯来说,为了理解人性的现象,它还是有效的,因为它让我们最终走出了以社会科学为特征的"伦理中立"。实际上,我们可以肯定的是,像斯宾诺莎主义者那样对作为神人同形主义和人类中心主义的目的论的批判,对于这个整体的自然来说,是正当的。但是,当我们为了解释人的现象,通过回到事实、回到普遍化,或者通过对人进行贬低的欲望而成功地剥夺了目的论的一切正当性的时候,我们就陷入到了错误之中:因为,我们将人看成了自然中中立的一个因素,而没有考虑人的意图。与这样的态度相反,重新恢复哲学的地位意味着,通过我们理性的力量,采用古代的、人类中心主义论的视角。

正是同样的目的论必须主宰对文本的历史研究,因为只有与主宰书写的根本意图相联系,文本才能够被正确地理解。我们的时代呼吁为哲学辩护:自从现代性以来,这就是施特劳斯所做的,不逃避现代性,即使被指责为不相信历史,即使要重蹈苏格拉底的覆辙。

第四章
阿伦特：传统作为诸多概念的镂空

想要走出危机，就必须要确定我们现时代处境下的特殊的东西。因为传统意义上权威的终结也构成了传统权威的终结。如果真的与传统有断裂的话，那么就必须要了解它的意义，为的是理解我们成为现代的思考者和行动者的条件。首先这要以理解这个"传统"的精神为前提。什么是它的内容？什么造就了传统？也就是说，什么将其作为权威的力量传递给了我们？如何倾听它？

在《过去与未来之间》的前言中，阿伦特指出"理性、思想和理性话语经常性的激情澎湃"，导致了"思想和现实的分离，现实在思想之光面前已经变得晦暗，思想脱离了现实也不再焕发活力，要么变成无意义的废话，要么只是在丧失了任何具体含义的陈腐事实上不断打转[1]"。阿伦特提出了周期性，她对传统与现时代的区分，不是为了简单地建构一个思想史，而是要让思想与事件的关系成为可能，就像中心与圆圈的关系，在某种程度上这也是为了调节思想与现实。思想不应该产生时间，因为现实从来不是经验压迫的结果，但是思想应该可以将事件作为目标，而不是将它设定在已经定义好或架构好的理论框架内。这就是为什么，在哲学的过去中，阿伦特不是研究纯

---

[1] 《过去与未来之间》，中译本，第4页。

粹的"理论"思想,而是研究经验的表达。

如果正如勒内·夏尔(René Char)所说,"留给我们的遗产没有任何遗言[1]",那么我们就不能像有遗言存在那样去做;我们负责传递包袱,而不知道如何去传递,也不知道传递的目的地在哪里。但是,为了不迷失,存在一种方法:在思想的过去和根本经验的过去中,向这段经历请教。为了让我们的思想和经验有一种意义,应该在过去(本质上是在语言中)寻找思想和经验能够配合的结点。

哲学的开端与终结

在《传统与现代》[2]一文中,阿伦特认为我们政治思想的传统有一个开端和终结。通常来讲,柏拉图和亚里士多德的哲学是哲学的开端。而终结是在马克思的思想中,这显得出乎意料。传统在这里被认为是除封闭、有限整体之外的思想的目标;传统在这里不能抽象地被理解为所要传递给我们的以及我们应该传递的。因为这是当代思想者的处境,即他处于一个长时代的终结之后,在这个长时代中,政治思想在一个限定的框架中被执行;对于提供"内容"的事物,即这个概念框架的"基础"来说,这就是开端,即开创政治哲学——古希腊哲学。20世纪被认为是传统之外的世纪,这样看来这是一个不安和焦虑的世纪。但是这样的焦虑可以是一个优势,即现在可以将"传统"作为思考的目标,而不用受它的支配。

---

[1] 《过去与未来之间》,中译本,第1页。
[2] 除非另有注明,以下引用全部来自《过去与未来之间》,中译本,第13—35页。

我们知道,我们这个时代遭遇到了思想和现实分离的情况,也就是意义的缺失。然而政治思想被定义为"哲学家对于政治的态度"。两种观念分别道出了开端与终结的意思:在柏拉图那里,洞穴的比喻显示了"哲学家厌倦政治,之后为了将他的标准强加于人类事务之上而回归政治"。在马克思那里,"社会"的概念意味着"哲学家厌弃哲学,以便将他的哲学'实现'在政治当中"。核心的概念是真理的概念。实际上,在柏拉图那里,真理是在感性世界之外的,而且唯有真理能构成规范的力量;规范是哲学的,永恒在真理中,只有哲学能进入真理,而且政治现实在真理面前要退让。马克思认为,人们让哲学沉默,这是因为它被定义为对人类事务的厌倦,为的就是被转换为实际的思想;也就是说,真理只能在被实现之后才存在,确切地说,真理存在于成为社会性的现实中[1]。

这里的问题只是哲学与政治的关系,而且哲学和政治要停留在它们本来的意义上;但是,根本的关键点在于要对哲学与政治之间的距离进行拷问。因为柏拉图与马克思观点的共同之处在于哲学与政治不可调和的对立,这样的对立,至少暂时地来说使得双方彼此疏远。因此阿伦特,以现代视角,细致地再次拷问哲学的意义和政治的意义。实际上,政治哲学只能在传统中被讨论,因为它是一种态度,一种理性的决定,关于世界的一种立场;阿伦特认为,没有任何意义去重新思考它,因为传统只能给我们一个很正确的观点,即追求真理和注重沉思。这就是为什么马克思的观点代表了一种终结,还在这个传统中留下烙印。所以,以这样的观点来看,与传统实际的断裂是

---

[1] 阿伦特认为,"马克思宣称哲学及其真理不是处在人类事务及共同世界之外,而就是在其中"(《过去与未来之间》,中译本,第13页)。如果马克思保留了哲学和真理的概念,那么"抛弃哲学"怎么会成为问题的呢?因为将真理置于共同世界之中,马克思颠覆了建构政治哲学本质的东西,也就是对人类事务的抛弃。

一种非常困难的处境,但是面对哲学沉思的终结(世界之外),这种处境是解放性的。这就是为什么阿伦特自称不是哲学家,为什么同时对于我们来说也很难不把阿伦特认为是哲学家。实际上,我们很想称哲学为全部的思想,但是这个全部的思想会在与科学的比照中出问题;相反,阿伦特通过"哲学"明确地指出思想的一种特定形态,传统上来讲,它当然区别于科学,因为它与常识相通,它也有别于意识形态,而这种意识形态更多的是关注绝对真理的观念。更确切地说,阿伦特认为,与现实的距离,通过思想本身范式的固定、要求以及目的,构成了哲学本质的一部分。当施特劳斯看到这是哲学的最高品质的时候,阿伦特却看到了在现实中无能为力的理性。

相反,关于政治,阿伦特认为绝对应该重新思考。对于政治哲学来说,是"政治"构成了"现实";所以无论在什么情况下,政治都不能简单地被定义为一种态度,一种理性的决定。这或许是传统所要遮掩的,也可能是想让我们误入歧途地认为,从作为现实被柏拉图的永恒真理所"规范"的政治到马克思那里作为"社会"被孕育的现实,这项梳理工作有待去完成:概念的澄清,也是政治经验的澄清。如果我们认为只有传统能够传递什么东西,那么在我们所处的环境中,应该忘记全部;如果语言(特别是包括哲学的语言)可以为我们打开进入经验的通道,为此我们就抛弃哲学的目的的话,那么我们就可以发现全部。

这样划定我们政治思想传统的开端和终结不是简单地为思想史建立路标。阿伦特考虑的是永恒。她在寻找能与我们这个境况产生共鸣的东西:这样的共鸣只可能来自于作为问题的政治的永恒性。传统在这个时代为我们提供不了可行的解决办法;相反因为它包含了思想与政治现实的对立,那么它就为这个现实提供了一种问题视角。尤其只能在现实本身固有的问题特点中,才能在思想中抓住关键时刻。只要我们能够批判地以及认真地看待传统(认真地是指,承认在文本与哲学立场中被反思过的经验的真实性),那么在这种方式下,对传统的研究有可能让我们隐约看见现实本身。实际上,对于懂得思考政治事件的人来说,政治事件以同样的方式照亮了其本身的过去,只有大的思想决定本身可以把持亮光,照亮开端之后的延续以及终结之后的遗产。阿伦特还使用了视觉和音乐的隐喻:"这个传统的开端与终结的共同点在于:政治的基本问题从来没有像它们在首次被阐述的时候以及在它们受到终极挑战的时候那样,以直截了当的紧迫性清晰地显示出来。按照雅各布·布克哈特的话来说,开端就像'基础和弦',在基础上的无休止变调,响彻了整部西方思想史。"就是同样的基础和弦,开端的和弦,从最初的和谐力量,到最后成为毁灭的萌芽。我们可以认为这种和弦,具体来说就是思想和现实的和弦。这不意味着,在传统中,哲学总是严格地与政治现实相符合;相反,我们看到,在许多形态下,总是存在着距离。但是,阿伦特认为,总是存在着一种对应形式,一种可以使声音无限转调的形式:思想已经具有了回应现实的能力,也就是说它可以存在,虽然这种存在使我们最终远离经验。也就是说,我们的传统被定义为一种决定性的选择,在哲学真理与现实之间选择;但是整体是和谐的,这表明一个音可以被会听的人听到,同时基础和弦可以让这变成可能并且赋予其以意义。在现在这个不和谐的世界中,由于被这个多重意义的创造性框架所剥夺,聆听过去可以让我们知道和弦的可能性,可以让我们不是重新恢复现在看来无效的框架的名誉,而是寻找另一种可以与我们的经验产生回应的声音。目的是重新赋予思想以生命,重新赋予经验以意义。

为了说清楚传统,阿伦特对它的终结感兴趣,而这个终结在马克思的思想中完成了。阿伦特可能是要揭示出"政治的基本问题"。她认为"在马克思的哲学中,柏拉图和亚里士多德所创之开端,借由引导马克思作出一些明显矛盾的表述而证明了其活力";为什么?

阿伦特指出了马克思常出现的两种矛盾:

"在'社会化的人类'条件下,国家会消亡",也就是说社会主义所针对的社会化的程度越高,那么社会化就意味着国家的消失。

"劳动的生产力如此巨大,以至于劳动将在一定程度上自我消亡,从而保证社会的每个成员都获得几乎无限的闲暇时间",这也就是说,解放和社会化过程的基础必将伴随着这一过程而消失。

然而,在马克思那里,这些思想都属于"通常被人们称作乌托邦思想的学说";但是把它们形容为乌托邦,这只是构成了实践的方法去摆脱思想所引起的问题:因为这些乌托邦"思想"失去了思想的地位,只是哲学家想象的表达。也就是说,"乌托邦"这个修饰语证明了我们没有把它们想得那么重要。相反,阿伦特选择面对它的内容:一方面,因为这些是"预言",而且以这样的名义,它们属于马克思思想科学的那部分;另一方面,因为"包含着马克思关于最好社会形式的理想",这样来看,它们是马克思政治哲学的一部分;所以,"它们不是乌托邦的理想"。

阿伦特为我们提供了对于马克思思想特别的解释:这些思想所确定的人性观点实际上是实现了古代理想,本质上具有两方面特征。第一是"雅典城邦国家"的经验,在那里,参加公共事务和政治,被假设成几乎完全从被定义为苦力和劳力的工作中摆脱出来;第二点就是闲暇存在于哲学的理想中,不仅是从辛苦的劳动中摆脱出来,而且要从政治生活中摆脱出来;如果政治活动对所有人来说都是可实现的话,那么政治活动必定是要被简化的,我们可以根据这一点来阅读马克思的预言。所以,不去考虑现代民族国家的定义,马克思就是希腊式的,他像希腊人一样思考,也就是说在由真实的希腊经验的理性化所提供的框架之下思考。

但是,他的思想肯定与柏拉图或亚里士多德不相类似:有意识的态度是一种颠覆的态度,最明显的证据在于马克思是想要将哲学变为改造世界和人的意识的行动[1]。这样的想法依靠于现实中重要的变化:为了回应社会的深层次变化,马克思颠覆了传统。同样,"他的理论的这一部分只有在我们的时代才充分显现出来某些发展趋势。古代意义上的政府在许多方面已经让位于管理机构,而在所有工业化国家,大众获得越来越多的闲暇已经是不争的事实"。马克思的立场导致了要面对现实本身,以及强烈意识到经验中突如其来的变化。

但是具体来说,由传统所提供的概念框架比人从没有过的现实特征更强大:"传统施与他的影响,使他在观察这种发展时采取了一种理想化的眼光,在理解这种发展时,采用了来自完全不同的历史时期的术语概念。"也就是说,当现实不再能够在传统思想的诸多框架中被正确地理解时,那么这诸多的框架将音调赋予了现实。"理想化的光"是能够散发出概念的光,而实际的固守尘封已经消失了。只有在概念的起源(它总是出自经验的秩序)仍是可运用的时候,概念才可以有它的有效性。或许,马克思没有看到在哪一点上,一个概念总是对应这一个经验,不是因为概念简单地翻译了经验,而是因为它的意义来源于经验。

这就是为什么马克思不能真正地体会出现时代的厚度:"这种影响使他未能看到现代世界真正复杂的问题,并为他的精确语言赋予乌托邦的性质。"实际上,人们所说的不恰当的字眼,以及某些不能引起任何有效、可用的经验的字眼,有必要是乌托邦式的。这就是

---

[1] 阿伦特谈到了他"'改变世界'并由此用哲学武装人们的头脑,亦即改变人们'意识'的意图"。(《过去与未来之间》,中译本,第14页)

为什么，一方面，为了思考现时代，必须要创造出新的概念，并与现代特殊的共同经验相对应；阿伦特由此创造出了极权主义。另一方面，这就是为什么马克思具体化了传统的终结。因为他的核心论题中的一些内在矛盾，一些关于人性未来的矛盾意味着思想的绝路。对于阿伦特来说，她不想重新复活过往的经验，比如雅典民主的经验，因为这没有意义。阿伦特不是怀念过去，她不是绝望地在政治经验的黄金时期寻求解决方案。对过去共同的有力的经验的定位与理解是有另外的目的的：通过对概念的厘清，去理解人真正的存在。这就是为什么，在最后，开端在马克思理论的矛盾中证明了它的活力：因为这些矛盾来源于强制，是关于现实的传统概念造成了这种强制，而概念在现实中没有任何的回声；当现实只能传递出不和谐的声音时，在力量上来说，基础和弦坚守着。

借助着这个观念，阿伦特研究了马克思的三个命题，并且指出了每个命题中的"有意识的反叛"和其中"根本的矛盾"。第一个命题，也就是"劳动创造了人"，"马克思挑战了传统的上帝，传统对于劳动的评价，以及传统对理性的颂扬"。这就是矛盾的所在："如果劳动是最人性的且最富有创造力的人类活动，那么当人类成功地将自己从劳动中解放出来的时候，革命之后的'自由领域内''劳动被取消了'。"根据第二个命题，"暴力是历史的助产士"，根据这一判断，马克思在两方面体现了他的反叛：一方面，"暴力在传统中是国与国之间关系的最后之争（ultima ratio），在国内行动中始终是最可耻的手段，并一直被认为是暴政的显著特征"；另一方面，由强力而来的压迫直接地与通过论说的说服相对立，并且"马克思对于暴力的颂扬因此包含了更为特定的对于言谈的拒绝，而言谈恰恰是暴力的反面，是传统上最为人道的交往形式"。阿伦特指出了一处矛盾："如果暴力是历史的助产士，从而暴力行动是人类所有行动中最有尊严的形式,那么在阶级斗争终结、国家消亡、不再有暴力的时候,会发生什么?"最后,马克思的第三个命题宣称:"哲学家只是以不同的方式解释世界,然而关键在于改变世界。"反叛在于,"对传统哲学来说,马克思的'实现哲学'的说法本身是词语上的矛盾",因为根据定义,哲学不是这个世界也不是为了所有人的;对于矛盾,阿伦特这样表述:"当哲学在未来的社会中得到实现和被扬弃之后,还有什么样的思想留下来?[1]"

传统过于强大过于强制,以至于反对它的反叛导致了矛盾,传统不容许叛乱。但是在矛盾的铁证面前,如何反应呢?我们可以预想到三种不同的态度。第一种态度是简单干脆地抛弃。实际上,如果反叛的观点让思想自相矛盾,这就证明了这样的观点没有任何可取之处,因为它比缺乏思想一致性还要糟;确切地说,它完全可以让传统继续有效下去;但是这就要牺牲创造出来的矛盾的东西,也就是对新的共同经验的认可。换句话说,这是想要消灭矛盾,让它消失就是否认现实中的变化。这样的想法只会导致抽象的思想,最后这样抽象的思想也被现实所远离,而在两个不同的类别中,科学或意识形态都可以成为现实。然而,我们可以正确地说,马克思伟大的功绩在于,他偏爱矛盾,而不是否认事实;不幸的是,他偏爱寻觅一种与思想完全一致的对应性,而这样的思想不再是它本身的那个样子了。

第二种可能的态度是,简单地接受传统的无效性,并从中推断出一般意义上思想的无力。这样的话,就什么都不去尝试,不去参与颠覆,也不去试图理解这些颠覆,思想起不了任何作用。

---

[1] 关于阿伦特对马克思的研究,可以参考 Anne AMEL,《阿伦特的非哲学——革命与判断》(*La non-philosophie de Hannah Arendt. Révolution et jugement*),巴黎,法国大学出版社,"理论实践"系列,2001。

第四章 阿伦特：传统作为诸多概念的镂空

但是没有另外一种强有力的途径摆脱这个矛盾吗？第三种态度就是要全力参照现实，以便摆脱传统的强制力，而且为了更好地让思想复兴，可能短暂地会有焦虑。这就是阿伦特所试图实现的观点。马克思理论的矛盾意味着必须要从传统中解放出来；传统对应着时代，在这个时代中，最初的哲学经验可能还要再说一些什么事情。对于马克思思想的细心读者来说，"马克思时刻"必须能够指出另一个方案的紧迫性。这就是阿伦特在传统时代对马克思重新的阅读："当柏拉图发现，哲学经验似乎内在地包含着对人类事务之共同世界的离弃时，我们的政治思想传统就开始了；而当哲学经验除了思想与行动的对立之外什么也不剩的时候，这个传统就终结了，因为被掠夺了现实的思想和被掠夺了感觉的行动，就不再有任何意义。"

传统的历史就是镂空的历史。思想与行动概念的、等级的对立势必要揭示出理性的决定，并且这种对立是它起初自由的表达，但是这样的对立实际上对应着一种经验，确切地说是哲学的经验。如果它现在只是"思想与行动的对立"，我们就只有两种分离的概念，而它们之间的冲突没有任何意义。马克思停留在传统的框架中，因为它的观点只是颠覆性的观点，颠覆传统等级的同时，他还保持着思想与行动的对立。然而，阿伦特告诉我们，思想与行动的对立，无论谁的活动高过谁，都是无效的，因为真实哲学的经验条件已经消失了。她首先讲的是哲学的经验，这是为了向我们展示思想和行动贫乏的对立。因为哲学是传统的，而思想是整个时代需要的。

马克思理论中的内在矛盾不是仅仅将一种新的思想活动紧急地公布于世，这些矛盾同样也提供了有力的素材。不要忘记前面三种命题的矛盾，不是来源于对新现象的忽略，而是认为只有传统的概念才能提供思想合法的框架。思想要面对概念，如果概念是空的，那就意味着，要么去澄清它们，要么重新启动它们。阿伦特抓住了所有马克思命题中关键的概念作为目标,在不同的著作中进行反思。因此,在《人的条件》中,工作被定义为作为生物、身体的人的活动,因为人是自然的一部分,那么这项活动有别于生产[1];同样是在《何为权威?》以及《从谎言到暴力》中,在澄清了权力、强力与权威这些概念之后暴力得以被研究[2]。在《历史的概念——古代与现代》[3]中,历史的概念和历史哲学的概念被加以讨论;至于改造世界的意志,由于区分了(不是对立)思想和行动,行动和生产[4],这种观点在《人的条件》里也受到了质疑。这些区分构成了阿伦特反思的主体,本质上是关于人类活动的不同形式,因为就是这些区分直接承载了经验,就像它们内化于思想与现实之间可能联系的多样性中。

传统的报复:对意义的阻碍

这种对于传统终结的阅读,使阿伦特理解了传统的概念以及传统力量下的理性。

首先,"这个传统的力量对于西方人思想的控制,从来都和西方人是否意识到它无关"。也就是说,传统对人思想的影响与人是否有这样的意识无关。这样的命题是否意味着思想者们不能驾驭他们的思想?或者是不是有什么像传统这样的东西无意识地影响了他们

---

[1] 《人的条件》,前揭,法译本,第 123—186 页。

[2] 《过去与未来之间》,中译本,第 86—135 页;《从谎言到暴力——当代政治随笔》(*Du mensonge à la violence. Essais de politique contemporaine*),G. Durand 译,Paris,Agora,«Pocket»,1989,第 105—187 页。

[3] 《过去与未来之间》,前揭,中译本,第 36—85 页。

[4] 《人的条件》,前揭,法译本,第 259—274 页。

第四章 阿伦特：传统作为诸多概念的镂空

并且限定了他们哲学观点的内容？两种错误的解释应该避免。第一个是认为传统是一种"历史中的理性"，后者将人们有意识、有意图的要创造的东西推向一个人们要摆脱的终结；阿伦特没有这样说，因为传统没有被目的化；它的力量不是由它的终结来定义的。第二种解释是认为阿伦特是施特劳斯笔下的那种历史主义者：阿伦特从没有将不同的传统理论看作世界观，这样就导致了在历史背景中的世界观，只能在特定的历史背景下才能被理解。当阿伦特处理作为时代的传统时（将时代的观点赋予现代性），这绝对不是要缩减所处时代的思想，而只是将思想看作这个时代的一种变相表达。

相反，阿伦特想说明的是，传统的力量借鉴于或依靠于另外一种因素。对她来说，参考传统中明确的时刻是对遥远的过去甚至是起源的一种参考，在这种意义上，这就不是在参考传统了。因为具体地说，传统是一种与过去单义的、被限定的联系，而不是要从过去中解放、摆脱出来。矛盾的是，阿伦特将我们经常说的浪漫式的怀旧解读成了对作为显明性传统的最初质疑："今天传统有时被认为是一个本质上浪漫的概念，但是浪漫主义除了把关于对传统的讨论提到19世纪的议程上以外，什么也没干；浪漫主义对于过去的颂扬只是标志着这样一个时刻：现代对于我们的世界和人类一般状况的改变已经到了这样一种程度，对传统理所当然的依赖已经变得不再可能了。"

在没有对其力量有完全意识的情况下，传统如何行动呢？一方面，它按照特定的一段历史时期所产生的决定行动，这个理性的决定是对所依赖的经验的回应：我们在前面所看到的罗马人的决定，同时也构成了权威传统诞生的行为："罗马人采用古希腊思想文化作为他们自身的精神传统，从而历史性地决定了，这个传统将对欧洲文明产生永久的、塑造性的影响。"只是当传统持续的时候，这个决定就被遗忘了。另一方面，传统通过基本的概念行动，这些概念一开始都对应着经验,但是慢慢地,它们被这样的关系所清空,最后只保留下了强制性的力量。这里,阿伦特强调了思想语言的双重力量:一方面是强制性的,另一方面是潜能地揭示出赋予它生命的经验。

"实际上,一种传统的终结并不意味着传统观念已经丧失了对于人心的力量",这表现在"自克尔凯郭尔、马克思和尼采有意识地以颠倒了传统概念等级的方式,挑战传统宗教、传统政治思想和传统形而上学之后,形式主义和强制性思考在20世纪所带来的后果"。如果马克思的理论标志着对这种传统的破坏,那么怎么理解这样的事实?实际上,这种"后果"只是一种绝望的努力,为的就是让垂死或者已经死了的传统复活过来。传统强制性的力量就是在它死后,还继续影响这样一些人,他们想不到除了过去与权威之外任何可以传递给我们的思想(没有任何可能的精神生活)。他们的境况类似于施特劳斯在《论德国虚无主义》中所描述的那样,保卫封闭社会的人,面对虚无主义者时,他们会具有保守者的立场。他们的思想是"形式主义和强制性"的,因为他们的思想只关注秩序的持续性,而这样的秩序自此也就缺乏了意义和框架。这样的思想导致了对现实的否定,为的就是维护思想的一致性;所以这些思想变得抽象,并进一步证明了思想与现实缺口的分离,而我们就处在这样的缺口之中。

但是这种现象更根本地还是显示出面对传统,反叛的思想不能构成断裂,而断裂则使我们这个时代诞生。实际上,一种历史性的断裂不是一种理性决定的结果;也就是说,"思想的事件"不完全是事件。对于阿伦特来说,思想有使命伴随着现实并且照亮它,但是无论在什么时候,它都不能产生出现实。世界不会因为思想者的改变或者思想者的决定而改变:马克思的观点本质上抓住了新的现象。这就是为什么:"无论是19世纪的反叛,还是20世纪的后果,实际上都没有造成我们历史的断裂。这个断裂起因于政治图景中的大量迷惑以及精神领域中乱七八糟的意见,从这场巨大的混乱中,极权主义运动通过恐怖和意识形态的手段,凝结为一种新的政府和统治形式。"同样,"我们传统的断裂已经是一个确定无疑的事实了,这既非任何人慎思选择的结果,也不因下一步的决定而改变"。阿伦特拒绝对事件进行精神性的解读。一个断裂总是与思想相连,但是只有两种考虑:一方面是因为"思想"必定是"物质世界的"。思想在世界中完全区别于行动和介入,它不创造世界——这样的观点只是对于整体的、综合的思想的一种幻觉;但是因为人的活动总是伴随着这种活动的意识形式,所以事件从来都不是完全与精神性分离的。另一方面,因为事件就是要被思考的。

这就是为什么,在阿伦特看来,当马克思考虑改造世界时,他就陷入混乱中了;这样的混乱是现时代的标志,这样的时代是我们传统的第二个时期,阿伦特用区别行动和生产的方式来对抗传统。她指出了,在马基雅维利的著作中,他如何在政治行动领域运用手段-目的的范畴。说到底,传统的特性,自从它的开端开始,就已经在人的活动之中建立起了一种等级。这个等级中,精神生活高于活动,它也高于作为身体活动的劳动。然而,这种等级构成了我们所说的作为远离人类事务的哲学本身的观点。阿伦特抛弃了等级,就是为了更好地建立区别,这也是为了对抗现时代的混乱,因为混乱将马克思有意识的反叛进行到底,将对传统的破坏进行到底,而这样的混乱历史性地与我们这个成为传统的大时代融为一体。当像马克思一样,我们将生产称为工作的时候,我们就明白了,我们应该要求行动要具有事业(oeuvre)的特点,我们应该要求思想(哲学的思想)直接地影响世界,政治和精神的世界。

但是,只有一个真正的断裂是事件性的,也就是它出现在现实之中;它只有在思想之中通过回声才是断裂。它具有事件的全部特点,它的作用是"揭示性的"。这就是极权事件,它凝结了我们这个世界从来没有过的问题。它的影响在政治层面上(恐怖统治)与在精神层面上(通过意识形态)同样重要。这两个向度的共同点都是在于具有绝对的意志(这种意志在一方面来看,达到了它的目的,另一方面注定是失败的)改造人,一直改造到他最深刻的意识。然而在这种思想中,我们找到了马克思的影子。极权主义是一种运用在两种不同制度中的政治概念。这两种制度,根据它恐怖的本性、意识形态的原则,同属一种类型。一方面,由于马克思主义、共产主义和斯大林主义之间的关系,另一方面,由于马克思思想中强烈的改造世界的理念,阿伦特很容易看到马克思的观点和极权主义之间一种因果的联系。

但是她从没有跨越这一步:"黑格尔之后那些试图打破统治了西方两千年之久的思想范型的大思想家们,也许以他们的努力预告了这一事件,并帮助澄清了这一事件,但他们并不是这一事件的始作俑者";"特别是 19 世纪反传统的思想家,要为 20 世纪的结构或状况负责,这样的看法不仅不公正,而且更是危险的"。一方面,阿伦特批判将因果性概念运用在人的生命之中,并寻找一种对于事件的解释;另一方面,阿伦特拒绝事件在精神上的因果性。她的方法明显与施特劳斯不同。在这两个作者身上,我们都找到了同样的意志,同样对于清晰的追寻,以及他们都认为对于思想来说,在新基础上思考的紧迫性。《论德国虚无主义》以及《传统与现代》,两篇文章用过去的眼光来阅读事件。但是施特劳斯所要找寻的精神上的因果性是被阿伦特所批评的,这是为什么施特劳斯通过相继的步骤恰当地运用了谱系学方法,而阿伦特则强调是因素的多样性促成了不可预料的事件的出现,所以这些要素是不能被忽略的。施特劳斯的讲座是从事件出发的(这是个例外),因为对他来说,本质是其他方面。施特劳斯关注的是纳粹主义和尼采之间的关系,而不是斯大林主义和马克思之间的关系,所以他不会进行简单的控诉;尼采不用对纳粹主义负责;但是他指出纳粹主义只是简单的政治事实,也就是说它是可见的,在思想审视自己以及确定本身的目的的方式之中,纳粹主义根本地修改了政治现实。这样来看,与阿伦特正相反,只有在思想中,事件才能称为事件。

这就是为什么,对于两位作者来说,明晰的欲望既不是目标也不是结果。施特劳斯认为纳粹主义是暴政,这表明现实没有改变,我们的无力来源于我们对思想所做的恶;重新找到思想好的使用方法(也就是说哲学的实践),这不同于我们在当下的经验中所拥有的新颖性的幻觉印象,而真正的新颖性是让我们找到斗争的手段。在这个框架中,对于施特劳斯来讲,极权主义属于空洞的概念范畴,伪科学的概念,属于我们在社会科学中所找到的技术性词汇,属于将我们与常识分离的语言。对于阿伦特来说,恰恰相反,只要概念不是空洞的,那么对新概念的发现是唯一能够重新联系思想与常识的方法。她具体地指出了与施特劳斯所想的不一样的地方,即这样一种观点于我们的今天是可能的——与传统断裂也是可能的。她假定,只要事件发生了,那么她就承认事件处在现实的中心。

为什么说19世纪的思想家要为20世纪的世界负责,这样的态度"不仅不正确,而且是危险的"?因为"极权统治这一实际事件彰显出来的蕴意,大大超出了这里任何一位思想家最激进、最大胆的理念"。我们已经看到了在极权历史中,想要把意志嵌入到事件中所呈现出的危险:一方面,解释的、科学的向度有可能在任何时候都会使问题失去意义;另一方面,在通过恐惧和意义的缺失而使我们震惊的事物中,整个意义的公理,先验地断定意义的存在使我们不能看到意义应该无限地被思考和表达。不要忘记,实际上,思想应该是一种行动和事件的无限完成;如果思想合乎逻辑地先于事件,那么它就是封闭的,但是不成为问题:因为在这种情况下,它只是对它第一个理解向度的否定。然而,在哲学立场中寻找极权事件的原因,这就回到了同时向两个方向让步,即忘记了应该去思考和承担的职责和责任,并且停留在幻觉中:实际上,如果事件是思想态度的结果,那么这就意味着它能够揭示理性决定的秩序;所以,事件不再是一个地点,它只需要理性的期望,只需要换个方式思考,比如在权力中采用保守的立场对抗虚无主义,或者,换个视角看待教育以及回到权威以前的形式。也就是说,所有人责任心丧失的第一变动是加剧了我们时代诸多职业思想家们过度的责任心,就像事件可以自行决定。对于阿伦特来说,在任何情况下,事件都不能自行决定,它不是我们意志行动的结果;它既不能由行动控制也不能由思想控制。它也离开不人的领域:在特定的时代中,它可以属于思想和行动的条件。让事件接受不属于它的事物,接受不是它的秩序,是危险的:这是要阻止看到它的全部蕴意,不在它揭示的向度中掌握它。具体地说,阿伦特就是要认可事件本身,也就是在它的断裂角度中,在它于连续中出现不连续这样的角度中。

阿伦特认为"既更好又更糟,(克尔凯郭尔、马克思和尼采)仍然被限制在伟大传统的范畴框架之中。在某些方面,我们比他们要好"。当有事件出现的时候,只有现实而不是思想是不能被改变的。但是只有被感知为断裂,即可以被改变的现实,才能够在思想中产生新的开端。事件允许思想复兴,因为这样可以在强大的现实面前清楚地证明传统的无力,同样也可以说明人的能力是可以革新的;这样,事件也要求思想被更新、被重新确立。如果事件有破坏性的话,那么它就是鼓动思想重新开始。克尔凯郭尔、马克思、尼采可以自我反叛,但是他们不能开始,就像现实也没有允许他们这么做一样。"拯救"极权事件绝对没有问题,就像如果应该使恶"可辩证"或者在其更高的高度消解它：作为"不可辩证的"恶，极权的恶反过来终结了通过历史连续性取代传统权威的尝试[1]。

这样的话，克尔凯郭尔、马克思、尼采应该一起被思考，因为这不再是面对传统而勾勒出的反叛，也不是只掌握了传统在它直到终结中的"生机"。现在，要将角色转移给今天的思想者（断裂之后所出现的人）去享受摧毁传统后所带来的自由，享受"其中蕴含着的伟大机会，可以让我们不用受传统歪曲的眼光，以一种自罗马文明臣服于希腊思想权威之后就从西方的阅读和聆听中消失了的直接性，来重新审视过去"。应该从过去所留下的痕迹（文本）以及它所发出的声音（它对所继承的同意还是不同意）出发去发现过去，而不是简单地接受过去所传递给我们的。思想应该被倾听，也就是思想要在它与经验的关系中被研究。克尔凯郭尔、马克思和尼采是路标，所以他们要被一起思考，这也就是说，阿伦特选择了几个路标，而不是对过去进行单一的解读；因为绝不能拯救传统也不能给它找替代品。实际上，"克尔凯郭尔、马克思和尼采就像是一个路标通往已丧失权威的传统"。他们的矛盾可以引导我们发现传统中有力的那一部分：但是同样，这些矛盾也能让我们知道传统是不足的。目标不是"否定"的，它不仅包括要远离在过去中不能再使我们思考的东西，而且要发现能与过去呼应的经验。在这种情况下，就要提到文化了：因为文化现在不仅是没有权威的，而且大部分人对文化都不感兴趣；在这样的框架下，对于文化的新视角在于让文化变得清楚，并且要让它可以称得上是"权威"，而且要理解经验，因为文化保留了它的痕迹。阿伦特从来不是要树立敌人，实际上根本没有必要去理解阿伦特所进行

----

[1] 关于黑格尔，他是克尔凯郭尔、尼采和马克思的"直接的先行者"："历史连续性的线是传统的一个替代品。"见《过去与未来之间》，中译本，第23页。

的斗争[1]。我们应该定义我们所想要建立的:因为"最后爆炸的轰鸣也湮没了那先行到来的、不祥的,然而仍然回应了我们的沉默——任何时候,只要我们敢于追问,不是问'我们跟谁交战',而是问'我们为谁而战',就会得到这样的沉默[2]"。

在克尔凯郭尔、马克思和尼采那里,阿伦特定位了相同的程序,进行了同样类型的分析:她对于每一个人物的解读都区分了一种新的经验,每一个作者以跳跃的形式对新的经验做出回应;她使用的基本的哲学观点,体现了传统的影响力;她对每一个作者的观点的结果做了研究,并且将其解读为传统对意图的报复,进而强调了它对理解现代性的意义,最终阿伦特指出了他们所导致的失败。

"现代的信仰失落不仅体现在对上帝失去信仰,也体现在对理性失去信仰",克尔凯郭尔对这种新经验作出如下回答:他跳到了信仰中去怀疑。我们传统中必不可少的组成部分的哲学立场,是笛卡尔及其怀疑的立场,在某种程度上说,怀疑导致了信仰的缺失。克尔凯郭尔所达到的结果是:"严肃的宗教经验似乎只可能存在于怀疑与信仰的紧张当中",所以唯一的路径要在"以激烈肯定人的境况和人的信仰的荒谬性"中找到。克尔凯郭尔对传统的报复表现在,在

---

[1] 这是阿伦特在其文章《领会和政治》中所说的,见《极权主义的本性》(*La Nature du totalitarisme*, trad. M.-I. Brundy de Launay, Paris, Payot, 1990),第33页。关于理念的荒谬性,依据它,我们不能在不理解的情况下就去判断:因为如果我们接受这种方法,那么任何与极权主义的斗争都是不可能的,因为我们将永远不会深入细致地理解它。

[2] 政治的行动以及思想都不是由指定敌人而被定义。同样,阿伦特不同意施密特将政治定义为敌我关系。见卡尔·施密特,《政治的概念》(*La notion de politique*, Paris, Flammarion, «Champs», 1992),第64页。

信仰与理性这对传统概念的对立上,他"想要的是维护信仰的尊严,以对抗理性"。至于克尔凯郭尔理解现代性的恰当之处,在于"他知道现代科学与传统信仰的不相容性在于……一种最终只能相信自己制造的东西的怀疑与不信任精神,与传统的对被给予的、以真实存在显现于人的理智和感官的东西不加质疑的信任态度之间的冲突"。最后阿伦特指出了克尔凯郭尔的失败在于:"克尔凯郭尔将信仰从现代性的侵袭中拯救出来的尝试,却使宗教变得更现代了,也就是说,使宗教屈服于怀疑和不信任。"

马克思的新经验可能是存在和工作的新条件的经验,他对此的回应是通过"从理论到行动,从沉思到劳动"的跳跃,以及通过"宣称人类行动的尊严以对抗现代的历史沉思和相对化"的意志。内在于现代性中的哲学立场,在这里起到关键作用的观点,是黑格尔的立场,他"把形而上学转化为历史哲学,并把哲学家变成了历史学家之后——变化与行动的意义(而非存在与真理的意义),只有在时代终结之时才会最终对历史学家向后回顾的眼光显现自身":这就是为什么,以远离哲学为特征的马克思的观点只能出现在抛弃哲学真理的传统思想之后。所得到的结果是"把'历史规律'强加在政治之上","最终行动和思想一样丧失了意义,政治和哲学也没有了意义",它们都只是"历史和社会的简单的工具"。阿伦特在理论和实践之间的传统对立中读出了传统的报复,它在于认可"法国大革命和工业革命"的决定性特点上,"它们一并将劳动这个传统上最卑贱的人类活动,提升到创造力的最高级,并伪称能够在闻所未闻的普遍平等状况下实现古老的自有理想"。但是马克思的失败在于他让人类活动以及思想服从于"必须性的无情支配"。

尼采的新经验大概就是虚无主义的经验了。他的回应包括了"从理念与尺度的非感性超越领域向生活感性"的跳跃,包括"颠倒了的柏拉图主义"以及"超越价值的评估";尼采想"维护人类生活的尊严,以对抗现代人的软弱无能"。决定性的哲学立场是柏拉图的立场,因为它具体化了世界上所有的传统和等级。这即是尼采观点的结果:他的意志是"超越虚无主义,不是克服内在于思想家理念中的虚无主义,而是克服现代生活现实中的虚无主义",这样的意志导致了虚无主义,导致了废除两个世界。传统对此的报复是将感性的经验与超感性的经验对立。尼采对于现代理解的意义在于他对现代相对主义的分析。但是失败是明显的,因为它终结于对价值现代概念的论述,并且试图相对化这种价值,而他是想建立起它的尊严的。

这三个思想者试图征服的现代性被控制在两个层面上:存在的层面和思想模式的层面。但是"新经验"动员了他们的思想并将他们推向自我颠覆,从根本上触及了意识模式,触及了关于世界的态度;也就是说这就像是他们只是通过关注人与现实的关系去讨论现实。另外,在阿伦特对这三个思想者的阅读中,她不是总能清晰地分辨以上这两个方面;这就是思想模式——无论是传统的还是现代的——融入了现实之中。人关于他存在的视角外在于他的存在,这样的说法是荒谬的;但事实是,这些思想家在所处的时代中仅仅只能与现代性因素打交道,而当极权事件出现的时候,现代性只能在现实中突然出现。

这可能是传统的影响,它阻止我们看得更清楚:它将思想维持在空洞的概念对立中。正是因为对立是空洞的,因为它们不能反映到"持久的人性经验"中,所以它们是强制的。如果经验总是在那,那么这些概念很可能不受束缚地指引着经验。矛盾的是,当思想不能产生现实的时候,空洞的被传递的概念通过传统就有能力阻碍某些经验。这是怎么可能的呢?确切地说,是因为无休止的理解行为伴随着经验。

正是因为她混淆了行为,所以传统的演变使得传统的经验变得不可能。要让我们走出不解的唯一途径就是要区分概念。应该在经验的多样性中试着产生一种与经验的关系，也就是说，不仅是与被遗忘经验的联系，这样的经验已经使政治思想有了开端，而且要与我们现代的经验有联系，因为这种经验要求我们着手于澄清的工作。

说到底，颠覆只能在框架的内部进行，而且它总是"人工的"，因为一致性是首要的。实际上，现实从来都没有被颠覆。相反，它在改变；但是在克尔凯郭尔、马克思和尼采的时代里，这样的改变还不足以导致思想可以去致力于一个新的开端。这三个人，在阿伦特的阅读中，都是想要宣称一种人的向度的尊严，对于克尔凯郭尔是信仰的尊严，对于马克思是工作和行动的尊严，对于尼采是人生的尊严；但是这样强烈的宣言不是足够有力地能与这种尊严的经验产生联系，无论是积极的还是消极的经验；这就是为什么他们只能提供一个理解的大致草稿，真正的理解被阻碍产生意义的传统所击碎了。

尼采的观点可以对价值的概念进行反思。实际上价值相对主义所承担的判断得到了延续，而且是尼采这样要求的：现代现实的特征之一就是目的、规范和观念都被贬低到简单价值的行列。然而阿伦特指出了价值概念完全包括对于现实的功能主义观点。这样批判的诊断很接近施特劳斯的诊断：对于阿伦特来说，同样的问题是思想放弃了产生规范的能力，也就是说它判断的能力；实际上，由反思批判的行动而变得可能的差距被融入于现实，也就是社会的职责当中。与其说是融合，还不如说是消解：因为一切事物都是有联系的。阿伦特写道："价值成了社会商品，它没有自身的意义，跟其他商品一样，仅存在于社会关联与交往不断变化的相对性之中。"也就是说，所有的价值，都先天地具有正当性；他们的存在就是证明了他们的正当性。可以在价值中做出区分的"判断"与评判只能由社会逻辑提供，这样的逻辑是功能的逻辑,意义只是在关系之中。社会是一种秩序,不是建立在个人也不是建立在人性的基础之上的,而是建立在这二者之间"关系"的基础上。这是一个领域,但不是介入与行动的领域(政治领域),不是生产和工作的领域,也不是思想的领域,而是同世界意识关系的领域。在这个"领域"中,所有的这些活动都不能够并存,但是可以互相混合,互相混淆,这些活动只有通过他们的持久性才具有意义。社会确切地说不是一个领域,因为一切都是可能的,所有的东西在那里都是相对的。阿伦特将"尼采的贬低价值"与"马克思的劳动理论"等量齐观;实际上,让工作成为一切价值的源泉,也就是让工作成为赋予人共同存在意义的东西,这就支持了领域和行动的混乱。"劳动价值"就是劳动功能。

阿伦特不是简单地对我们所说的经济支配进行反驳。因为她不是去反驳经济问题优先于其他的问题,也就是说经济问题具有所有的决定和导向的力量,这里不是生产力的问题。比较根本的是:活动意义的消解不仅是在我们所形成的现代思想中,而且是在我们对思想的实践中,因为社会关系拥有意义的垄断性。如果我们把社会含义等同于"形式",那么人们对每一项活动的具体意义就不会关心,也不关心它的"内容"。为了对抗传统的单一的决定性(因为其过去强制,所以它被抛弃和远离),我们将决定性的另一种形式公布于众,但矛盾的是,它具有不确定性;因为涵义只是社会性的,所以它是决定性的;因为社会在它的功能主义的欲望中接受所有的内容和价值,那么就有了不确定性;不确定性在于对意义的漠不关心。这就是价值相对主义的意思。

也就是在这个视角下,许多人认为共产主义是基督教的替代品,阿伦特坚决反对这样的解读,尤其是在她的《极权主义的本性》[1]

---

[1] 见《极权主义的本性》一书,前揭,"宗教和政治"一文,第117—138页。

中。功能主义导致无法分辨机会和危险,解放的世界和异化的世界,欢快的事件和痛苦的事件,善与恶。人失去了与其行动的关系,他的行动被社会的大潮所占据:"'善'丧失了它作为理念的特征,即作为善恶能够被衡量、被认可的标准;善变成了一种可以与其他价值,如功能价值或权力价值相交换的价值。"所以,拒绝功能化的人,想要对这种趋势行动的人,也会立刻被功能化所掩盖:"价值的持有者能够拒绝这种交换和成为一个'理想主义者',他给善的价值定的价格比功能价值更高,但并不能使善的价值相对性更少。"社会领域是包罗万象的,它向往成为全部,并且在它的机制中遏制自由的出现,也就是说在"社会"本身中,任何开端都是不可能的:因为行动和思想只是劳动,所有的行动都被概括成生产价值。

功能主义假设的是,人类是一个固定的整体,每个人都是一样的,并且渴望得到满足,人类将由人类多样性所提出的问题化解为一种"概念"。这样的化解是错的,因为它导致对有问题的现实的否定,接受还没被拷问的事物,导致批判性思想的无力以及放弃真正的改变。马克思是阶级斗争和革命的思考者,是他将尊严赋予工作,这可以使他思考,一种经济体系的彻底变化是可能的而且被期待。但是马克思的这种观点是太统一化的:这样的统一化导致了马克思的矛盾,阿伦特将其解释为是传统支配的结果[1]。

施特劳斯将功能主义的态度视为对思想标准的贬低,因为功能主

---

[1] 我们应该将这种对事物的观点全都归结于以寻求统一性为特点的斯大林极权主义的责任吗?不要忘记,阿伦特特别注意的危险就是将事件归为思想者的责任。马克思的思想无论在什么方式下都没有产生极权主义,但是它的思想将会局限我们理解极权主义的方法。另外,关于价值的问题,应该区分劳动价值的马克思主义理论和规范的实际消解,前者处于理解世界并为了改变它的意志中,后者处于人在整体之中所自我产生出的视野之中;这里,我们可以认为这个因素是现代现实的一部分。

义对思考来说，就是一种在是然与应然之间的简单选择。对于阿伦特来说，功能主义态度包含着一种混乱，这样的混乱不仅阻碍思想也阻碍行动。由现代性而提出的问题不是根本地来源于思想，对于阿伦特来说，由于思想远离世界，它的根本使命不是批评性的（用施特劳斯的词是"革命性的"）；思想应该伴随着并且控制意义在现实中的出现。

一方面，与相对主义者不同，另一方面，与怀念传统权威不同，马克思还是有可能孕育改变现实的力量：具体来说，就是"无法避免的日益临近的'一切价值之贬值'"，但是对于他，还有一种"茫然无助与盲目认可"。为了对抗这种趋势，马克思将"更大的真实性"给了"使用价值"而不是"交换价值"，也就是给了人的生产活动而不是这种生产活动的经济意义。无力来源于属于工作概念和价值概念的特征。这不是一个简单的称呼问题。实际上，思想不创造现实，语言也不创造：永远不是概念产生它所参与的现实。但是，概念是我们唯一可用的工具去让现实处于意义的秩序上。这就是为什么，概念（当它不是空洞的时候）为我们打开了它对于人的意义的世界。阿伦特的方法有一种语言的概念，既不是唯名论的也不是本质主义的；概念的产生对应的是人的理解能力，也就是通过对意义无限地转化，人与人共处的能力。

然而阿伦特认为"马克思还是充分意识到了此后社会科学遗忘了的事实，即无人'在其孤独中生产价值'，但产品'只在它们的社会关系中变成了有价值的'"。所以不必选择"价值"这个词去表达使用价值和交换价值的意思，这涉及的是两个对等的因素。实际上，如果被"交换价值"所表达的现实具有实际的社会意义，那么被"使用价值"所表达的现实就被这种表达所掩盖、掩饰住了：因为当现实应该去瞄准意义的时候，现实只是获得了社会意义；所以混淆了概念就不能获得意义。最后，在他对改变现实的认可中，在他反抗存在的现代条件的意志中,以及在他面对传统的反叛中,马克思好像本想就在不求助于我们精神的根本能力的情况下,去理解现实,而这样的能力就是区分概念的能力,换言之就是在人类词语多样性中,读出人类经验的多样性。他的思想为我们提供了一个混乱的概念框架,在这个框架中出现了永恒的哲学问题,但其形式不能产生出带有意义的回答。这就是这个问题的实质:"到哪里寻找一种不变的价值,用来作为衡量所有其他事物的固定标准?"由于价值概念无所不在,意义问题可以用打碎所有意义的术语来提出。对于这个问题,马克思回答如下:他"相信在劳动时间中找到了这种标准"。这样的回答是缜密的:工作是人的本质;物体的价值来自于以体力形式对其本质进行的投入;所以,劳动的价值就是人的价值。但是这种逻辑导致了这样的说法:"土地本身是'没有价值的';它不代表'客观化的劳动'。"这种断言从黑格尔那里受到启发,认为人对于自然有优越性,而这样的断言,在"生物"意义上,在人作为能量生产者的意义上,就是建立在自然概念的基础上;阿伦特认为,这导致了虚无主义:"由于这个结论,我们就站在了虚无主义的门槛上,并且对一切事物进行否定。"对一个标准的追寻带来的是意义的消解,因为我们已经失去了真正提出问题的可能性。

至于尼采,他使用价值的概念来作为对抗传统的武器。他从将"绝对单位在意义上的理念"等同于"社会价值"开始,实际上,他以人生功利标准为名去拷问真理或科学的意志以及道德的意志;这些理念融入到人的"社会化"中,也就是说,思想与人类活动的一种根本论据被相对化了。这就是为什么"一旦它们的价值特性、社会地位受到挑战,它们就停止存在了"。真理和道德在成为小于其他价值的价值之前(以支配的观点来看),首先是在其他价值中的(以社会的观点来看)。

尼采的观点使得现代性的本质特征可以得到突出:"没有人比

尼采更通晓如何穿越现代精神迷宫那些曲折蜿蜒的小径到达它们,回忆和过去的理念堆积在那里,仿佛每当社会需要更好的、更新的商品时,它们就始终是被社会不断低估的价值。"实践的现代性实际上是对思想史的功利解读。尼采在此表述了现代性的特征:注视逝去思想的目光成为了社会的目光,它将一致性赋予理念不确定的多样性,赋予体系和哲学概念的多元性。怀疑真理意志的正当性恰恰是要将一种社会价值赋予产生的命题;也就是说,哲学理论只是世界观,特殊的想象。意义的缺失决定了涵义或互换性的身份(功能主义)。施特劳斯批判现代倾向,后者将"古典"思想理解为错误的接续;哲学史只是"回顾错误"。施特劳斯对现代性的阅读可以显出两个因素:一方面是古典思想的相对性和对它寻找真理明确意图的忽略;另一方面是包含有这种判断的观点的绝对化,也就是虚假的"历史经验"的绝对化。对于哲学的过去,阿伦特指出了功能主义思想不合理的错位,在这种错位中,整个理念都按照为了它而转移的社会角色去解释,并且整个理念说到底都是可以被消费的。施特劳斯和阿伦特在对过去的解读中产生了对立。施特劳斯想重新恢复真理的古典意图;阿伦特在思想者的文本中寻找共同经验的痕迹。施特劳斯致力于意图的真实性,阿伦特则强调多重思想的真实性。

阿伦特对于价值概念的反思与施特劳斯的批判吻合;关于尼采,她写道:"尼采很清楚新'价值中立'科学貌似深奥的胡言乱语,这种科学很快堕落为科学主义和一般的科学迷信,并且与罗马历史学家'不带愤懑和偏袒'的态度毫无共同之处(虽然有无数人持反对意见)。因为后者要求的是不带轻视的判断和冷静的求真,而价值中立的科学不再能判断,因为它丧失了判断标准,不能再寻求真理,因为它怀疑真理的存在幻想着只要它能彻底抛弃那些绝对标准的最后残余就能创造有意义的结果。"阿伦特在这里总结了尼采观点的意义,并且呼应了施特劳斯对内在于社会科学的虚无主义的批判。对于阿伦特来说，缺乏价值的科学也是一种幻觉，因为想要满足于事实判断是不现实的，同样，放弃价值就是失去判断和认识的方法；阿伦特还认为，使用"价值"这个词就是为了表明不能放弃的规范，但因为没有能力去判断，所以就又忽略了价值的重要性；因为它们构成了我们判断力的原则。

然而阿伦特批判的意义还在别处。确实，她想说明将科学作为绝对的范例是如何让人失去理性，失去正确方向的理性或常识的理性的；因为对科学的信仰成了单纯的迷信。因为科学与经验保持距离，所以从逻辑上讲科学与常识无关，它只是产生出一种与普通语言脱节的词汇；但是只要科学是缜密的，能够解释有限的现象，就有可能让科学成为任意的理论。接下来就是要把它们限定在事实中。科学主义在极权意识形态中起到了重要作用：它是后者存在的条件之一。但是阿伦特揭示了科学的另一个向度：本质上是技术性的，也就是说是生产性的。危险（在极权事件中，这成为了事实）是，有时能够与理解严格对立的思想产生出了我们不能理解的现实；它存在于它的结构性特征中而不是事实本身之中：思想随时都有可能将人的中心移向人之外[1]。

---

[1] 让我们回想阿伦特在"对太空的征服以及人的地位"中所讲的，载于《过去与未来之间》，前揭，第 252 页；逻辑上来讲，技术可以做我们不能做的事情；但是当它可以实现我们的理解所不能达到的事情的时候，问题就来了。这个趋势如果被一般化的话，它就会让人民习惯性地接受人类世界中事件的存在（而不是简单地接受自然世界中的现象），这样人们就没有使命去理解（人们也不会试着去理解）。我们可以注意到，抛开揭示这种趋势极端性的极权主义，我们可以看到这种过程在我们的今天以及政治决断中已经成为了一种一般性的方法：实际上，人们越来越倾向于先验地接受政治事务与他们无关（不仅是从统治的观点看，也从理解的观点），因为政治事务是预留给"专家们"的，一方面也就是政治的技工，另一方面是"经济学家"，唯有他们被认为是能够科学地认识行动的原因的。结果是，典型的共同领域与共同世界无关，而共同世界的本质特征就是共同理解的可能性。

更简单地说,当科学的价值以同样的方式被运用到人的"现象"和自然的现象时,科学的价值就变成了科学主义。当它自称是中立的时候,反思导致的是决定性的选择:将人比作自然,就像二者都要遵从同样的必要性一样。这个选择就是一致性的选择:现象的一致性满足了我们的想象,想象渴望一种现实不能给它提供的一致性。这样就证明了世界的责任心的丧失:如果全都遵从一样的必要性,我们在行动中就失去了所有的责任。说到底,这样的观点,在事件发生时,不能让我们去承认事件,就像新事物由于整体的条件而变得可能。

阿伦特没有忘记斯宾诺莎在《伦理学》第一部分附录中的话,斯宾诺莎拒绝以自由意志的幻觉为名的必要性。这不是要保卫个人的自由这一理念,而是要宣称,人性首先是感觉的产物,不是被社会背景简化成意义的"感觉"(sens),而是出现在人的多重能力中的感觉。阿伦特捍卫的自由不是自由意志,而是政治自由,是可以让普通的新事物出现的自由。

价值中立与罗马历史学家的箴言的对比,可以让我们更好地知道思想应该参与到怎样的境况中去。实际上,中立使得认识的目标,也就是判断和真理丧失了。保持对真理的需要不是说真理就应该是"主观"的,因为在人类的认识和理解中,距离是必要的。然而这个距离不是从知识的本身目中建立起来的,而只是一些倾向打乱判断的感觉。为了达到目的,罗马历史学家不是试图知道感觉的建立,也不是要远离他们高超的能力,而是要试图超越由感觉造成的不假思索的观点。价值中立的支持者们的错误来自于理性与感觉之中的混淆:他们远离了人性本身,他们只能在非人性的标准中去判断人性。

再回到阿伦特对尼采的解释:尼采不仅看出了理念和绝对的规

范，还要把他们缩减到"社会价值"。他把这些说成是价值，这是对的，但是它们是真的"社会"价值吗？尼采实际上批判的是社会令人窒息、压迫的力量；尼采不是要暗示马克思所明确指出的，即社会和经济是所有事物的原则。如果我们要讨论尼采思想中的"原则"，那么问题就是尼采想赋予反传统的本能生活以尊严；就是在这样的框架中，他才定义了新哲学的任务是创造其他的价值。对于一点都没表现出社会性的这些价值，阿伦特怎能说它们是"社会价值"呢？她指出，尼采掉进了由他的态度所制造的陷阱："当尼采将价值作为他攻击传统的一个关键概念的时候，他似乎没有意识到'价值'这个词的起源和它的现代性。"也就是说，现代的"价值"概念，这个导致虚无主义的概念通过其本身包含了社会意义，这是一个自身的相对概念。这就是为什么，"当尼采宣告他已经发现了'新的、更高的价值'时，他第一个陷入了他自己帮忙摧毁的幻想，他在最新、最丑陋的形式上接受了以超越单位作为衡量标准的古老的传统观念，从而再次将价值的相对性和可交换性带入了他拼命想维护的那些绝对高贵者之中，即权力、生命以及人对现世存在的爱"。在对绝对规范的找寻中，尼采触及到了判断的永恒问题，我们重新找到了传统的影响，在通过由价值概念对这场摧毁的研究中，我们重新找到了现代性。

这样的研究就为理解阿伦特思想的核心开启了一条路径：找到一些不会忽略现代有效新颖性的维度，这样的维度脱离传统而又不会阻碍意义的涌现。

意义的责任

我们要注意到，克尔凯郭尔、马克思和尼采应该成为过去的路标,并且在传统的终结和它的开端之间存在着一个强烈的对应;阿伦特为了探索过去而画出了第一个标记。她认为,"终结传统的倒转运作以双重的意义阐明了开端"。实际上,倒转必然强化了对现实的传统理解的特点,阿伦特提出了成对的概念:克尔凯郭尔的"以信仰对抗理性",马克思的"以实践对抗理论",尼采的"以感性、易逝的生活对抗永恒、不变、超感性的真理"。作为现实规范,在开端就已经被理性地决定、宣布的东西显得很清晰了。但是最重要的发现却在别处:"并且,以此类对立术语来思考的方式并不是从来就有的,而是根源于历史上首次重大的倒转运作,后者是其所有倒转运作的基础,因为它确立了对立的开端,传统就在两端形成的张力之间来回运动。"也就是应该注意到,概念的对立不总是既定的,它们有一个确定的起源;发现它们的起源不应该像尼采的观点那样,简单地将他们相对化成价值的等级,而是要让它们认识到它们与之相联的根本经验。由于已经不再忍受根本经验的强制力、空洞但有结构的概念的有效性,现代已经失去了对根本经验的回忆。这样来看,阿伦特的方法不是谱系学的:她不是去寻找一种起源,而是寻找一种对应,一种在思想与经验之间所失去的一致性。

在施特劳斯看来,目的就是重新赋予根本冲突以生命吗?实际上,施特劳斯想把这当成目标,因为他在这些根本的冲突中看到了政治哲学的根本问题。阿伦特则不是这样认为的,对于她来说,终结和开端实际上拥有共同的特殊性使得哲学的基本问题突显出来,但是概念的对立不能直接地带来我们所说的永恒的问题,因为这些问题与人和政治的本性相连。对立是传统思想的行为,反映了一种经验,这种经验远不是永恒,它现在已经被遗忘了。这样的经验应该重新被动员起来,不是为了将过去的理论镶嵌在它的历史背景中,而是因为它是一种必要的人的经验。这就要研究是什么建立了人性,是什么让人性变得可能，不是要像因素的总和那样去定义人性，而是为了成为真正的人性，像共同经验应该对应的条件的总和。与其赋予这场冲突以生命，也就是让对立和等级重新焕发生机，还不如展开经验的多样性和意义的多样性。

这场原始的转向是什么？就是"柏拉图的灵魂转向，整个人类的转向，他在《国家篇》的洞穴比喻中讲述了这个转向，仿佛这是一个有始有终的故事，而不仅仅是一次精神的运作"。通过他的"仿佛"，阿伦特不是要指出错误的表象或是幻觉，因为这个全人类的转向（也就是人与世界关系中各个可能的向度）不是要突出空洞的概念。相反，这一转向只是从它真实的经验中才找到意义。为此，它拥有一段历史，因为它经历了一些事情，它有过事件；因为这个事件是人的，因为它处在线状的时间中，而不同于自然的循环时间；还因为总体事实是有意义的，在确切的程度上，它导致了理解过程。一段历史就是一种意义，它被人所占有，被向其他人传播的可能性所占有，就像名副其实的事件一样，它是普遍性的，触及到了人的本身。阿伦特使用了"寓言"这个词，她在序言中已经使用了，现代处境的意义也被赋予在了寓言中，"卡夫卡的寓言在文学中也许是独一无二的，是真正的启明，像光线一样投射到事件周围和边缘，不是照亮事件的外部存在而是有着像 X 光一样暴露内部结构的力量，在此就是暴露心灵不可见过程的力量"。然而，阿伦特从两个层面阅读"洞穴故事"。首先是以经典的方式，正如哲学家所要求的转向，她的路径从虚幻到真理又返回到虚幻。然后她给出了一个非常特别的解释：洞穴语言是"对荷马'立场'的颠覆"；她的判断来自于洞穴描述与《奥德赛》第十一章对冥府描述的相似性的基础上：不是没有身体的灵魂，而是没有灵魂的身体处在黑暗和虚幻的世界中。最后，"在一定意义上，柏拉图的转向是一次倒转，随着这一倒转，所有古希腊人通常信仰的与荷马宗教一致的东西,都被头足倒置地颠倒过来了"。然而,阿伦特进一步说,"这一对荷马的颠覆并没在实际上将荷马自上而下或者自下而上地颠倒,因为使这种倒转运作能够进行下去的二分法对柏拉图的思想来说几乎是陌生的——柏拉图思想并不是根据预先设定的对立面展开的,它对荷马的世界来说一样陌生"。

所以最初的转向既没有在决定性的概念框架中也没有在决定性的等级中占有一席之地,这就是为什么这涉及开端。因而也不是这个转向建立了这个框架,这个"两分法"构建了整个传统的基础。柏拉图最后所完成的转向形式只有一个政治目的:"柏拉图以倒转荷马的方式展开其理念学说纯粹是出于政治目的;但由此他建立了一个框架,在这个框架内,倒转运作不仅不那么牵强,而且是概念结构本身预先规定的。"作为有待被思考的本质,理念及哲学经验的理念,为了政治的需要,成为了规范。

真正的经验不是两分法的经验,而是一种人性的经验。用施特劳斯的话来说,这可能就是哲学生活模式的经验。然而,从哲学史被迫成为颠覆的历史(即一直到黑格尔的二元论的历史)来看,两分法是被确定了的。实际上形成二元论主要部分的概念,开始的时候是"充盈"的,慢慢地被概念所要言说的经验倒空。但是,我们不要忘了经验总是可以表现在能够在思想的语言之中读出经验痕迹的人身上。就好像在柏拉图的哲学存在中,他已经区分出了我们灵魂的能力,但是因为政治的能力,他又建立起了冲突。阿伦特赞许这种对概念的区分,同时反抗传统的冲突和现代的混乱。

最后,阿伦特将传统的历史理解成二元论的历史,后者处于由柏拉图所建立的冲突的内部之中,而且它使笛卡尔步入了"深渊":"把人定义为思想和把世界定义为广延之间,在认识和现实、思与在之间开启的深渊"。也就是一开始对立就是在表象与本质之间的;在现实本身的两个角度之间——感性-智性,以及人的两个向度之间——感受-思考;这种在柏拉图那里有等级的对立,而后被转化成了人与世界,本体与客体彻底的对立。在这里,真理-对应的理论维持了双方的严格对立并且远离知识的客体。这就是现代科学的模式,生产化理性的模式,这样的模式试图建立起与"现实"的对应,而唯一的地位就是现实客体的地位。不同的传统思想进入到这种对立之中,要么站在物质主义那一方,要么站在精神主义那一方。对于黑格尔的辩证法,它看起来是要终结这个二元论,并且要显示"物质与理念的本体统一性"。

习惯上,我们将马克思的唯物主义与黑格尔的唯心主义对立起来,阿伦特认为这是错的,因为黑格尔的思想已经超越了这种对立:"马克思并不比黑格尔这个'辩证唯心主义者'更是一个'辩证唯物主义者',正是辩证运动的概念(黑格尔作为普遍规律设想出来,马克思也如此接受的),使'唯心主义'与'唯物主义'的术语作为哲学体系变得毫无意义。"马克思并不满足于介绍一种由传统提供的处于概念内部的体系或特殊的世界观;他反对黑格尔以某种方式"分解"传统,所以马克思的思想应该是在传统的基础上挑战传统,也就是说如同笛卡尔的核心思想那样,并没有把物质与精神相对立,而是将人类活动进行分级,由此使得对柏拉图主义的颠覆有了意义。传统的终结是问题的核心:这同样是人的概念,而不再是世界观。同样,"他对黑格尔的倒转,正如克尔凯郭尔和尼采的倒转一样,通往'物质的核心';他们都质疑传统关于人的能力的等级秩序,或者换一种说法,他们再一次追问什么是人所特有的本质;他们并不打算把体系或者世界观建立在这个或那个前提之上"。开端和终结表现了思想必要的人类中心主义和人道主义特点;二者使我们看清了根本的问题,即不是"如何思考世界?"或"我们应该具有哪种世界观?"而是"什么是人?"

这不是要在思想史的进程中评估已有答案的正确性,如人是理性的动物,人是劳动的动物等等,而是要思考在人的能力多样性之中的人类。也可以说是,"谁是人"这个问题应该取代"什么是人"这个问题,前者是人的存在的意义,后者是要给人性下一个定义。

传统的历史就是晦涩的历史。柏拉图的理念成为规范,而后成为价值。是社会而不是人,在它的单一性或是多样性中,赋予表象以意义。换言之,"'理论'这个概念……不再意味着一个以可理解的方式连贯起来的真理体系,其真理本身不是被制造出来的,而是被给予理性和感性的。理论在相当程度上演变成了现代科学理论,一种有效的假言命题系统,它随着产生的结果而变化,其有效性不取决于'显露'了什么,而在于它是否'起作用'"。思想不再是在批判的接受之中,而是在生产之中,所以人就非常有可能按照他的尺度生产出理论,因为这个尺度就是社会的尺度。

阿伦特并不是想人为地有目的性地超越古代的境况,在那里现实有能力"获得对于事物的是其所是的惊讶"。实际上,"更不意欲重续传统断裂的红线或发明什么新奇替代品来填补过去和未来之间的裂痕[1]";这就否认了"现代社会无所不在的功能化"是一种"真实的剥削"。这种剥削是"真实"的,意味着它大大地超过了真实专业思想的框架,进而涉及了人性与它本身存在的关系。这就是我们的境况的特殊性,因为"在传统的红线最终断裂的情况下,过去和未来之间的裂痕就不再是思想活动特有的处境,而变成了那些少数以思考为业的人的专门经验。这种状况已成为一个真切的现实并困扰

---

[1]《过去与未来之间》,中译本,第11页。

着所有人,也就是说成了一个有政治意味的事实[1]"。所以,这里"真实"意味着"政治的"或"共同的"。理解"这个处在时间最核心的小小非时空[2]"是理解"过去和未来之间的裂痕"的条件,现在来看,这个裂痕就产生于共同存在之中。对于所有人来说,思想现在有了意义的责任;并且也正是现在,思想要面临漫无边际这一状况。责任不是产生在世界观中,实际上这个责任近似于柏拉图在我们政治思想开端时的责任。因为要找到重新开始思考的力量。从一开始,思想就要承担真实的开端。它的第一个目标就是要知道如何开始思考。思想要尽快明白它的目的。这就是为什么《过去与未来之间》被阿伦特定义为一些"政治思想的操练"。应该冒险重新思考,这本质上意味着要重新找到思想的根本特点,也就是它接受既定事实的能力,应该进入到理解事件的过程中去。

施特劳斯想重新离开洞穴,回到以古典的方式思考政治中去,因为这是唯一能够以批判的眼光看待现实的方法。它向我们展示了怎样重新赋予思想以最优秀的品质,即真理的意图,根据善恶、应然作判断,而不是想要改变现实。现实是永恒的,人性也一样。思想要自重,因为它是唯一可以产生事件的。这就是为什么施特劳斯的古典哲学路线象征地以及实际地构成了"回到亚里士多德"。在以马基雅维利为代表的现代思想之初,停留一段时间是必要的:因为要搞清问题,就必须置身于最棘手的那些时刻。

同样对于阿伦特,"'社会化的人'是永远离不开在柏拉图看来是'洞穴'的日常事务领域的人",忧心于世界、负责任的思想家不能

---

[1] 《过去与未来之间》,中译本,第11页。
[2] 同上,第10页。

满足于这样一个位置。但是返回没有意义,因为现实本身已经改变了,确切地讲,应该把思想置于紧急的状态中。相反,通过哲学的过去,一种自由的路线成为必要。通过理论、概念、语言所具有的真实经验的痕迹,有可能为了一种应该理性地接近于现实的思想而找到一种资源。阿伦特要在奥古斯丁那里发现作为开端的人存在的经验,并且要在康德关于判断的理论中,去阅读扩展思维的理念,在这个思想的问题已经成为一个政治问题的世界中,去阅读思想操练的本质条件。

第五章

施特劳斯：回到政治哲学的起源

马基雅维利或最高思想的现代式放弃[1]

在我们这个危机的时代中,现代思想直接受到了怀疑:对施特劳斯来说,危机的原因要在思想中寻找,因为只有思想模式有能力创造出事件。更确切地讲,只有在思想中,才有真正的事件。在这种意义上,政治领域只是一种现实出现的地点,而这种现实本质上存在于这个地点之中,它包括了理性对于政治以及理性自身潜在性的目光。

从这种角度中,我们可以理解施特劳斯谱系学方法的优势。我们已经说明了,这种谱系学方法不同于尼采的谱系学方法。它本质上是要发现真理与判断(对信仰和意识形态进行判断)的关系,而不是让它们成为本能的基础。这就是为什么在施特劳斯的思想中,我们可以在理性对于它本身确定的目光中辨认出一种终极的判断标

---

[1] 对于施特劳斯阅读马基雅维利更详细的研究,见 Carole WIDMAIER 所写的《施特劳斯与世俗化问题》的文章,载于《现代性与世俗化》(« Leo Strauss et le problème de la sécularisation » *in* M. FOESSEL, J.-F. KERVGAN, M. REVAULT d'ALLONNES (dir.), *Modernité et sécularisation. Hans Blumenberg, Karl Löwith, Carl Schmitt, Leo Strauss*, Paris, CNRS Éditions, 2007)一书。

准。在哲学史某个特殊的时刻中,比如它开端的时刻,这个标准可以被发现吗?这个假设可能让施特劳斯陷入矛盾中,实际上,他指出,现代历史主义将理念的内容与历史背景相联系,并且剥夺了真理合理的意图,这样的现代历史主义实际上是建立在它本身观点绝对化的基础上。同样,在思想史中,发现它最高级活动(exercise)的时刻不也揭示出了这样一种绝对化吗?对于这种显而易见的绝路的解决办法,还是要在起源的概念中找到,具体来说,它不同于开端的概念。施特劳斯偏爱起源,因为起源的诸多特征总是特别的:一方面,起源包含了它未来所有的延伸,所以重新找到起源就是重新找到意义的关键;另一方面,起源总是一种思想决定的事实,因为起源是有意识的断裂,而与使理性变得无知的理性历史的神秘毫无关系;最后为了让起源成为可以实现的,应该建立解释性的方法,因为起源总是被它所传递的因素遮掩。起源是一种模式,在这个模式下,反历史的思想在历史中占据了一席之地,它的力量和它的重要性实际上在于,它是对充满意识的理性的表达;作为决定的时刻,起源显示了理性所遭遇的冲突。所以,在我们这个现时代中,重新追溯起源构成了到达理性的反历史性的唯一方式。施特劳斯想要重新找回政治哲学——希腊的——起源,并且通过现代政治哲学的起源(即马基雅维利的断裂)进行一次建设性的迂回。

这就要将起源置于现实背景之中,在这个背景中传统制造了屏蔽。因此一直延伸到"马基雅维利时刻"的这一系列进程必须满足好的诠释条件[1]。好的诠释意味着澄清被研究文本所提出的问题,

---

[1] 见列奥·施特劳斯,《迫害与书写艺术》(*La Persécution et l'art d'écrire*),O. Sedeyn 译,Paris, Agora, « Pocket », 1989,第 205—267 页。

并且可以回到问题最棘手的时刻,而实际上,关键就在于保持根本冲突的词语的现实性。诠释方法就是要认清作者的意图;然而,由于我们处在哲学之中,所以这个意图就必然是真理的意图。好的诠释者应该避免任何对文本中所描述的真理或谬误的判断,也就是说,这样的判断只能是外在的,并且指出诠释的意图在于比作者本人都更好地认识作者。说到底,就是要使问题的思想具有成为真理的可能性。

施特劳斯将这些一般性的原则应用到了马基雅维利身上[1],并且将其描述为与过去断裂的现代哲学家,因为他根本的意图在于断裂的意图;事实上,马基雅维利彻底质疑了研究古典哲学的贵族式的前提。而且,道德被人民所体现,而君主代表了革命性的力量,因为君主被定义为能够进行奠基的人;这种奠基必然是暴力的,而暴力呈现出来的是正常的权力基础。然而,通过奠基的行为,君主在政治场中表达了先发生在思想中的断裂。当权力依赖于原始的不道德时,政治的道德就是基础的道德,因为道德只能是人民的道德,因为一种纯粹被传输的道德独立于所传输的内容,也就是一种空洞的道德,挂在嘴边、自满、冲动以及自保的道德。制度只能是空洞、功能性的结构,因为道德只不过是政治事务而不是德性事务。恰当性取代了由自然奠基的古典事业。马基雅维利批评基督教共和国,是因为他认为它的道德性对政治有害,而施特劳斯就是在这种与基督教共和国的断裂中找到这种颠覆的证据,由此制度的功能性成了唯一的标准。这就是用政治现实来评估道德与思想。如果马基雅维利对于基督教的批判提高了人相对于神的价值的话,那么马基雅维利就是在历史中而不是在思想中研究人的完善,因为这样的话,罗马共和国就是历

---

[1] 列奥·施特劳斯,《思考马基雅维利》(*Pensée sur Machiavel*), M.-P Edmond et Th.Stern 译, Paris, Payot, 1982 年。

史所能提供的最好的经验。为了有利于被束缚的思想，有利于被认为是无法在现实之外立足的思想，对于最佳制度的研究被抛弃了。具体来说，罗马的经验是政治权威的经验，这种政治权威只能依仗它自己。

在对于马基雅维利的批判中，我们可以看出施特劳斯与阿伦特的区别：施特劳斯对思想屈服于现实的行为以及理性的失势感到失望，而阿伦特捍卫政治的自主性，却拒绝政治成为被定义为制造的基础。这就是为什么，当施特劳斯宣称回到古典理性就是回到真正的起源时，阿伦特所倾向的是开端的思想。与制造的意志不同，开端的思想可以让其他的开端成为可能。这两个作者都批评通过政治行动而进行绝对统治的可能性。对于施特劳斯来说，唯一合法的权威是理性的权威，它能够确立真理和道德上的完美内容。阿伦特则认为，在现实中，合法的权威是应该让其他开端都成为可能的权威。

施特劳斯认为，一种思想的局限性在于，它将对卓越的追求简化成对卓越可能性的追求，而且它完全朝向了行动，那么现实与思想之间的距离就被取消了。马基雅维利对于作为规范的现实的选择不让思想革命性的能力表达出来，而且由此不让哲学生活的模式存在。从古典到现代，制度间的关系被颠倒了，教育由原来的第一位变成了第二位，也就是说，古典德性（vertu）的理念消失了。德性只是构成了一种隶属于来自现实的规范，而对这些标准所具有的道德漠不关心。马基雅维利式的政治家所要学会抓住的机会只是两种必须之间的交汇点，即命运（fortune）与人的自然本能（inclination）。最后，德性成为了手段，政治制度与德性的不一致被认为是正当的。德性只能来自于爱国主义（patriotisme），共和国只能相对获得最优制度的地位，也就是说从它最大的功效上，从它能够保证其永久性的资质中获得。最优制度不能真正地建立在理性的基础上，这也就反映出了马基雅维利非道德性的概念。这种概念本质上是被封闭在哲学之中的政治空间的概念,它唯一的作用就是让人的境况平静下来。施特劳斯称之为"洞穴成为了实体的[1]"。马基雅维利的观点开启了以晦涩为特征的启蒙运动。

突出现代断裂可以掌握所丢失的或至少是被贬低的东西,即理性的力量。根本的改变揭示了思想的决定,这就是为什么应该决定理性地走出现代意识形态,并重新激活古典哲学的目的与经验。施特劳斯反对所谓的现代理性的自主建立(autofondation),因为它只是屈服于实际的权威,并将理性贬低到它的技术目的的层次上,这就要开始考虑唯一真正的由理性奠基的行为(acte),也就是古典哲学的行为。

回到亚里士多德

回到古典政治哲学是什么意思?哲学家就是敢于远离他所处社会的人,这种远离具有一种思想的力量。施特劳斯的意图就是要重新发现这种力量,并且让传统的屏蔽消失,因为这种屏蔽会将我们与理性的起源相分离。施特劳斯在他的研究中一直进行着这个方案,最具代表性的就是《城邦与人》[2]这本著作,特别是它的第一章,"关于亚里士多德的《政治学》"。

有必要回顾一下苏格拉底的意图,他关注人类事物的本性,在这个意义上,他建构了第一个哲学对于政治学的观点。实际上,哲学不

---

[1] 列奥·施特劳斯,《思考马基雅维利》,前揭,第 320 页。

[2] 《城邦与人》(*La cité et l'homme*), O. Sedeyn 译, Paris, Agora, « Pocket », 2005 年。

再被认为是属于习俗的东西,因为哲学所宣称的是,正确的事物通过自然而存在着。在自然与习俗之间根本性的冲突中,苏格拉底不是试图通过强制的方法将哲学建立于实际之中,而是要让人类事物进入哲学的尊严之中,而又不否认它们是植根于自然之中的。这样政治的地位就提高了,因为它将哲学式的发问作为目标。政治哲学开先河的观点在于,它认为当我们进入人类事务的领域时,出现了超越秩序变化的自然一致性。实际上,习俗可以被看成是自然的标杆。

所以就要通过自然来研究什么是正确的。然而,通过自然的正确意味着通过自然的普遍,也就是逻各斯(logos),因为政治共同体就是诸多逻各斯(logoi)的共同体,而不是倾向与需求的共同体。也就是说,"什么是政治"这一问题是政治哲学中奠基性的问题。它伴随着回归到常识的决定,因为当柏拉图的二元论相对于苏格拉底的意图是次要的时候,首要的事物对于我们也是首要的。这样,观点就有了核心的作用,因为真理就是在一定的被揭示出的意义之中的。理性的运动首先在于要建立诸多观点的等级,为的是对这些观点进行哲学研究。这样来看,哲学的视角是公民视角的延伸,因为它制定出了最高的观点,那就是法律。法律也就改变了地位,它不再是习俗,而是观点。所以政治哲学的真理不是出自二元论,而是在对一致性的要求中:这种一致性由苏格拉底的辩证法得出,这种辩证法会让我们看到,即使呈现出来的最约定俗成的事物也可能是朝向自然的运动。

对于现代思想,观点的多样性是反抗认识的一个论据,而在古典思想中,这却是有利于认识的论据。实际上,现代性倾向于将人性定义在多样性之上,因为这样,人就被定义为通过他的能力可以产生出许多个人观点,而这些观点不被任何真理所限定;人是有主见的生命。与此相反,古典哲学从观点多样性的事实出发,存在于与世界比较高贵的联系,也就是与真理的联系之中。这就是为什么,在古人看来，由制度而来的正义只不过是表面上的正义，唯一能够让人实现其本性的活动就是教育活动。现代思想认为让人成为人，就是让人从虔诚中解放出来，也就是从对神的敬畏中解放出来，所以现代思想导致了人与其本性的分化，这种分化不含有自然性的冲突；当人想要自我奠基时，他就失去了目的。

如果作为最高观点的法律为我们认识常识、将人置于自然中提供了可能性（如果它是被思考过、被拷问过的话，如果它的经验通过理性被延伸了），那么政治哲学就是首要的。确切地说，因为它具有卓越的辩证法的向度，政治哲学就是哲学。

政治从自然的客体中获取的是尊严，而现代政治对于自然科学模式的理解不意味着对客体的提升；在政治领域的沉默面前，政治宁肯建立在对思想抛弃的基础上，也不愿意屈从于科学认识的规范。政治就这样被贬低为科学的客体，而科学是反对哲学知识，也就是反对激情和利益的逻辑的。这不意味着施特劳斯要回到亚里士多德的宇宙论，其涉及现代性所称之为"自然的"现象。然而现代科学在它的宇宙论中不应该凌驾于政治，后者总是目的论的，因为具体地说，政治的目的论特征体现在人性理念之中，体现在人朝向自然所依据的理念中。

在这样的框架之下，亚里士多德是政治科学的发明者，同时也是领会到政治哲学立场的发明者，因为政治学领域是朝向"全部"（Tout）的，这样来看它不是独立于其他领域特别是道德领域的；政治领域在作为实现自然人性目的的地方中被思考，并且它应该在与这个目的的关系中被理解，也就是在它与这个目的的永恒距离中被理解。政治哲学不是肤浅的，它承认政治对于理性的反抗，承认它激情的那一向度，然而理性不是要求政治哲学委曲求全于政治的最低理性，也就是感情与利益的逻辑。通过理性，现代政治的控制让理性失去了它的伟大。

真正的政治艺术是立法者的艺术,这门艺术不是一门简单的技术,它包括了对善的选择。然而对善的选择不是一种专家的选择。所以,政治的道德持有者让政治不可避免地成为了一种专家评定;相反,政治领域还保留着它的特征,所以政治科学向"全部"开放,但是不必屈服于理论的科学。

理解亚里士多德的思想就是要远离现代性的反对声音。这个声音就是历史主义,它认为,亚里士多德的思想告诉不了我们任何东西,因为它表现的是希腊人特殊的常识。施特劳斯对此做出了两点回应。一方面,严肃的诠释家会非常注意亚里士多德的意图,这个意图就是建立真理的意图;另一方面,我们应该努力地用亚里士多德的概念来看待它们本身,而要避免用现代思想的方法去解读它们。所以希腊城邦不能被认为是一种特殊的国家形式。国家的概念实际上是一种对于国家和公民社会的区分,亚里士多德对于这样的区分是陌生的。施特劳斯将这种区分解析为一种抽象的、理论的区分,因为这种区分与公民视角、公民性的经验没有联系。相反,城邦的理念让政治幸福的理念变成可能,这种政治幸福与公民的存在和道德教育相联系。在这一框架下,现代思想只能设计出一种私人的幸福,它是建立在安全和对自由的基础定义之上。被体制强加的最低的道德是获取平静集体生活的手段,但是这种生活附着了机械的冲突,这就与理性远离现实所建立的根本冲突相距甚远[1]。然而现代民主和它

---

[1] 施特劳斯非常感兴趣的是被亚里士多德研究的一个观点:"根据这个观点,城邦的目标是可以让它的成员交换善和服务,并且保护他们免于暴力,而暴力就来自于不考虑道德的公民或者外国人。"这个政治的概念与《国家篇》中的"庸人的城邦"属于同一范畴,也就是"一个社会仅满足人们的自然需要,也就是个人的本性"(同上,第119页),民主的现代视野就在被亚里士多德研究并超越的范围之中,我们的民主实际上不是真正政治性的,因为它将道德剔除了。

的幸福概念是启蒙运动的结果,为了可以把我们表现为人民理性的现实,就不应该将人民提升到哲学层面,而是要把哲学贬低到人民的现实层面,也就是让哲学屈服于实际条件的秩序。现代性的本质揭示了对理性能力进行打压的合理决心,揭示了要让理性与它自身相矛盾的决心。这就是为什么施特劳斯批评存在于现代性之中追求和谐的欲望,因为所谓的和谐一致只能发生在理性功能,也就是技术功能的周围(所有人都认为理性是有益的)。当理性被贬低为这种功能时,它只是政治管理的工具。

  这也是现代性用自然与历史的对立来代替自然与习俗的对立的意义。实际上,被看作是诸多文化产物之一的哲学,以历史的观点来看,被认为是一系列错误产生的地方。现代性用"人权"代替了"自然法",抹去了哲学的目的问题。所以必须要通过人的目的来定义人,并由此重新激活最佳制度这一问题。这个问题具体来说意味着,人的属性是要有一个目的而不只是理想。

第六章
阿伦特：为意义寻找资源

对于阿伦特来说，我们的危机境况反映了在理解事件上传统范畴的不足，而且一般来看这种境况是以失去方向为特征的。但是，在现实之中的断裂也提供了一种对于思想的过往的新视角，即我们有机会与哲学建立一种实际的关系，也就是在同过去的关系中，过去的内容不是被传统的形式所决定的。在其政治内容中，事件允许重启自由的、新近的工作，这就构成了思想任务的一个方面，而作为无限更新意义的过程，理解就是思想的任务。

过去区别于传统，这就在于要发现一种不是被预先设定的过去，也不是具有决定性的过去。我们有机会实现思想本身的进程，这种进程可以赋予思想最真实的角色。应该采用被这种传统所摧毁的人的态度，因为这样的传统将我们紧紧地与过去相连，它的作用是为我们提供适宜言说或预料事件的概念或看法，但也有可能贬低事件以及失去事件。事件在它最纯粹的彻底性中强制我们承担理性理解的功能。

我们知道，事件启发了它本身的过去，因为它照亮了汇集其本身的诸因素的多样性。但是，事件的观点也能够启发思想的过往，以至于我们可以在其中寻找理解的因素，而不是解释的因素：阿伦特的目的从不是在过去中寻找起源。关于过去的工作代表的不仅仅是理解的第一步和至关重要的一步，因为这个工作就已经是理解了，它要全部地参与进去。哲学充满了资源,不是因为思想可以产生现实,而是因为在思想中人与其自身条件所产生出的和谐与不和谐的声音都得到了表达。思想应该被理解成经验痕迹的载体,因为思想开始于它本身的理解内容以及意义之中。这种对于过去的目光与作为根本经验痕迹载体的哲学语言概念是不可分离的。这就是为什么语言完全是政治性的,从它既不是意识形态的语言,也不是科学的语言那一刻就开始了,因为前者与现实的关系是谎言与制造的关系,后者则是与现实分离并将现实抽象化。

目光应该是自由的。这就是为什么阿伦特认为,应该超越令人吃惊的后果,避免由于过分的诠释或错误的解读所带来的普遍性批判。阿伦特不是哲学史家,这不是她想成为的,也不是她要成为的。事件将理解的过程视为无可救药的意义的丧失,就是在这样的背景之下,鲁莽成为了一种价值。我们可以说,在一定程度上,错误可以被允许,因为实际上,意义出现在方法的多样性之中,拒绝过去的线状观点,更确切地说,这种观点是传统的观点。与谎言不同,错误不该受到指责。在阿伦特对于过去的方法中,她建立了一种与真理的关系,这个真理与由传统向我们传递的真理大不一样:只有要求绝对尊重的真理才是事实的真理;只有谎称看到以及拒绝去看才是对思想行为的背叛。这就是为什么阿伦特更多的是寻找意义所占有或是所领会的因素,而不是去忠于作者的意图。

支撑这样的观点需要对概念差别进行巨大的关注。因为在差别中,我们有机会遇到多样性,即人与他本身条件关系的多样性。概念可以为我们带来经验,因为哲学语言(本质上不同于科技语言)是普通语言的延伸,所以这是可能的。阿伦特不关注由哲学家制定的世界观,但是她在哲学中寻找理解秩序深处的东西。

正如我们说到的,阿伦特对于奥古斯丁和康德思想的重新诠释,这样的"占有"(appropriation)不是由纯粹的实用主义引导的,因为这不是要利用哲学家为自己辩护,就像"过去"可以为建设性的思想提供材料一样。这是另一种关闭过去的方法,不过应该保持开放。

奥古斯丁与诞生性条件

阿伦特对奥古斯丁的阅读显示出了一种矛盾[1]。奥古斯丁一方面显示出,他是"意志的创造者",人类精神力的创造者,这种能力定义了一种内在自由的存在,即意志的自由;这样来看,意志的创造与自由意志现代概念的产生是同时发生的,后者与本质上是政治自由的古代概念是对立的。另一方面,阿伦特在《上帝之城》中看到了第一政治哲学。这个矛盾在《精神生活》[2]的第二卷中就被消除了,在讨论意志的这卷中,阿伦特不仅研究了意志概念的历史,而且也展示了在政治思想的框架中其可能的作用。如果奥古斯丁在阿伦特的思考中占据中心地位的话,那是因为对"创造"意志的时刻进行提问可以理清个人心理和城邦建设之间特殊的现代联系,并且能够推进对政治经验(发生在人之间的)与哲学经验(内在于人的)之间关系的理解。奥古斯丁是一个哲学思想家也是一个政治思想家;这就是为什么我们期望在他身上找到带有政治哲学特征运动的有效迹象,并且通过哲学经验可以重新找回政治经验。

奥古斯丁对内在的生活进行了探索。《忏悔录》中"我成为了我

---

[1] 见《过去与未来之间》中,前揭,"何为自由?"一文,中译本,第136—162页。
[2] 《精神生活》,第二卷,"意志"(*La vie de l'esprit*, tome II, « Le vouloir »), L. Lotringer 译, Paris, PUF, 1983),第十章,第103—132页。

本身的问题"这句话延伸至利益中,他将这个利益提升至意志,开始于对陌生现象的承认,"可以想要这种陌生的现象而没有任何外在障碍的接入,也可能无力实现这种现象[1]"。这种现象导致了意志与能力之间的区别,在这样的框架下,将自由确定在意志中,就必然要将自由变为内在的和形而上学的自由,因为意志被定义为一种抵抗理性与欲望力量的能力。不可能再重新追溯到自由的内在之中,因为意志就含有一个事件。意志的事实就是偶然性的出现,也就是某些不该发生的事物偶然发生了。相反,内在于意志的张力会导致对"救赎之路"的追寻,而奥古斯丁就是在爱中找到了这条路,因为"我们只能在爱某人的时候,才过多地强加给他一个事物或一个存在,也就是在证明:'我想你所是'——Amo: volo ut sis[2]"。

然而阿伦特对于哲学意义上的意志概念产生了怀疑。实际上,这种概念建立在思考的人和行动的人对立的基础之上,建立在沉思的生活优于行动的生活,理解力优于意志这种断言的基础之上。哲学家认为,意志的现象被出自哲学经验的思辨的论据所重新掩盖。阿伦特的方法就是避开制造屏蔽的哲学理论化,回到经验本身,分析思辨框架中的反思,后者为了揭示它理解的向度从而嵌入在了这个框架之中。也就是说,拒绝思辨的遮掩,这会导致对意志事实的怀疑,阿伦特强调的是意志现象的显明性。奥古斯丁所发现的意志,首先是对希腊人所不知道的一种经验的发现。这种经验的标记是阿伦特所要研究的。

意志的哲学家产生出一种个人自由的概念,一种不承担偶然性或者人类事务的不确定性的内在的自由。个人被封闭在了其本身之

---

[1] 《精神生活》,第二卷,"意志",第十章,第107页。
[2] 同上,第125页。

中,他是"我-自己",与含糊的"他们"相对立[1],这个"我-自己"完全对其封闭性和自由负责。自由在必然性中,引起了恐惧和庇护。自由的哲学概念不仅区别于政治自由,而且它还构成了危险,因为作为肯定和否定的思维力,意志本身不能产生能力(pouvoir),所以自由导致了一种与力量(puissance)分离的自由。然而政治自由是一种"我-能",而不是"我-想[2]"的特质。自由的哲学概念忍受着它作为意志特质的规定性的痛苦,因为它的场所只能是主体的精神。它的内涵是反政治的,因为人类关系被认为是建立在孤立个人的表象的基础之上的,并且不惜一切代价要保留自由而又不离开世界的意志只能导致压迫,也就是导致一种随心所欲反对其他自由的自由;在制造这种唯一的方式之下,个人与孤独的自由可以在世界上表现出来。这种自由是强者的自由。

这就是为什么,如果奥古斯丁可以去理解意志的现象以及揭示在哲学中掩盖这种经验的东西,那么为了思考政治自由,就应该转向其他的经验,对奠基的时刻产生兴趣。政治自由实际上只存在于被建构的"我们"当中,所有政治群体的神秘方面都存在于它的起源之中,就是在人们"在'我们'的轮廓中[3]"互相看见的那一刻。政治自由的本质在于奠基行为的神秘之中,这种本质应该摆脱它的经验。然而具体来说,政治自由不是主体的能力。

奠基的奥秘,也就是这种促使奠基者去求助于传说的"非知识的死路"是由自由之爱引导的,这条死路也包括了新事物的解放和开端。我们可以重新发现意志的两个向度,即它肯定与否定的能力

---

[1] 《精神生活》,第二卷,"意志",第十章,第225页。
[2] 同上,第229页。
[3] 同上,第231页。

和它行动的方向。奠基的行为也能够体会一致的存在,即作为以内在张力为特征的思维力。由于一种新的时间秩序的建立,奠基提出了人在过去与未来之间位置的问题。意志成为了自发性的基点,它是一种间断的能力或者是中断的能力。在与神创的类比中,应该超越作为肯定与否定能力的规定性,并将意志视为一种新的能力。

政治自由是古希腊罗马一种很重要的经验,在这个意义上,它先于基督教所创造的内在和私人的自由。但是这种犹太基督教的创造提供了最好的工具去思考新开端的出现。为了思考政治自由,应该倾听政治空间的希腊经验,罗马奠基的经验,基督教创造的经验。作为罗马人和基督徒,奥古斯丁有机会进行这样的倾听,因为他想要走出由意志力和自由概念所开凿的死路。当奥古斯丁承认意志是一种经验显明性的时候,他就拯救了自由。然而,他也是作为肯定与否定力的意志的创造者;他好像也想参与到自由与自由意志的混乱当中去。所以我们在他身上也就找不到一种政治的自由概念。

然而《上帝之城》将人定义为了开端的力量。当阿伦特思考行动的时候,她所参考的是奥古斯丁的这句话:"为了在开端之前,什么都不存在,人被创造了[1]。"人是开端的原则。在阿伦特的诠释中,人被定义为"诞生的[2]"人而不是必然死亡的人,这是因为在人之中有作为开端力量的自由。人是开端(initium),他是即将到来的新开端的开端。阿伦特在奥古斯丁的思想中找到了没有被奠基哲学所挖掘的因素。作为现象,意志不是因其本身而否定政治自由的。但是,最终应该摆脱一种能力(facultés)的思想,为了思考人的条件,也要拒绝将人定义为一种自然。这是阿伦特使过去为自己所用的方

---

[1] 奥古斯丁,《上帝之城》(*La cité de Dieu*), Paris, Seuil, 2004, XII, 20。
[2] 《精神生活》,前揭,第 131 页。

式;条件的概念实际上构成了其现象学的核心。

在这个视角下,阿伦特同样关注奥古斯丁思想中的另一个核心理念,即两个城(cité)的区别。奥古斯丁在混杂的事实中区分了两个城[1],依据的就是它们的目的,即善的爱或恶的爱。为了思考政治,阿伦特将这种区分作为一种因素,并将其作为一个模型来运用。正如玛丽亚姆·勒沃·达洛纳(Myriam Revault d'Allonnes)所写的:"两个城的提出,首先可以解读成一种思想的模型……严格上区分上帝之城和政治社会,使得上帝之城永远不可能实现于尘世;相反,这种区分表明了,即使两个城纠缠不清地混在一起,它们的目的不会被混淆。人类事务的视野不是人类事业末世论的视野。[2]"阿伦特对奥古斯丁的思想进行了调整。实际上,奥古斯丁将善的爱所定义的上帝之城,与恶的爱定义的魔鬼之城对立起来。任何情况下,政治社会都是与善的爱直接联系起来的;作为政治的社会,对这样的目的对立,它们显得漠不关心。对此,阿伦特用作为政治奠基的爱即世界之爱取代了这种漠不关心。目的和世界之爱由此就对立了起来,而只有后者才能保证政治空间的自主性。对于奥古斯丁,政治社会不关心尘世和天城的区别,所以政治社会也就形成了"空地"(place vide),阿伦特就将世界之爱填补到这片空地中。

阿伦特在《论革命》中论述了这个区别,具体就是在"社会问题[3]"

---

[1] 见吉尔松(Etienne GILSON),《上帝之城的诸变形》(*Les Métamorphoses de la Cité de Dieu*), Louvain, Publications universitaires de Louvain-Paris, Vrin, 1952, Chapitre 2, « La Cité de Dieu »,第37—74页。

[2] Myriam REVAULT d'ALLONNES,《政治的衰弱:公共地的谱系学》(*Le Dépérissement de la politique. Généalogie d'un lieu commun*), Paris, Aubier, 1999,第183页。

[3] 阿伦特,《论革命》,第二章"社会问题"(*Essai sur la Révolution*, chapitre 2, « la question sociale »), Paris, Gallimard, 1967,第104—165页。

这一章。她认为法国大革命根本上是对穷苦人的解放,这种附属的解放是紧接着对暴君枷锁的解放而进行的。在这种框架下,人民代表们应该特别努力地让自己对这个他们所接触不到的社会情况变得敏感起来,所以解放伴随着一种道德动力,即对于弱者的一种怜悯的热情。这就是为什么法国大革命不再是一场真正的政治运动,因为消除人们之间距离的同情,不是政治品德。

阿伦特认为,雅各宾派的政治原则与卢梭的公意理论实际上是对等的,它一方面假设公意是单一的,是个人的,另一方面"在不同观点的意志之间,没有回旋的余地[1]"。也就是说,当从"共和国"向"人民"的通道意味着对政治体的保证不是在制度而是在人民的意志中时,标志人的多样性的人与人之间的距离就被抹杀了。只有在冲突中才有"政治",其余的都是"社会"。为了有一种政治,就要有一个敌人,这个敌人,我们在"每一个公民中,也就是在他们个人的意志和自私的利益中[2]"可以找到。这就是为什么卢梭认为,"为了参与到国家的政治体中,每一个公民都应该进行暴动,保持永久自我叛乱的状态[3]"。我们也可以理解"革命者的自我遗忘",因为"对一种政治的价值判断取决于它在多大程度上反对全部的个人利益"以及"一个人的价值,是由他在多大程度上反对他本人的利益和意志来估量的[4]"。

政治思想仿照了主体内在的建构思想,而且仁慈被认为是我们所能够具有的怜悯感。然而,阿伦特认为,不管是绝对的仁慈还是绝对的道德,它们在争执中都没有位置,而且她还指出将政治扎根于自

---

[1] 阿伦特,《论革命》,第二章"社会问题",前揭,第108页。
[2] 同上,第110页。
[3] 同上,第112页。
[4] 同上。

然是危险的。政治行动不应该参照绝对的道德,同样,任何建立在这样绝对假设之上的政治理论都注定走向失败或暴力。在某种意义上道德是恶的场所(正如恶内在于政治之中一样),道德也会被试图与善的原则相符的尝试摧毁,所以政治不能与道德分离。政治的"应然"(devoir-être)从不应该向道德"应然"的推动妥协。因为政治应该保持人性的一面:"法是为人而制定的,不是为天使或魔鬼制定的。[1]"实际上,内在于暴力的绝对仁慈妨碍了政治,因为怜悯是没有言辞的。

我们可以理解怜悯的力量和它的破坏性特征。怜悯(pitié)起初是同情(compassion),这是在与他人感受同样的痛苦时一种绝对的仁慈,这种仁慈被引向人的特殊性,但是与此同时,它消除了人与人之间的距离,也就是人类事务领域建构性的距离;在否定这种距离的同时,仁慈就否定了人类事务的领域。实际上,政治领域的独特性在于,它不先于占据该领域空间的活动存在,它由这些活动构成,所以不产生这种多样性的内在不同的行为,是对整个领域的否定。实际上,怜悯是同情的一种堕落形式,因为它使遭受痛苦的人失去个性,并且把受苦的人泛化为一种一般的理念;怜悯将暴力的潜质加进了同情,并且一般化不幸和穷苦境况的同时,它在政治空间泛滥起来,因为一般化意味着不言自明,正如我们在革命的语境下使用"人民"这个非政治概念一样。正如被歪曲的同情,怜悯是一种情感而不是行动的原则,所以在这种意义上,它区别于"相互关联,团结一致"(solidarité),因为怜悯必然会有不幸的出现:"它具有在不幸的人群中活动的利益,也渴望在脆弱的人中间掌握权力[2]";但是,与同情不同,怜悯不再会考虑个体,并且引起了"在面对现实时,由感情所

---

[1] 阿伦特,《论革命》,第二章"社会问题",前揭,第120页。
[2] 同上,第127页。

体现出的冷漠",这就导致了"恐怖"(Terreur)。实际上政治问题只是社会问题,也就是说人民的悲惨是严重的、前政治的,好像只有暴力才能结束以上问题。阿伦特的批判在于,把人民代表成单一体是危险的,而且将政治行动建立于特质或人的本性之上也是危险的,最糟糕的是将其建立在"多愁善感"(sentimentalité)之上:"除了在公意形成所起到的功能之外,卢梭分裂的真理就是,只有当心脏被击碎或撕碎时,它才开始原本的跳动,但是这样的真理在灵魂以外的人类事务领域占不到优势";罗伯斯庇尔将灵魂的冲突搬到了政治中,这些"难以解决的冲突致人死命[1]"。

阿伦特将两个城邦的区别转换位置,可以回答由依靠于意志的自由所提出的一部分问题:为了政治空间的建构,她开始转化一定数量的条件(至少是消极的条件);这就本质地涉及政治关系以及人的多样性关系,与个人、其特质或其本性内在力量或张力之间的区别。因为能够思考政治的素材不能在个体或个人的思想中寻找,它们是人类特殊的表现或代表,而应该在空间的思想中去寻找,这个空间存在于能够进行集体行动的诸多个人之间。

应该重新掌握这种神秘、神奇的出现。奥古斯丁开启了一种人的思想,一种作为诞生生命(être naissanciel)的人的思想,他将爱看作是意志救赎的最高方式。然而在奥古斯丁对于现象性中的意志的兴趣中,如果阿伦特可以为自由的思想找到恰当的基点,她也会在奥古斯丁爱的思想和开端的思想中,发现对于行动思想而言的现象性因素。

在《奥古斯丁的爱的概念》[2]中,阿伦特回顾了奥古斯丁关于

---

[1] 阿伦特,《论革命》,第二章"社会问题",前揭,第 139 页。
[2] 阿伦特,《奥古斯丁的爱的概念》(*Le concept de l'amour chez Augustin*), Paris, Payot&Rivage, 1999。

创造物与不是其同类的事物建立联系的三种方式：与造物者，就是与创造物的第一起源的联系；与永恒的宇宙，就是与最高秩序的联系；与世界，就是与创造物所栖息的地方并给予创造物时间方向的事物的联系。作为上帝所创造的世界，世界可以成为"人的家园[1]"，这样事物通过我们的意志而偶然发生在世界上，而我们则是被世界之爱所推动的。人可以选择去拷问世界以外的事情：死亡的功能就是可能让人们发现生活的无意义[2]。人的生活处于作为开端原则的诞生与作为对世界进行拷问甚至走出世界原则的死亡之间。相对于死亡，阿伦特强调了诞生的价值，因为诞生构成了栖息于世界的原则，也就是尘世（mondanité）。奥古斯丁重点区别了上帝的爱与世界的爱，并且他认为上帝的爱是最真实的，这种爱促成了一种孤独的、建立在仁慈基础上的生活。但是我们也可以活在世界的爱之中，而不用根据贪婪与欲望把这种生活贬低为一种生活原则。阿伦特就是选择了世界的爱，并且让其发生在行动之中。阿伦特通过作为政治空间基础的世界的爱 amor mundi，解答了奥古斯丁关于自我启示的疑难。

必须要注意"行动生活"（vita activa），也就是注意人类活动的多样性。搬开阻止我们去思考活动本身的哲学屏障，就是要走出沉思生活（vita contemplativa）和行动生活的两分法，并且质疑从传统上来讲的前者对后者的优越性。说到底是要将"我是什么？"的问题与"我是谁？"相对立。也就是说，要将人类本性的问题思考成人类存在条件的问题。这样来看，奥古斯丁在重新覆盖思辨经验的同时，允许自然通向条件。所以，阿伦特认为，奥古斯丁是第一个提出"人类

---

[1] 阿伦特，《奥古斯丁的爱的概念》（Le concept de l'amour chez Augustin），Paris, Payot&Rivage, 1999, 第89页。

[2] 同上，第101页。

学疑问"的人。他区分了两个根本问题：人向他自己所提出的"我是谁？"的问题，以及人向上帝提出的"我是什么？"的问题。所以，"对于我来说，我是一个被制造出的问题"(quaestio mihi factus sum)，是"在上帝面前所提出的问题"。"对'我是谁？'这个问题的回答"，简单地就是"你是一个人，无论人的定义是什么"；"对'我是什么'这个问题的回答只能交给创造人的上帝。人本性的问题比上帝本性的问题，还要更具有神学性。它们只能在神的启示的框架中，互相被解决[1]"。这就要接受人对自己提出问题的方式，因为思想能够将人的目光运用到人身上，而不能将对上帝的目光运用到人身上，因为这样的哲学方法只会使人疏远自己。

对此应该抛弃本性的问题，而提出条件的问题。奥古斯丁允许(autorise)这样的转变。因为"你是人"的回答展开了特殊启示多样性的可能性，这样的理所应当与神的理所应当很不一样。特殊其实表现在行动中，也表现在人的尘世存在中。奥古斯丁提供了去除由职业思想者的哲学思辨所构成的思考障碍的可能性。

阿伦特的方法就在于进行从创造物到人的转变。如果奥古斯丁将人定义为创造物，那么就可以对两种根本问题的各自内容进行区分。阿伦特就是直接地关注作为人生存条件的诞生性，它区别于作为表述创造物本性地点的尘世之外的起源。然而是行动把我们与诞生性的人的条件对应起来。人通过行动和语言进入这个人的世界。人被放入了这个世界，并且这种放入是"第二次诞生"，由此"我们可以确认和承担我们物理起源的大致事实(le fait brut)[2]"。由于阿伦特选择了世界的爱，所以当奥古斯丁的观点遭到颠覆时，奥古斯丁

---

[1]《精神生活》，前揭，脚注1，第45页。
[2] 同上，第233页。

的思想就在它与根本条件的对应之中被用来理解作为现象的行动了。《上帝之城》里说,"为了在开端之前,什么都不存在,人被创造了",人以开端的力量为特征。他要求在行动与语言中被现实化。因为确切地说,人是与别人一起,而不是支持或反对别人,所以启示是冒风险的。这就是为什么,阿伦特认为,仁慈的人,完美作品的作者只是为了别人而存在的,他自己是孤独的,在世界上遇不到启示的危险。阿伦特将行动与仁慈对立起来;在公共领域中,她将深入公共领域与独处对立起来。在奥古斯丁那里,上帝所认为的生活是在世界中处于危险的生活,它只能让人去面对它;而阿伦特则选择在世界中承担责任。奥古斯丁认为,从记忆一开始,作为特别起源的记忆成了在世界中诞生的记忆;阿伦特将希腊城邦定义为一种"被安排好了的记忆[1]",因为通过对英雄行为的记忆,特别是对其建立者的记忆,希腊城邦达到了一种不朽的形式。

在世界中失去自我和在逃避中失去世界的冲突被忘却了,这有利于在世界中根据世界而进行的生活。在奥古斯丁所做出的选择中,阿伦特截取了世界、人的人性部分,而没有选取创造物。《人的条件》就是通过作为人的生活条件的诞生性的转化,而呈现出对奥古斯丁的世界与开端概念的重新使用。

阿伦特是一名思考"诞生性"的思想家。奥古斯丁在某种意义上也是,但是只有阿伦特可以重新使用、重新转化奥古斯丁的概念,使得诞生成为一种政治概念:这个政治概念在新领域中表现了它的意义,在新的领域它是名副其实的奠基者。在诞生的概念中,也出现了对两个城邦的区分,就是在此,阿伦特对于奥古斯丁这种区分的诠释获得了它的力量和丰富性。因为城邦最终会被全部占据,也就是被栖居。

---

[1] 《精神生活》,前揭,脚注1,第257页。

对于奠基的行为,这是不可能解释的,因为它超越了人类理解的界限,但是通过与诞生进行类比,它有可能被理解。奠基是卓越的政治行为,因为它是卓越的自由行为,而且这种自由的政治意义摆脱了诞生性的理念。所以奠基是一种最具"诞生性的"行为,因为在这其中,人显得像一个"诞生的"人,而不再是一个垂死的人。实际上,在奠基中,人完美地更新了作为他在世界中与他在他人中根本条件的诞生性。

一方面,奥古斯丁的概念被用来解决由他自身内在性哲学所提出的问题。通过诞生,"内在"于意志中的人,在他的个体中被删除了,而成为一个"外在"的人,在人的多样性中,这表现在行动出现的向度中。在这种意义上,对于政治空间基础的研究可以让我们深入对于人生命的条件和对人性可能性条件的拷问。另一方面,如果意志的困境被部分地解决了的话,行动还是保留了它的神秘或者是它令人迷惑的特点:意志在这种能进行开端的绝对能力中保持着,而这种能力也是诞生的奥秘所在。

康德与多样性的条件

将人考虑成诞生的人,这就与内在人(l'homme intérieur)的哲学进行了对立,这样的思考方式可以不完全地通过朝世界开放走出意志的死路。但是人处于其中的人的多样性,不是一种一成不变死板的多样性,它通过行动本身的多重性而自我更新。这样来看,多样性与诞生性一样,是一种条件,它要求被显露出来。这时一个疑问就被提出了,如果诞生的事件可以掌握作为条件的诞生性,可以思考作为主动性的行动,那么什么因素可以掌握多样性呢?应该记得,意志的死路是内在人的死路,也是单个人(l'homme seul)的死路。另外的一条出路是通过发展另一种能力,即判断,这也是阿伦特在康德哲学中找到的资源。

由分析意志的能力而产生的矛盾,阿伦特想要这样解决:一方面,是她所建构的"自发性的断裂";另一方面,是她所提出的唯我自由的观念。前一个,对于行动和诞生所建立的关系,给出了一个现象学的回答。然而,奥古斯丁无助于思考多样性,而康德在多样性问题上多有建树。阿伦特认为,建立一种奥古斯丁与康德的思想互补的形式,这样就可以不用去"概括"他们的思想从而得到一种结构紧密的"体系"。阿伦特不是要产生出一种"世界观"。

为什么要研究已经是一种能力的判断?因为判断比意志更适合去重新将主题的思想结构与政治领域的存在联系起来,同时这也可以避免将政治领域建立在主体思想结构之上的危险,在法国大革命的意识形态话语中就出现了这样的情况。

阿伦特没有时间写《精神生活》的第三卷,这一卷应该是关于判断的。但是她留给我们她称之为康德"政治哲学"的13次讲座。作为构成沉思生活(vita comtemplativa)的某个方面的判断,为什么在政治领域的分析中它是决定性的?从对疑问的品味(goût)出发,阿伦特将判断理解为政治能力:这种政治判断与对品味判断的相似性使得对于政治领域和道德领域的区分有了意义。

判断和意志一下子将我们放入了现象世界的存在之中:对于行动的人,判断是对意志的一种准备阶段。然而,我们可以以另一种眼光看待判断,判断是作为"沉思人"的判断。这种判断不是只有历史学家才具有的科学判断,因为历史不应该是"最终的法官[1]",也就

---

[1] 阿伦特,《判断——康德的政治哲学》(*Juger. Sur la philosophie politique*), Paris, Seuil, 1991,第20页。

是要建立人类行动意义全面性的理性原则。在康德那里,阿伦特找到了将人从全能历史桎梏中解放出来的因素,以及作为自主空间的政治建构的因素。

康德认为,人是群居的(sociable)人,因为人们首先通过他们的精神互相依靠。然而社会人还不是政治人,因为区别于社会秩序的政治空间由于判断才得以出现。同样,政治判断区别于道德判断。实际上,道德提议不能屈服于判断能力的司法权:因为这些提议不是集体制定的,但是它们强加于每一个理性的主体。这就是为什么,康德区分了道德人和好公民。坏人被定义为将自己作为例外的人,并且他无力为自己的行动树立一种与自然普遍法相符合的信条。然而这样的人是被秘密地排除的,但好的公民性不会被排除,因为公共性是政治的本质特征。也就是说,"《实践理性批判》与《判断力批判》最重要的不同在于,当位于第二位的规则的有效性严格地强加于所有人的时候,位于第一位的道德律对于所有理智的人是有意义的[1]"。《判断力批判》的第一部分,将人思考成复数的人;这就是为什么这一部分可以思考政治存在。它基础的概念就是常识(senus communis),即普遍判断可能性的条件。复数的人,在成为行动者之前,他们是观众。说到底,阿伦特在康德思想中研究的是揭示诸多的条件,使得行动可以在这些条件中表现出来,也就是获取一种行动的现象的存在。

启蒙的世纪被康德定义为公共使用理性的世纪:思考能力本身开始依靠于这种能力的公共使用。因为这种可交往性原则也是判断品味的原则。判断成了走出由分析意志所带来死路的可能性,也是

---

[1] 阿伦特,《判断——康德的政治哲学》(*Juger. Sur la philosophie politique*), Paris, Seuil, 1991,第30—31页。

唯我自由的可能性。通过"放宽思想的模式"和"公平"的方法,判断力成了共同体的奠基,在这其中人就可以采纳"别人的观点"。"放宽思想的模式"首先意味着将自己的判断与别人的进行比较,这样可能有的判断就多于实际有的判断。正常的判断活动假设是有一个共同体存在的。建构这种虚拟的共同体,让判断成为可能,并且可以让人"在一个潜在的公共空间中移动[1]",所以这种建构也需要另一种能力,即想象。阿伦特采纳了康德的"世界公民"的观点。

然而世界公民首先不是"世界上的行动者"而是"世界的观众[2]"。法国大革命的伟大就是由观众所赋予的,即使他们没有赋予行动任何信条。政治场的自主性是由判断和狂热的观众的位置所建构起来的。那么什么是判断的规范呢?对于康德来说,这就是进步的理念,但在其调整的使用中,而不是在最终的使用中,这种进步的观念又回到了将判断的活动建立在人性理念的基础之上。

观众的优势在于可以证明美学领域与政治领域之间的类似性的合理:"艺术家真实的独特性(或者行动者真实的新颖性)依赖于一种他能够让不是艺术家(也不是行动者)的人理解的才干。[3]"实际上,观众不能掌控行动,但是可以建构它的空间,因为行动者本身就总是观众。也就是说,如果行动者只是行动者,那么判断的作用就是避免让行动者被孤立起来;确切地说,判断和观众的多样性可以保证行动不会转化为生产(fabrication),也就是不让其转化为一种由一个强人控制的过程。如果与品味判断的类比是有效的话,这就是为什么行动就不是一部完成品。行动是公共的,因为它发生在观众的多

---

[1] 阿伦特,《判断——康德的政治哲学》,前揭,第71页。
[2] 同上,第73页。
[3] 同上,第98页。

样性之中,所以它只能是世俗的,也只有在这种情况之下,它才是一个真正的行动。"具有领会的能力","可沟通性"决定了作为艺术家独创性(originalité)的行动者的"新颖性",也就是从字面上来看,它的新颖进入了世界。我们在理解行动的完全新颖性中、在理解意志目的的神话中向前发展:行为的新颖性,具有其意义,只能由观众在其所进行的判断中被接受。"领会"意味着行使判断,并且想象其他人可能的判断以及重现出和平与自由。

与品味问题的比较,明显地可以显示出判断力的根本特征。判断力可以针对行动或者美,它植根于常识之中,使用常识可以形成赞同或反对的意见。在赞同和反对之间的决定,对于标准来说,可以具有传达性,对于规范来说,可以具有常识[1];因为常识就是我们判断所依据的规范,因为它被所有人分享,所以常识只具有规范的地位。常识反对一切形式的利己主义,也正是因为这样,它是一种社会性的力量。所以这样来看,由分析意志所归纳出的自由概念,就远不是唯我的概念。常识是一种公共感;可产生出来的自由,它的"理性",是与疯癫相对立的,自由是经验的分享,也包括思想经验的分享。而思想经验只有在被其他人分享的时候才是有价值的,这样的一种分享现象,只有在具有公共性的时候,才是有可能的。能让政治成为可能的,就是人们对于"常识"的爱,这种爱没有任何的多愁善感,因为它已经成为一种政治情感。"让我们返回共同体之中[2]"的常识就成了一种政治道德。实际上,快乐的或者不快乐的主体情感升华成了"共同体感":对事实进行判断的人通常是共同体中的成员。因为判断必须要争取到其他人的赞同,在任何情况

---

[1] 阿伦特,《判断——康德的政治哲学》,前揭,第106页。
[2] 同上,第107页。

下都不能强迫这种赞同,所以言语自然地就是政治事物。这就是为什么阿伦特会写道:"没有人,世界将是一片沙漠,而对于康德来说,他坚信的是,没有人的世界,是没有'观众'的世界[1]。"没有观众,也就是没有判断力的情况下,世界是不可居住的,世界是不人性的;但是如果没有行动者,也就是说,出于人是一个人以及人活在同类人的多样性之间这样的考虑,如果行动者不去分享这种共同感,世界也将是空洞的,因为没有人会去看。

这样来看,美国革命比法国大革命更接近于实现政治领域中自主性的条件。美国革命建立在一种与"人民"概念非常不同的概念之上,这种概念就是现实多样性的概念,无限变化的概念,人的多样性概念,政治存在就取决于这种多样性的公共性和对话。康德的判断概念及其政治性的延伸,朝向了政治观点空间的理念,而不再是政治意志空间的理念;然而,正如我们看到的,"在意志之间,正如在不同的观点之间,没有回旋的可能[2]"。观点不是行动,但是通过行使判断,观点就体现为了行动,这样观点就可以让言语得到回应,可以思考行动。观点的判断肯定不是完美的,但是完美在这里不是一种标向;因为我们不是在是非的秩序中,也不是善恶的秩序中。我们也不是在观点和价值的相对主义之中,不是所有的观点内容都是正当的。但是在多样性之中行使判断就来到了政治空间的存在,或者是作为空间的政治之中。这种空间,它的特殊客体性与视角的多样性明确地联系在一起。

如果说奥古斯丁和康德是对阿伦特思想的"补充"(没有他们,

---

[1] 阿伦特,《判断——康德的政治哲学》,前揭,第96页。
[2] 《论革命》,前揭,第108页。

阿伦特构建不出体系），这是因为奥古斯丁可以帮助她思考政治的世俗模式，而康德可以让阿伦特将政治思考成空间。

　　阿伦特对于两种城区分的解释，造成了一种颠覆，使得世俗之城可以不理会绝对的道德，这样的解释就可以理解为阿伦特对于怜悯政治的批判，所以奥古斯丁的两种城的模型首先是具有消极作用的。但是通过这种批判的视角，通过把两城分开，阿伦特也为政治空间自主性的积极标准设定了框架，这些标准可以在康德的思想中找到，也就是多样性、常识以及公共性。在把我们引向创造政治空间的积极条件的时候，阿伦特使用屏障去阻止多种的不正常行为：正如我们所看到的，即建立在道德感情上的理论和政治行动，以及建立在意识形态之上的政治组织。实际上，绝对的道德价值在政治中没有任何地位，就像教条主义是在毒害国家一样，对于最终判断的哲学性渴望只是对于奥古斯丁的天城有价值，而对于"漠不关心"的世俗社会没有意义，这种渴望只对"上帝之子"的社会有价值，而对于多样性的人类社会没有意义。人类社会应该优先共同而多样地行使反思性判断，因为对于这种判断的抛弃就是在假定所有话语的终结，所有观点交换的终结：在这个意义上，对于两种城和康德判断理论的区分就提出了一种政治思想，它可能会阻止不正常的极权行为的发生；分离秩序是一种围栏，也是一种理解的模式。

　　"当我们只用一种视角看世界，当世界只能用一种方式来呈现它自己的时候，我们共同的世界就终结了[1]"：但是允许表达视角的多样性也是假定要从自然走向条件。同时，在阿伦特所提出的解读中，阿伦特将奥古斯丁和康德对于能力的研究延伸至对于活动的研究。特别是她整理了康德的先验主义思想：阿伦特认为，没有主体哲

---

[1]《人的条件》，前揭，第99页。

学,也没有世界客体性的先验建构,她给出的是这种客体性的一种现象建构。

冷静地倾听过去,意味着要突出在哲学思想中从属于理解的事物;这就要更多地关注理解和意义,这与认识和真理不同,因为这样的关注是要创造出一种与经验和现象性的关系,而这样的创造要在思维的生活中进行。当施特劳斯在过去中研究起源的时候,他专注于思想者的意图,从而建立起真理并恢复哲学的名誉;而阿伦特提出了一种作为对应人的存在的根本条件的现象学,为的就是在多样性的意义中掌握人的存在。这样来看,思考思想的过去就是在思考共同世界的实际存在。

第三部分

思考政治

施特劳斯和阿伦特的思路在一定程度上是相似的，即对现代性危机的诊断导致了从我们这个时代出发，对于思想的过去的追溯，并且努力地摆脱传统所预设的框架。然而他们的方案又有明显的不同，施特劳斯想要重新恢复真正的古典哲学的名誉，而阿伦特想要进行的是政治现象学。

尽管对这两位作者的比较可以看成是现代版的古今之争，但是如果将他们的方法理解为对复古的不同尝试，那就错了。实际上，一个是想要用古代的方式表达政治哲学，另一个是要建立一种现代模式的政治现象学。然而，施特劳斯对于政治哲学的重新发现走向了思想的超历史维度，简单来说，这种维度致力于发现它的起源，因为就是从那一刻起它开始存在并且表现它的力量。越是觉得回到开端是不现实的，越是有可能贴近起源。这样就促使理性必须重新思考根本的问题。相反，对于阿伦特来说，哲学是一种特殊的思考模式。哲学不是对一个时代的表达，但是它是思想一种独特的方式，在这里理性开始与哲学的经验相对应。现代性危机要求走出这样的对应，为的是使另外一种对应，即与政治的根本经验的对应成为可能。在这种意义上，现象学方法不仅能够引导我们进入复杂的人类活动意义的秩序中，而且能够进入对过去思想的研究，所以现象学方法也具有时代的合理意义。

这两个人都坚决地置身于我们的现代境况，并且从这样的境况出发进行讨论。他们两个人都不是对过去的事实进行怀念。施特劳斯不是反动分子，阿伦特也不是浪漫主义者。但是他们所要试图思考的永恒形式却不是一样的秩序。说到底，他们各自思考的角度体现了他们方案的根本不同，而这样的根本不同就在于，在思想和现实的关系上，他们的观点具有根本差异。

第七章
从科学到前科学

施特劳斯对历史主义的批判表明历史不是一种论据。实际上，如果历史向我们显示出正义原则的多样性的话，我们就不能将它们的多样性看成是正当的。换言之，在历史中寻找一种原则将使我们忘记自然的理念。历史不能提供普遍的原则或者是为判断提供规范。为了在历史中找到普遍原则而试图朝向它，这只会走向死胡同，也就是消解了判断的标准。

更一般地来说，历史主义如同实证主义一样，通过它们的无力使我们观察到，对于经验科学来说，不可能建立一种恰当的模式去判断政治事物，而这种不可能性是由进步理想的内在矛盾体现出来的。"历史主义的偏见"让我们相信未来就是那个样子的，至于实证主义社会科学，如果它不宣称历史的整体感的存在，它就赋予了行动以一种独特的主体感，这个主体感是由行动人的意图所决定的。如果事实在意图和结果之间的差异让位于未知，那么根据施特劳斯的论述，这种未知就是我们的命运，它决定了我们的理想。

实际上，在施特劳斯看来，历史主义和实证主义不是建立在同一种科学概念的基础上的：对于历史主义来说，一切都依赖于历史，而不是科学；对实证主义而言，科学独立于世界观。这样来看，实证主义就没有历史主义遭受到的那种指责，即有着强烈的内在矛盾。实证主义基本的观点是对客观性的追求，因为它的来源不全都是在历史中。这样的话，它能够为追求非历史原则提供支持吗？施特劳斯的回答是否定的：科学实证主义的概念伴随着对于自然权利理念的拒斥。实际上，如果一般情况下，科学独立于世界观的话，那么社会科学应该承认，它是由当下和利益所引导，这是因为它目的的本性，也就是说，对于当下的理解，其不可能建立最终的整体性原则。事实的主体感取决于价值，而价值对于事实来说，是被主观地赋予的，而且价值是在历史地变化的。社会科学一方面挣脱了它的时代，因为它承认它依赖于关于价值整体的解释；这样的挣脱使得社会科学在面对它自己的预设时具有批判性，这一挣脱也能为社会科学提供计划。然而，社会科学停在半路上了：作为施特劳斯研究对象的韦伯的社会学，没有为了判断社会科学本身的价值，以绝对原则的名义超越诸价值进而对应上文的结论，而是死死地局限在了事实之中。我们看到，在经过批判后，社会学的态度就是严格的描述性的，即选择把价值本身看作事实，而我们又是根据这些价值来进行判断。同样，韦伯所认可存在的"超时间价值"也不能够超越价值。

施特劳斯在这样的方法中看到理性放弃了它本身的能力，因为善的概念的多样性以及这些概念的永恒性都不能够去考察非历史的原则。可以说，理性自我束缚，或是理性挣脱了它自己。也就是说，将实证科学模式应用于政治和社会，无异于宣称在科学话语之外不存在理性的话语，这样就构成了对于理性自主或是其生产力量的否定。施特劳斯就是这样分析"伦理中立"的教条的。

事实上，理性被定义为预言的力量，而社会科学被誉为"现代占星术"。从肯定人的存在具有历史的维度来看，实证主义与历史主义重合在一起。然而，对于施特劳斯来说，显然理性不应该去预言，而是要去规范，因为它唯一的客体就是真理。同样，真理的"价值"

只能是其他价值中的一种。价值的概念是一个低的概念,因为在使用中,它包括了所有同等价值的理念。在施特劳斯的解读中,所有价值都是平等的这一社会学的公设导致了自由民主制度(被定义为社会科学所处在的价值体系)滑向了平均主义。这就是为什么施特劳斯重新发现"所有"的方案也是重现发现政治与道德紧密关系的方案。这样来看,现代社会的概念是一种黑暗的理念:要将道德从属于社会,这就构成了相对化和中立化的力量。在社会中,理想从属于目的,道德的内容被掏空了,最后社会的"绝对命令","你应该有理想",只是一种形式命令。

理想与意识形态或神话有同样的功能,所有的目的都只是理想。思考的现代方式就是这样转化了《独立宣言》原则的地位:理性自身产生了简单的理想。理性让诸事实成为它们所是,而不是去对应它们的原则。当理性不能再扮演批判的角色时,它就被丢到一边成为了神话。然而,施特劳斯认为,可以判断实证权利的标准不应该被简化为一个特定文化下的理想。这样,理性的初级概念也能产生思想的中立化,对于往昔思想的现代目光就是这样伴随着对永恒或非历史的放弃;对于真理的古典式探寻成为了诸多世界观的一种。历史主义所展示出的卑微不仅被颠覆在了它的对立之中,而且还认为对于真理的追求是历史性的。

对于人类现实的理解以及科学方法的局限性,阿伦特同样分析得很清楚。一般来说,科学思想想要统治现实。在《对太空的征服以及人的地位》一文中,阿伦特指出,技术力量不能应用于人的向度中,而且这个问题是世俗的问题而不是科学的。科学理性倾向于将知识的秩序和经验的秩序相分离。这种理性失去了唯一属于人的"世界观",并以"什么都不是的观点"来思考人。人类现实具有和自然同样的地位:它只是其他客体中的一个。这种科学的客体性使我们远离现象性,并且使我们与我们的常识相分离。

或许可以把这种客体化和非现实化的科学进程引向政治现实的纯粹历史的方法中,也就是事件成为了被认为是必要过程的元素或步骤。阿伦特认为,历史不应该是最终的裁判,也就是说,当我们寻找被常识所分离的历史客体性时,理性就显现出它一致性、整体性、与事件差异性的力量;它也能够成为一种预言的力量,并且妨碍理解的态度。找到一个事件的意义就意味着赋予它一种决定的含义,也就是在超越事件的过程中让它拥有它的位置或功能。

这种人的现实的欺骗,在事件层面上由绝对化的历史产生,在行动的层面上发生在社会科学中。将事件的连续读成是一种过程,将行动的连续读成是一种表现,这就使科学大打折扣。一致性只能从抽象化中取得,它只是包含了现象(事件或行动),这可以产生一种决定论的解读并且回应思想的说明性倾向。人的现实被看成是简单的功能。就像思想对应它的一种力量之一而放弃了它所具有的接受性。像施特劳斯一样,阿伦特也批判价值的相对主义:在"社会"中,人根据"价值"和被认为是可互换的价值体系而行动。但是,在反对相对主义的施特劳斯首先想要恢复真理与道德的理性意图时,阿伦特却希望人有能力去感知,而不是当行动被掌握在社会的整体概念中时,去接受已经变得模糊的行动本身的意义。"社会"既不是私人的也不是公共的,通过抽象化,它在每一项活动中囊括了它的功能,它是一种混乱的概念;但是这种混乱的概念在存在之中伴随着领域的模糊化,即这种混乱是涉及人的事物,而不是简单地关于思想家的,同时这种混乱是一种政治事务。对于施特劳斯来说,价值的相对化对思想有着灾难性的后果,危险就来自于社会科学,是思想者带来了这场斗争。对于阿伦特来说,因为问题不仅触及了"专业思想家"的圈子,还在存在本身之中产生了混乱,所以问题才是严重的。实际上,"现代社会无所不在功能化"是"一场真正的转变[1]"。"拯救"不能来自于哲学家,例如宣称人性是由其产生规范的能力所定义的,还不足以对抗理念。要找到方法将感觉引入到只有内涵的地方去,这就是为了让它出现在政治存在之中,同时也要找到与人的生活的根本条件多重对应的可能性。功能的概念将人和他的能力定义为抽象化,人的一致性是抽象化的一致性,一切事物都有一个功能,任何事物都不能没有功能。在找寻满足其一致性需要的过程中,思想时刻提防着多样化的经验。人只能在通过抽象化产生的概念中掌控自己。我们不能在建立另一种对人性的定义中(新的或老的)找到这种境况的出路;实际上,如果问题是政治的,这是因为人没有可能成为某个"谁",而只是简化为一个"什么"。应该开启活动的多样性,也就是与世界的关系,开启经验和事件的新颖性。这是政治的问题,而不是哲学的问题。

在对政治事务的科学方法的批判中,施特劳斯认为有必要对观点进行研究工作,只有这项工作可以保证思想不是抽象的。实际上,在他看来,观点就是思想出发应具有的起点。在政治现实中,没有这种基点形式,思想家的视角就总是有别于公民的视角,然而同时,思想家不能总停留在观点领域,因为他要超越这些观点进而奔向真理。与科学的客观化相反,哲学应该可以进入"一切"领域并保证总是人性的,如果它对于公民观点做出判断而不是随众的,那么它就是人性的。哲学的真理不是反对自然常识。

正如施特劳斯所描述的,哲学现代性没有放弃思考政治现实的要求。但是这种要求是以调解理性与现实为形式的;这就是为什么它促使了人性基本概念的提出。现代的人性概念表达了"思想标准

---

[1]《过去与未来之间》,中译本,第35页,译文有改动。

的衰落"：是理性放弃了它为了适应事实的现实的力量。要想在作为客体的现实和思想之间进行调解，就必须要让理性实现自我分裂；我们可以在所谓的不可超越的漩涡中，也就是专家、思想家与完全同思想家知识相隔绝的公民之间看清这种判断。由现代性产生出的理论知识，不是一种实践的知识，而只是一种技术性的知识。实际上，看到人是这个样子而不是人应该是这个样子的人可以开始一种考量，就是让个人的情感与其利益之间的相互影响尽可能地变得不那么的坏，也就是在某种程度上产生出一种最低程度的恶或者无序。在这样的视角下，将思想家与政治家拉近就变得可以设想了，但是这只能是战略性的或是取决于形势的，这就要求思想者将他最高的理性能力隐藏起来。唯一统一的理性就是利益的理性；人性的理念不是建立在对于理性的分配的基础上的。在最好的情况下，唯一可考虑的共同体是可变动的共同体，所以人性的统一只是机械性的。从理性能力的观点来看，这种调解最后只能产生出非连续性，也就是公民被固定在他们情感的本性之中，思想家被封闭在他们专家的角色中。公民与思想家的分离就是科学家与其客体或者技工与其材料的分离；最后公民不再是主体，哲学家不再是专家。

现代性使得公民和哲学家的形象消失了。然而，在古希腊的概念中，尤其是对亚里士多德观点的使用中，施特劳斯想办法让他们重新出现。这个概念实际上导致了要在公民视角与哲学家视角之间思考连续性。这种参与不是在同一秩序上的，这就是为什么哲学家的生活方式与公民的不一样。也就是在这种意义上，因为哲学家要超越公民的观点，所以哲学家的理性具有批判性而不是技术性。哲学家的态度特别囊括了在观点的存在中，掌握根本问题的自然性，也就是说要观察到公民视角向哲学家视角的开放，但是公民本身并不能发现这一点，哲学家也就不用在没有基点的现实中牵挂永恒。换言之,哲学家是知道其目光的方向与公民的目光无异的人,在同样的方向上他看得更远,所以他知道得也比较准确。

施特劳斯之所以能够摆脱"现代模式",是因为他认定既定的事实是由观点,而不是情感和利益构成。因为,在观点中,即使观点还没有被哲学家的工作所起草,也同样有可能将理性能力的表达读成是绝对的判断,这与现代公民不可能判断诸多价值的价值是相对立的。通过这个角度,哲学家与社会的冲突不能避免,相反,这场冲突的重新出现不是从重新发现显明性开始的,也就是说,公民本身在自然地行使理性中,不是被定义为与其生活的社会和谐相处的;在公民判断的表达中,所是与应是有了差别。

如果哲学家(完人)与社会之间的冲突被重新激发的话,那么相反,理性与它本身就进行了调解;有其"自然的"观点的人(不是被思考的现代特殊模式所束缚的人)与哲学家同属于一种人,这种人被有待实现的人性所定义,而不是被情感利益的共同整体所定义。

那么这些观念的哲学地位是什么?从哲学家的观点来看,观点是理性和偏见的混合体。哲学的转化就包括了批判性的净化,将可以揭示情感或利益的东西放置一边,并且不让产生偏见的东西出现。哲学地进入一般概念,是在能从观点中揭示出观点的事物中开始的。停留在观点层面上的和能够进入或试图进入普遍真理之间的区别是本质的,这种区别不否认判断的自然性,也就是说这是非哲学家与哲学家的不同。

这样的方法可以被描述为是对常识的重新发现。施特劳斯认为,历史主义作为现代模式建立在历史经验绝对化的基础上,不同于历史片面的认识,这样的经验总是打算掌控全部。说到底,施特劳斯认为常识产生于观点之中而不是在经验之中(无论是何种情况下的何种经验)。但是在观点中,有可能重新发现最根本的问题。经验能够显得新颖,但这就像它从来都不是真正的新颖,因为经验所产生的新颖和真理的印象来自于我们对于印象的目光,具体地说就是历史主义的教条。对于哲学思想来说,最好的起点不是经验而是观点。只有观点包含了自然的经验,理性最高能力(哲学家比较特殊地用这些能力处理事务)的基本经验时,观点才是有意义的。哲学不是公民性,然而它也不是"专家们"的事务。实际上,只有在公民与哲学家之间考虑这种自然的共同体才能允许出现"一切"的思想。哲学不是诞生于一种"人工"的决定,换言之,它既不是诞生于特殊客体的确定,也不是它本身力量的限定,它出现在伴随着最基本地运用理性的连续性之中,这样的运用理性不能满足于现实在诸客体之间的分化。我们在观点之中找到的开放,是一种向"一切"开放,向在自然之中对人的本性反思的开放。

在施特劳斯的步骤中,我们可以看到一种对于"前科学"秩序的重新发现。实际上,"在所有的科学表达之前,就有了一种实在的表达;亦即我们在谈到日常经验世界或对于世界的自然理解时心中所具有的那种表达或诸多意义[1]"。由于社会科学不能在常识中找到思想的基点,也就是找到理解(第一位的)与认识(第二位)的紧密关系的存在,所以社会科学忍受着抽象化的痛苦。"一切"不是不加区分的,但是它是没有分化的,也就是每个领域都可以看作是朝"一切"开放的。辨别出由理性所建立的是然(ce qui est)与应然(ce qui doit être)的差别就足够了。

重新建立起与常识的联系,这就回到了"要把握本质上先于科学或哲学的世界[2]",对此,应该找出科学与哲学的起源。因为施特

---

[1] 《自然权利与历史》,中译本,第79页。
[2] 同上,第81页。

劳斯对于现代性的诊断本质上是对共同概念的显明性缺失的诊断，即正义与非正义，善与恶。哲学家的认识不仅包括对于概念的建构，而且包括对自然经验的延伸工作，这就要承担和说出经验的真理。思想的前科学和前哲学基点向我们展示了事实与价值的现代性区别不是自然的，也就是说，它对于公民来说是陌生的。应该首要地承认事实与价值之间的不可分离性，进而承认哲学理性的自然性。在苏格拉底那里，施特劳斯找到了这种由常识担负起来的关系，因为苏格拉底不将第一事物本身和对我们来说的第一事物分离。二元论和抽象化是次要的或者是衍生的建构。"一切"不是同质的，但它是一个一切：在观点和哲学之间没有断裂。

这就是为什么，为了走出现代思想的死胡同，就要重新找到哲学的起源，也就是在这个意义上，我们应该理解施特劳斯所呼吁的中心偏移。实际上，"只有在当下的事物停止成为参考中心的时候，政治科学的和哲学的方法才能够出现[1]。"偏移中心就意味着摆脱由当下的思想状态所定义的目光。不去在历史中寻找原则，因为作为绝对化的经验，历史是一种纯粹的反常识的建构，不要在进步概念的指导下解读政治事物，进步的概念根本不是什么共同的概念。如此的中心偏移最后可能的出路就是虚无主义，我们现在可以将虚无主义定义为一种对显明性的毁坏。

处于当下之中，就要在被分析过的当下之中寻找一种标准，也就是说要将当下放置于决定主义的视角中思考，所以这样的态度带来的是一种推测，而不是一种认识，这种认识被定义为对参照人性所形成的应然的理性反思。现在与过去"中立"的理念只是一种教条的表达，一种思考方式的表达。据此，政治事物应该通过完全的道德视

[1]《什么是政治哲学?》，前揭，第21页。

角的抽象化来理解。现代思想也可以说成是时代的囚徒,它只能够提出固定的交替,只能在未来本身与重建过去之间选择,在进步主义与保守主义之间选择。它强迫所做出的选择是感性的、非理性的,而不是由理性所引导的。选择只能出现在理想之中。如果忘记起源就是封闭在时间里,那么相反,重新发现起源就可以进入非历史性。在现代性中,哲学家的角色首先是要让别人看到呈现出来的发现(存在的历史性的发现),这个发现实际上只是一种遗忘(对思想起源的遗忘)。如果某种廉价满足的理念,仅仅是根据历史是存在的真理的话,那么哲学家就是一个令人厌恶的角色,因为事实上,现实或过去的理想足以去行动,历史也足以去行动。另外,整体来说,现代方案不是不生产的。但是,以生产之名(现代社会)评判现代方案,就回到了使理性变为工具理性或制造理性的过程。这种理性的概念,就是施特劳斯所批判的,就是他在制度角色的现代理论中所识别的:我们完全可以自历史有了决定权的那一刻起,期待着制度的政治的善。

这就是为什么被封闭在时代中的现代性,只能产生一种感性关系,甚至是与事件的一种病态关系。希望与失望是现代模式与时代的关系,因为一切都在被历史等待着。

我们在阿伦特那里也找到了一种为已经失落的常识恢复名誉的形式。但是,常识并不是要判断善恶的自然性。常识更确切地说是让我们与世界相连的事物,并表现出我们经验的多样性。由科学理性所产生出的"经验"只不过是伪经验,因为它们只是理性化模式的结果,这些结果构成了一个与现实相分离的严密的客体,说到底,这些结果只是想要建立和保证理性及其控制力以及客观化力量的统一。由科学产生出的现实不是我们所创造的世界。当施特劳斯注意到观点的时候,他将他的目光转向至关重要的经验,即绝对判断的经验。阿伦特关于常识的思想更多的是让理性注意其他事物,而不是它本身,也就是多注意世界。在这种意义上,所有的政治事件为所有人提供了思考人类共同体的根本经验的机会,这也就是世界的经验,而不是理性的经验。这两个作者都注意到了现代遗忘,但是施特劳斯关注的是问题,而阿伦特关注的是经验;遗忘属于人类存在的经验向度。

这就是为什么在阿伦特那里,不是要寻找科学思想的前科学基点,而是要将思想确定在前科学的层面上,对于这一角度的理解区别于认识;这种理解就是要在思想的变化中承认与世界的关系,而这个世界就发生在多样的经验中。通过领会,思想的人不能使视角延长,而是使经验延长。不是要否认道德判断的自然性,而是因为这种判断的类型只是诸多经验中的一种,所以要选择延长这种视角,就回到了进行一种与理性本身相对应的选择。这就像在经验的多样性之中,我们做出哲学经验的选择。同样,人只与自己,而不是与世界打交道。然而现代危机命令我们思考的是政治而不是哲学。在《对太空的征服以及人的地位》一文中,阿伦特指出了作为生活、人、科学或认识的前科学基点,这种观点接近于施特劳斯所重新发现的共同概念。但是,当施特劳斯读出了其中的前科学规范化的时候,阿伦特更愿意理解其中世界的经验。对于施特劳斯而言,现代科学概念对启发我们是无力的,因为它们只是描述性的;而对于阿伦特来说,它们本身与不现实的力量产生出了一种让人无法理解的现实。

阿伦特认为,现时代的病态不是来自于对思想起源的遗忘,而是来自于无法感受到一种新事物,也就是无法将人思考成一种开端的力量。而且,教育危机本质上所呈现的就是"新事物的病态":成年人压倒孩子,就是为了向后者灌输他们自己的激情。这种病态不是别的,就是一种对乌托邦的爱恋,因为"人们试图把新事物当成一个既成事实造出来,仿佛新东西已经在那里[1]"。因此,是开端的力量被压制了,以有利于对新事物控制的尝试。当我们将现世的处境抽象化时,新事物的病态由此显现:为下一代准备的世界不应该是制造一种新事物不能再产生的世界。新事物的病态不是真正人性的,这不是因为人过于感性而不理性,而是因为人不能开始与他存在的根本条件相一致。然而,对新事物病态的关注在于对过去的关注:对于理论来说,这二者与过度的爱相联系,因为理论可能会提供一个我们认为可行的内容,但却是通过远离经验的理性的方法。新事物呈现出一片有待填充的空白,它也呈现出一种到期的状态,伴随它的是过去理想的成分。如果教育"应该是保守的",那么这就是要为了与永恒、世界的持续和开始的能力相一致,也就是与作为两个根本条件的"在世存在"和诞生性相一致。

同样,保守主义与进步主义的政治交替来源于对于经验多样性和事件新颖性的视而不见。实际上,每一种选择都是建立在对于作为过程的历史解读的基础上,它可以是进步的秩序,也可以是堕落的秩序。至于权威和自由的经验,这种信仰创造出了混乱,这样人们就找不出极权主义根本的新特征,即它的事件的特征。因为自由主义者在自由的专制束缚与极权的自发性破坏之间找不到任何区别,而保守主义者只是将权威的衰弱看成是对自由破坏的原因,被关注的病态实际上是恢复的病态,或者是自由、权威的病态。面对最终被孕育出的过程,即历史,唯一可以考虑的反应就是用暴力推翻过程。阿伦特认为,特别是在这种背景下,刻不容缓地是要搞清楚权威的概念并且将其与根本的经验相对应,也就是找出能够揭示理解常识的东

---

[1]《过去与未来之间》,中译本,第166页。

西。这就是罗马的权威制度与概念的意义所在：所说的经验就是过去呈现在当下的经验。但是这并不是过去本身，权威的自然语言恰恰道出了政治自由的经验的权威，也就是奠基。在共同的存在中，权威的力量可以使人具有真实政治经验的可能性。权威就是开端的权威；相反，自由和保守概念对于政治来说，有它们必要的观点。

施特劳斯认为，传统是能够产生出屏蔽的东西，它可以追溯过去，清楚地掌握起源；真实的原则应该在这个起源中找到，而在历史中想要寻找具体的一般概念则是虚幻的。对于一些在其他"理念"或"价值"中迷失的"理念"或"价值"，要赋予它们原则的地位。因此要在《独立宣言》中重新审视对于自然权利的说明，而不是简单地把它看成是其他理想中的一个理想，也就是说要将思想还于理性，要将文化还于文明。

如果历史不能提供原则和规范，也不能提供标准，那么就应该求助于一种不会降低为经验科学合理性的理性。建立于领会了作者意图的另一种历史，应该取代哲学的历史主义的历史，后者意味着在背景之下确定与解释一种思想。同样，如果这个思想是真正的思想，那么可能性依然存在，也就是说只有这样一种思想的历史才可能发现真正哲学的东西，即道德与真理的意图，借此哲学可以在公民的常识中得到延伸。所以要全力地对是非、善恶加以区分。通过最终放弃进行这些区分，历史主义就成了历史最后的词语，轻视起源力量的历史，也就是轻视不放弃常识的理性的历史。

阿伦特对于经验在其多样性中的关注使得她在许多地方都与施特劳斯对于政治的历史的关注相吻合。因为她自己就可以建立事实的真理，而不用认可思想的可能性，所以实际上她建构了一个必要的工具。是事实要在理解的过程中被尊重，而这样的理解就是要将经验的意义展现出来。事实不是被思考成遮掩权利或真理秩序的东西，也不是可能时刻都被活着的事物所绝对化的东西。在连续性中，历史空间是呈现现实变化、断裂、非连续性的地方。作为意义无限转化的思想，它不能揭示被事实所分开的理性范围，因为事实也总是经验。阿伦特拒绝对于现实的二元论解读，这种现实她在哲学与科学中都可以很好地辨别。这种对于启动理解过程的要求，不是来自于在现实不一致性或矛盾面前的失望，这种要求是要建立来自于纯粹理性的统一原则。这种要求是新事物的要求，新事物本身就要求被思考。

仅仅是历史不能产生事件的真理，也不能产生历史的科学，因为事件只能具有其所关注的意义，也因为科学解释的视角在思考原因总和的结果时，只能降低层次；历史也不能产生历史哲学，因为在历史哲学中，理性在论证的步骤中，试图以另一种方式涵盖现实。阿伦特最后是要远离涉及事件的真理命令，也就是远离政治存在。施特劳斯认为作为唯一原则的真理意图有能力引导理性，但是他的视角不是二元论的，相反，在承认常识和哲学理性之间的连续性的情况下，思想可以重新找回它的力量。但是，就像现实的统一就是理性的统一一样，两个历史时代的差异就体现了在这两个时代中，我们哲学思考方式的差异。这样一种理性步骤必然建构不出一种无法理解常识的客体；但是如果理性必须是易于接受的，那么只能接受观点和已经能够开始运行的事物，也就是它只能被它自己所接受。真理要试图说明的真理可能就只是它本身的真理。在这样的框架中，经验的新颖性只是一种表象，这就是为什么施特劳斯可以将历史经验说成是"骗人的"。对于阿伦特来说，没有任何真理可以被说成是骗人的；但是，为了思考经验，有必要将其与可能的经验的多样性相联系。一个不能与其本身相一致的真理将无法产生经验，因为思想应该被经验所接受。这就是为什么,在政治思想的运用中,唯一的真理是事实的真理,领会不能以真理为目标,不能将与其定义相矛盾的事物作为目标;剩下的就是感觉的问题了。所以,如果对谎言的理解是被禁止的,那么犯错误就是危险的。新事物的智慧不属于科学也不属于哲学。它只是以建立真理为目标的认识的步骤,但是这个理解的步骤是致力于让意义涌现出来。

显然,历史视角被这两位作者批判有着不同的原因:对于施特劳斯来说,他要显示出权利永久性的存在,存在是理性的存在;而对阿伦特而言,要让对新颖性,即对现实新颖性的领会变成可能。必须远离传统的决定性:施特劳斯认为,它屏蔽了起源;阿伦特认为,在思想中,传统阻碍了理解多样的经验的反响。

第八章
思想作为一种质疑的力量

施特劳斯认为,当宣称思想本质上是依赖于它所处的时代时,历史主义就是错误的。但是看起来只有历史主义避开了施特劳斯的判断,因为与古典哲学不同,施特劳斯具体地描述了它对所处时代的依赖性。我们可以理解从一开始就是矛盾的理性。一方面,在施特劳斯看来,一旦思想从根本上宣称思想无力成为非历史性的,那么这种思想只能是历史性的,因为思想的起源,在任何情况下,都不能以拒绝或否认思想为特征。在道德判断的自然显明性中,在建立区分对错、正义与非正义、善恶标准的能力中,一种能力或一种力量应该被体会出来。另一方面,历史主义建立在对偶然或意外经验的绝对化基础之上。所以重要的是要学会区分依靠任意经验的思想和依靠于观点的思想。这就是为什么施特劳斯说历史主义所诞生于的"历史情形","不仅是历史主义洞见的条件,而且是源泉[1]";另外他又具体说道:"'条件'和'源泉'的分别,与亚里士多德《形而上学》第一卷中哲学的'历史'同历史主义的'历史'的区别是相一致的。[2]"观点或教义的历史是思想必不可少的时刻,因为这些观点或教条体

---

[1] 《自然权利与历史》,中译本,第29页。
[2] 同上。

现了常识的自然经验的显明性和哲学转化的联系。创造观点或教义的历史,就是把它们开放向"全部",这一步骤是亚里士多德思想的条件,因为存在的观点被认为是一种对陈述真理的尝试。相反,历史主义的历史,是一种整个思想的历史性论题的后果,这种历史拒绝观点所具有的意图,因为历史主义的历史被认为是历史情形的结果。这样的角度就否认了哲学思想的运动,而且不会认真注意到它所具有的根本意图。它因此也就不能认识到在古典哲学中所揭示出的人性思想。

因为绝对化的经验是历史经验,所以它是思想的源泉,而不仅仅是它的条件。这样的经验,没有任何自然性,选择了这样一种原则就是阻止思想成为对事物自然性的一种认识。

在对古典哲学的阅读中,施特劳斯真正地颠覆了历史主义,因为历史主义认为亚里士多德思想是一种谬误,所以施特劳斯在运用非历史观点的情况下,他将历史主义和其他现代思想模式(比如对国家与社会的区分)看成是一些观点。他赋予这些思想模式以观点的地位。同样,相对于我们的现代境况,他将所有的东西都偏移了中心,但并不是边缘化它们,因为回归到被忘记的文本之中可以真正地以一个正确的视角来看待现代性,但是前提条件是,要仔细地阅读这些文本,也就是承认真理的意图,因为真理能够赋予它们意义,并且去思考在这些文本中可能成为认识的秩序的东西。换言之,就是在其根本意图的引导下,去诠释它们。

对于阿伦特来说,她也认为一些现代思考模式决定了思想史的类型,而且应该走出这种类型。社会整合概念和与之相随的价值相对主义致使我们认为,思想本质上是具有价值创造性的,所以这样的解读就使思想沦为了功能。功能主义将理论理解成可互换的因素,这些因素满足了永恒的需求。说到底,对于施特劳斯,同样对于阿伦特来说，现代性视角将思想沦为了世界观。这种世界观，施特劳斯认为是谬误，阿伦特认为是虚拟（fiction）。这两个人都认为思想不能被贬低，因为在施特劳斯那里，思想被贬低意味着价值的平等化，然而为了区分对错，应该区分诸多方案的性质。对于阿伦特而言，因为在思想的多样化中，贬低思想就意味着将思想看成是对同一理论接连不断的回应；然而，在历史的每一时刻中，经验都要被思考，而且在整个经验的思想中，经验也都是被思考的，这就要不断揭示思想与经验的关系。

阿伦特在经验痕迹的哲学理论中就是这样研究的。通过传统这一中介，阿伦特认为，马克思使政治共同体的古希腊经验与哲学家的经验对应起来。同样，她也揭示了马克思对概念的使用和他所处时代经验之间存在的不协调。她对于理论的解读是一种现象学式的解读，她将此作为对经验重新发现不可或缺的一部分。

在历史进程中思想事实的多样性面前，施特劳斯反历史主义，并且强调思想中永恒的东西。这就涉及了根本问题，主要是好生活的本性问题和最佳制度的本性问题。让我们再回顾一下他在《自然权利与历史》中所写的："历史远没有证明历史主义的推论的合法性，毋宁说它倒是证明了，一切的人类思想，而且当然地，一切的哲学思想所关切的都是相同的根本主题或者说是相同的根本问题，因此在人类知识就其事实与原则两方面所发生的一切变化中，都潜藏着某种不变的结构。这一论点显然与以下的事实并不冲突，那就是，认识到这些问题的清晰程度、处理它们的方式、提出来的解决办法都或多或少地因不同的思想家而异，因不同的时代而异。倘若在一切的历史变迁之中，那些根本的问题保持不变，那么人类思想就有可能超越其历史局限或把握到某种超历史的东西。即使力图解决这些问题的一切努力都注定要失败,而且它们之注定失败是由于'一切'人类思想都具有的'历史性',情况仍然会是这样的。[1]"理论的多样性通过时间掩盖了问题的同一性,即理性是永恒的场所,而正是由此人性才超越了历史。为了领会这种永恒,必须重新回溯到对问题的解决办法。但是,通过这种回归的效果,非历史性问题的出现应该给出区分不同解决办法的方法,因为理性要求所有解决办法之间不应该是对等的。实际上,一方面理性与真正的现实状态保持距离,并显示出它所求助的问题;但是另一方面,从问题本身就是非历史秩序的那一刻起,就很难想象两种不同的解决办法都是正确的。好的解决办法不是去适应被定义为历史性的现实,而是在所有时候都是正确的。所以施特劳斯只是认真关注哲学的真理理念。根据什么样的标准,我们可以判断好的解决办法呢？好的解决办法不是在行动的秩序中有最好效果的(即实用逻辑),它也不是可以让人思考最多的(即意义的逻辑)。好的解决办法说明的是一种善,"全部"的正确概念可以带来的善,并且这种解决办法特别关注不同部分之间的关联。所以就必须要放弃从根本上来讲非理性的希望,因为现实某一天就成了这种希望,后者与这种概念相符。具体来说,理性的非历史性强行让理性保持距离,这种距离无非是哲学家与社会的根本冲突。理性的完整性与光彩强迫理性不能向两种相关的张力退让,一个是要求理性屈服于现实的张力,因为在这种情况下,理性就要依据作为事实的一般性来确定它的原则,并且放弃总是正确的普遍性;另一方面,是制造政治现实并且强迫其服从理性的张力,因为这个时候,理性由于技术的原因就被歪曲了。应该避免的是让理性摧毁自己想要规定规范的正确取向,即使现实永远不能与之相吻合。我们应该继续深

---

[1] 《自然权利与历史》,中译本,第25页。

入思考:通过一种巧合而让现实实际地对应这些规范的可能性,只意味着这些规范缺乏合理性。也就是说,这些规范不是行动或制造的命令式,而是判断的命令式。想要应用它们只能是让它们变成理想。

真正的合理性就是要不断回到根本问题,并且努力去解决它们:这种合理性由此反对虚幻(因为根据虚幻,人们就相信纯粹事实的存在)或者纯粹的经验。当思想被认为是纳入解释性逻辑的事实的时候,谬误就大大加倍了。让思想回到问题性的向度也就意味着让"现实"回到问题性的存在,因为合理地理解思想就相当于揭示出建立思想的问题。"高"的合理性完全表现在哲学家与社会的冲突之中。

这样来看,阿伦特的方法就很不一样。实际上,领会的过程是在事件之前进行的。然而,事件在其彻底的新颖性中,不能导致问题(problèmes)的被发现,而是制订疑问(questions)。如果纳粹德国的失败为思想提供了认识事件本身可能性的话,这是因为思想给了理性机会让它去发挥质疑的力量,即最后可能去提出疑问,也就是使疑问相连接并转化疑问。阿伦特告诉我们,这些疑问是与事件同时出现的,因为事件必须要和它们共处;在与政治现实的距离中,在任何情况下,理性都不能产生整个疑问。但是,当疑问混乱地出现在事件直接的经验中时,因为只能在领会的过程中被连接,这个领会过程继续和延伸了事件。这是作为危机的事件强制让思想揭示了疑问-回答的关系,即事件被质疑了。疑问(questions)不是问题(problèmes),因为疑问不只是被理性提出的,疑问诞生于经验中,它们是常识和思想之间连续性的表达。政治现实本身只是在它质疑的向度中才是可以被思考的,因为思想首先假定的是它对经验的接受性。

我们在阿伦特对教育危机的分析中可以找到同样的理念。实际上，她所提出的是，危机使偏见消失了，它让疑问重新出现，而偏见则以其真正的面目出现，即偏见构成了对疑问的回答，在危机的照亮下，偏见对于现实的抵触致使思想起到了至关重要的作用。当我们习惯上依赖回答的时候，我们与经验的关系，也就是与我们现实的关系，变得昏暗、模糊，因为概念和理念使我们分不清现实。这样，对我们显得"真实"的东西，实际上是理性活动的产物，这些理性活动忘记了它们回答的本性。也就是说，在回答与偏见中，理性只关注它本身，而不是经验，理性只为聆听它的人质疑。

质疑诞生自经验，所以危机就是重新激发起质疑的机会。对于教育，危机迫使我们自问它的本质。这就涉及一个永恒的疑问，但是这个疑问不能由一个新的形式转化，这是为了不让与经验的联系断裂在经验的新颖性中。存在永恒的疑问，但是不存在永恒的问题，因为对于后者我们可以寄希望于一个最终的解决方法。一个永恒的问题可以由对自然的表达进行解决，因为自然本身就是永恒的。而对于永恒的疑问，我们只能通过经验与其根本的条件（这种条件是经验不曾有的向度）之间的关系对其进行回答。因此，阿伦特所提出的疑问通过教育的危机被呈现出来，这就导致要将教育与现代教育的经验相联系，尤其是将教育与生产范畴相混淆，与诞生性的根本条件相混淆：只有当我们让教育的经验与作为诞生的人的条件对应起来的时候，以上的回答才是可以被考虑的。最终的回答只有在它们可以建立一种与我们所生活的现实令人满意的关系时，这些回答才能是令人满意的。在经验中，一种彻底的改变显示了它的不足，但是如果明白了对这些疑问的回答的本性，就可以重新建立与质疑的关系。通过历史，不同的回答可以不被判断成最终是对还是错。从疑问-回答的关系到建立问题-解决方法的关系，这就又要否认新事物涌现的可能性。依据事件而提出的新的疑问使我们在回答根本疑问的时候，只能思考人的条件。但是，人的条件在任何时候，都不能由定义形式的理性所提供。为了使经验回应理性，应该与单一经验的绝对化方法相反，而且要聆听经验的多样性，而概念和思想就保留了经验多样性的痕迹。为了思考政治而剔除哲学传统，这就是拒绝去认为，由经验所提出的问题可以被真正地解决。

由整体经验所提出的"在我们身上发生了什么"不要求一种解决办法。大体上来讲，一种危机不要求得到解决。说到底，解决办法意味着，在拒绝经验的新颖性的情况下，优先考虑逻辑理性的统一与一致性，这无异于想象的统一与一致性。这就是为什么发现"现实问题"的"解决方法"实际上让存在于经验之中的区分变得混乱、晦涩以及不易接受。同样，对"行动不幸"(calamité de l'action)"问题"的"解决办法"——无法预见也不可逆——建立在行动领域与生产领域广泛的混乱之中。为了解决具有问题表象的东西，我们被要求忽略政治领域的特殊性，也就是把在经验中进行质疑的东西放置一边。问题终究是理性向它自己提出的疑问，即现实不过是现实的抽象，因为使我们具有意义的经验就是抽象的。这就是为什么要为行动不幸找到回答，不是在与这个世界的现象产生距离的合理性之中，而是在行动之中。开放的回答，要在它的两种形态中被找到、承诺和原谅[1]。

这就要求助于区分(distinction)，它由对经验多样性的接受而获得，区分可以恰当地提出疑问并且开始考虑如何回答。区分不应该在技术语言中，而是在日常语言中被提出，日常语言不排斥准确性，也不排斥概念扩大的可能性。在现代权威消失的事实面前，建立权威与暴力之间的区别，可以反抗所有试图通过暴力手段复辟

---

[1]《人的条件》，前揭，第五章"行动"，第301—314页。

权威而去解决问题的尝试。世界的责任不只是职业思想家的责任,而且是人之为人的责任,世界的责任意味着正确地系统阐释问题以及无休止地寻找回答。

与回答相悖,解决方法有可能加重危机并且掩饰疑问。当新事物的病态引起了理论负荷,其表现为将确定的内容强加给下一代,而这下一代却是通过他们开端的潜在性而存在的时候,这就尤其表现为教育的危机。解决问题的欲望近似于一种以理性为特征的满足欲与控制欲。理性接受现实向它提出问题,因为这可能是唯一可以展现出其能力的一种模式,换句话说,理性可以自我拯救;但是理性很难承认的是现实是一种质疑的契机,因为人们就生活在现实之中。危机一般像理论问题一样被接受,但不意味着危机可以将思想调动为一种领会的力量。在对未来理论的关注与返回到"过去"的解决办法中,理性都在寻找着庇护。在这两种情况下,否认的是"现实"特征,也就是对于我们来说危机的现实,或是呈现出共同经验秩序的现实。只有追寻回答才是让理性冒险。解决方法避开了政治的时间性:实际上,要么这些解决办法试图阐明科学真理;要么它们的真理自称是哲学的,它们宣称的时间是永恒的;要么它们是纯粹技术性的解决方法,将政治上的时间等同为生产上的时间。在所有情况下都缺少了作为政治存在根本条件的多样性和诞生性。相反,追寻回答开启了时间:过去作为时间,诸多的开端已经发生在那,作为时间的未来,诸多的开端将要发生。向经验开放,是一种向特殊的人的时间性的开放,这种时间性是前科学以及前哲学的,因为注视或聆听都应该是现象学的。

阿伦特的方法也构成了对思想功能主义的回答。以一个解决方法可以代替另一个的观点来看,问题永久性的理念意味着由思想产生的现实本身的永久性。在这样的框架之中,"政治现实"被认为是不完美的自然，低于理性现实，因为第一公设是二元论的，思想不思考任何外在于它的事物，它只对自己做出回答。在这样的视角下，阅读理论的历史传承就意味着将这些理论的理论方面抽象化。阿伦特对于过去哲学家力量的解读在于她要寻找出领会的秩序，也就是与经验的关系。这不是因为哲学所提出的解决方法使质疑消失了，而是质疑被理论所掩盖以及危机的状况可能会揭示这种质疑。应该走出哲学，因为哲学思考的是解决办法而不是回答；但是尽管如此，哲学家为了那个将他们带入现象学视角中的人，也可以成为领会的同伴。这就要有另一种方式进入到与常识的连续性中，并且要在问题中寻找疑问，在解决办法中寻找回答。

　　阿伦特在所有文章中都致力于解释大概念的意义，如自由、权威、历史等，她将它们理解成对于疑问的回答。历史的古代概念也显示出是一种对疑问的回答，可以表达成："人可不可以进入一种属于他自己的不朽形式？"概念不是历史主义意义上的历史性，而是所有人类共同体在所有时间里都没有创造相同的经验，所以为了了解他们的多样性，就应该回归到理论思想或领会的向度。阿伦特为此对奥古斯丁进行了研究，后者特别适合这种方法。实际上，真正的经验也是一种疑问，确切地说奥古斯丁在他的著作中提出了这些质疑。他对内在生活的发现不是一种在理论上的解决方法；这种发现是一个疑问："对于我自己，我成为了疑问。"奥古斯丁也造就了意志的经验——期望的经验和无力完成的经验，是意志构成了回答；对于爱，它是面对意志的死路而具有的一条救赎之路。也就是说，阿伦特将奥古斯丁的思想解读成一种与现象性关系的建立。值得注意的是，阿伦特清楚地将奥古斯丁中疑问-回答的关系与密尔的怀疑经验的绝对化这样的现代思想对立起来。实际上，密尔的"持续的我"在某种程度上接近奥古斯丁的意志，"持续的我"在阿伦特看来是一种解决问题的理论方法,而这个问题不过是怀疑的问题[1]。怀疑经验的绝对化,就像远离世界的理性具有孤独的经验一样,它导致了理论性和思辨性证明。所以存在着问题-解决方法与理性内在关系的产物,这种产物不能与经验的多样性相对应,却与一种特殊的关系对应,它不是世界的经验而是理性的经验。古典哲学也避不开因为问题而使疑问被掩盖的命运,所以在回归古典政治哲学中找不到出路。然而,古典政治哲学的思想看起来很适合现象学的观点,可能是因为它根本的经验是惊愕的经验而不是怀疑的经验。

疑问-回答之间的关系朝向多样性,因为,一个疑问可以伴随着另外的疑问,一个回答可以伴随着另外的回答;相反,当我们想要表达一个问题的整体时,实际上只存在一个问题,就是理性向它自身所提出的问题;发现解决方法,对于理性来说,只是让理性建立其力量和统一性的能力得以表达,尽管所谓的统一性与经验不一致。

回到奥古斯丁,阿伦特在他的著作中看出了两个基本的疑问,也就是开端的疑问和自我启示的疑问。在诞生性和行动之间建立关系的同时,阿伦特将二者一起思考,并且认为它们来自于现象甚至是行为。重新审视疑问的现象性基点,就可以通过将存在的经验和存在的根本条件相对应的办法来思考回答。在她对于行动的思考中,阿伦特认为行动和言语是对新来的人所提出疑问的回答,这个疑问是:"你是谁[2]?"疑问来自于世界,回答来自于世界中的存在。行动是对奥古斯丁关于开端的疑问的回答,而言语是对自我启示疑问的回答。同样,判断是对于自由的政治存在的回答,这一点,阿伦特是在

----

[1] 《精神生活》,前揭,第二卷,第 117 页。
[2] 《人的条件》,前揭,第 235 页。

康德那里找到的。

与施特劳斯不同,阿伦特不愿提出问题的永久性,也不想思考解决方法的唯一性。比如寻找权威消失的解决办法,就是寻找一个替代品;思考问题的永久性和好的解决方法等同于去思考人性现实本身的永久性。值得注意的是,施特劳斯也不去研究政治问题的技术性解决方法,因为政治现实是不能被制造出来的。相反在理性层面,存在一种好的解决方法去解决有限的一些问题,这些问题在哲学的起源中已经被最恰当地表达出来了。如果施特劳斯和阿伦特都认同对于保守主义和进步主义的批判,那么在另外一个关键点上,他们就没有共识了:施特劳斯是唯心主义者,而阿伦特走出了唯物主义与唯心主义的非此即彼而去在现象学中思考政治。

施特劳斯和阿伦特拒绝理性自主建立(autofondation)的现代理念的原因非常不同。

施特劳斯批判历史主义,因为这种现代模式让思想屈服于外在于理性的力量。他说:"人不能够放弃好社会的问题",并且"不能推卸回答疑问的责任的同时呼唤历史或是自身理性之外的权力"[1],施特劳斯认为海德格尔就犯了这种推卸责任的错误。另外,他在对韦伯的实证主义的批评中,特别坚持对于他所引导的尊严的基本定义,即尊严在自决中,也就是说在有能力根据自我确定的价值生活中,无论这个价值的本性是什么。从人对抗人性理念而获得了独立的那一刻起,就可以将这个立场解释为一种理性自主建立的偏移。从自然解放出来之后,人开始屈服于情感、利益和历史。

---

[1] 《什么是政治哲学?》,前揭,第33页。

这不是说理性不能够自主建立,而是它不能依靠任意理性能力的向度。特别是技术理性不能成为有效的支点。在现代性中所显现出的人对于其理性力量的信任,只不过是人对自身的反省,也就是合理性的反省,而与脱离了自然理念的现实的关系允许了这种合理性。理性被贬低为它能够掌控这个世界的技术潜质,而不是有能力向"全部"开放和使人根据他的本性去找到自己位置的那个理性。仅仅对人性进行现代思考,而不去考虑它的本性和它在"全部"中的地位的思想,终究会导致人的自我迷失。施特劳斯关于向"全部"开放的理念是一种对人文主义的批判。然而,理性告诉我们人不是所有事物的开端和目的。如果理性否定它与出现在我们每个人观点中的"全部"的关系,如果全部没有出现在我们每个人的经验中,那么理性自主就是虚幻的。所以哲学的理性不应该建立在它本身之上,而应该被认为是公民视角的一种延伸。

要反对现代性主体,即沉思的我(ego cogitans),就要找回古典的人。笛卡尔怀疑的经验在高贵的意义上来讲不是理性的,因为在怀疑中,人们最终看到的只是自然不令人满意的特点,所以这就导致了想要对自然发号施令。怀疑的理性由于它统治的欲望而反对自然,最后的结果就是体现了"人权"政治中,它代替了"自然法"政治,因为人只愿意服从它自己制订的法律。人只能遇到他自己。施特劳斯的方法就是要选择古典理性奠基,即对"全部"的宣称,去反对现代的自主建立。然而施特劳斯却强调这是现代性的方案。

同样对于阿伦特来讲,现代性危机的表现之一就是人只能遇到他自己。她认为笛卡尔的彻底怀疑"可以成为物理经验的客体[1]":她将其描述为科学与哲学现代性原则的现实后果。人遇到

---

[1]《过去与未来之间》,中译本,第257页。

的是他所做出的结果,也就是世界。一些"经验"告诉我们不向世界开放的危险。在这样的框架下,在怀疑经验之上的现代思想奠基阻碍了与经验的另一种关系的迅速建立,即不是帮助人进入这个世界,而是让理性独处起来。实际上,现代理性的自主建立让理性走上了建构思辨概念的道路,这种建构并没有开放向世界(我们所说的一种经验之一),而只是对应了思考主体之内怀疑的不安。理性的产生意义不能简单地认为是它的功能,为此,应该让这些意义与其所对应的根本经验建立关系。现代概念不能是古代或基督教概念的替代品。现代概念对应的是特殊的经验,它所创造的现代性不只是一个历史时期,而是一个时代;现代思想的主旋律是它与怀疑经验的共鸣。然而这不意味着怀疑是现代思想所唯一对应的;但是这种经验反映的是在现代思想中接近纯粹合理化、探寻独立于世界一致性的经验。所以不是要抛弃怀疑的经验,因为它是人类存在的一部分,但是为了避免这种经验所指向的绝对化以及这种阻碍向世界开放的绝对化,应该将这种经验放置于经验的多样性之中去看待。阿伦特不是要像施特劳斯那样,去重新树立古典理性奠基的名誉而去反对现代奠基;她的观点在于抛弃理性应该被奠基这一理念;反对所有形式的集中化(totalisation),就是要在领会的过程中优先考虑向世界开放。

对于施特劳斯来说,理性必须从现代性特殊的思考方式中解放出来,为此,理性应该汲取它最高的能力去找回或重新找回根本的疑问。人可以自问什么是既定社会值得称为理想的东西,这种自问的可能性显示出,人身上的一些东西不能被社会或者它的统治表象所奴役,也就是说人自然地提出来的问题不能被扼杀。寻找这些根本疑问的回答构成思想的目的,即理性应该作为对真理的探寻而被恢复名誉[1]。为此,理性应该超越事实的秩序,或者在事实多样性面前注意到事实的不足。权利与正义概念无限的多样性不是反对普遍正义的论据。在事实与思想之间"正确的"连续性是存在于从理性多样性到自然权利唯一性的自然通道中的,因为"对于种种关于'正确'的观念认识,激发了人们去寻求自然权利[2]"。处于诸事实悖论中的事实是对思想的一种刺激。哲学疑问表达了理性和现实之间永久的距离,哲学疑问是根本性的。在这个意义上,如果经验被证实为是虚假的(历史经验就是这样),那么拒绝思索常识的理性所宣称的问题就是真正的问题。"自然的"理性,也就是我们将其自然性认为是观点的理性,一下子就将我们置于非历史之中。理性不会去想要让现实与其本身一致,但是在与不完美的现实保持距离的同时,它警醒自己不要迷失,也就是说理性要在它本身之中持续下去。常识就是可以让我们隐约地感觉到问题及解决办法的合理空间存在的东西。尽管现象之中存在着矛盾,但是常识促使我们保持理性的统一。

阿伦特所理解的常识带来了另一种不同的态度,即作为与经验的关系,常识在不使用暴力的情况下让我们认识到"不矛盾"原则或是逻辑理性不是唯一至上的。经验不能是骗人的,也就是说经验从来都不能对应该保持完整性的理性实施暴力。相反,被构想为逻辑理性的理性是暴力的,也就是它对常识和经验实施暴力。我们可以分辨出这种暴力的两种模式。一种是"硬"模式,也就是运用于极权主义制度的那一种,阿伦特将意识形态定义为理念的逻辑,其在自身之中发展而不依靠经验,它只接收它自己想要找到的东西;意识形态

---

[1] 我们在这里使用施特劳斯对于"根本的疑问"的表达。我们需要指出的是,在这些疑问的哲学表达中,它们成了"根本的问题"。这与我们所引出的关于施特劳斯认为的问题-解决办法关系以及阿伦特的疑问-回答关系之间并不矛盾。

[2] 《自然权利与历史》,中译本,第11页。

建构了逻辑理性的病态,因为以"不矛盾"原则为基点,它将人禁锢在孤独之中,并让人不承认经验的不一致性。这种"硬"模式延伸至改造世界的意志中,为的就是与意识形态的表象相对应。至于"软"模式,它存在于思想者的孤独之中:孤独是思想的根本条件,因为它要求一种自己与自己的对话;但是只有在世界不让这种无声的对话消失的时候,思想才能被某些事物所思考。

出于两个主要原因,施特劳斯明显要避开这种暴力的硬模式:一方面,他坚持强调常识的作用和公民与哲学家视角之间的连续性的作用;另一方面,为了对抗现代性倾向,施特劳斯拒绝让理性制造政治现实。但是,如果理性可以冒真理的风险,那么在一定程度上,它非历史的本性可以让它与世界保持距离。施特劳斯对于历史主义做了如下的评判:"历史主义的论题是自相矛盾的或者说是荒谬的[1]";我们可以看到一致性的标准就是可以在对与错面前做决断。施特劳斯走得更远:内在矛盾的存在让所有的意义都败给了一个理论。采用阿伦特对于哲学的视角,我们可以说将一种关键的作用归于一致性,这就将思想者的态度变成一种体系化的态度,也就远离世界。当阿伦特面对矛盾的现实,以经验的观点来看,她就不能将"不矛盾"原则变成一种绝对的标向。为了向意义开放,就要走出体系的逻辑,只在对与错之间进行选择。

这就是为什么施特劳斯和阿伦特在讨论诸多哲学家所具有的矛盾时表现有所不同的原因。施特劳斯所论述的阅读艺术是关于在矛盾中所具有的隐微言辞的迹象。在思想之中辨别出矛盾,可以确定真理的位置并领会其根本的意图。在人们可以合理地相信对于逻辑理性的哲学使用的程度上,施特劳斯的方法预先假定矛盾是有意的。

---

[1] 《自然权利与历史》,中译本,第26页。

但是为什么施特劳斯没有把这样的方法运用到历史主义上呢？如何解释他认为历史主义是荒谬的，因为它是矛盾的吗？这是因为，历史主义者没有处于被迫害的状态。历史主义者毫不畏惧社会的敌对，因为它所维护的主题对应着一种模式，或者是因为它与某个时刻的经验，即历史经验共鸣。相反，哲学家可以说生来就是被迫害的，他对真理的研究方法将他自然地置于冲突的状况中。哲学家应该实践这种书写艺术，在其中矛盾有指向人的意图的作用，这些人表达了他们对真的追求。

当阿伦特指出在哲学理论，比如马克思的哲学理论中存在矛盾时，这其实是为了指引无力的理论去掌握经验的多样性。这既不涉及理论的谬误也不是作者的意图，因为矛盾是向在经验中逃避理论的东西进行示意的。阿伦特没有忽略逻辑的原则，但是逻辑的原则不应该决定我们是否应接受经验。

施特劳斯和阿伦特都同意一点，即承认经验的多样性意味着矛盾。施特劳斯的回答是，除了自然的常识经验以及哲学延伸的经验，应该远离只是历史性的经验。阿伦特的回答相反，不应该将"不矛盾"原则认为是绝对的原则，只有在话语的客体允许的情况下，才能将这种原则当成重要的原则。这是否意味着在阿伦特眼中，经验自身就是一种价值？应该说，这种经验总是要求被思考：不是在其本身为了其本身(en soi et pour soi)，而是通过建立与其他经验和存在的根本条件的关系而思考。从这种观点来看，施特劳斯对于常识的概念避开了对于制造技术理性的尝试，但是这就意味着将理性主体封闭在它本身体系中的危险。由施特劳斯所提出的保证是一种顺理成章的保证，就是保证理性自然地倾向绝对判断(即好、坏、善、恶)。历史主义的失败在于对具体的普世的转化，但是施特劳斯不也是有着抽象的普世吗？实际上通过一种整体化的操作，对于人性的定义看起来无力承担整体的存在向度。

　　对于阿伦特,我们可以看到作为领会的思想,其反抗常识的缺失以及对一致性的幻想,就是在经验的矛盾中接受经验的思想;世界观不能是整体性的。意识形态可以被理解成向人性现实强加一种它所不熟悉的"不矛盾"原则的方式,直到将人进行改造。施特劳斯有理由认为我们只能在放弃制造现实的希望的情况下,才能逃过意识形态的危险。但是,没有任何经验被思考成人是否可以躲避在"纯粹"理性的经验中,而这种经验在世界上是没有的。

　　为了思考"在我们身上发生了什么"这个问题,什么是正确的态度呢?

　　反对被社会科学所贬低的客观性,施特劳斯认为应该谈论关于集中营的残酷性,而拒绝对其进行谈论的行为则是"文化的下作[1]"。缺乏道德判断就不能用正确的眼光来看待世界上的事件。一种对政治事物纯粹描述意义上的认识是不可能的,而且导致丧失它的本性。没有伦理中立的可能性。"全部"的视角在它的连续性中展示了政治与道德的分裂,没有对此的介绍,我们就不能通过抽象化过程将道德与政治区分开来。在古典哲学精神中,有必要思考善的统一性;这样的统一性不意味着在各领域之间缺乏一种区分,而是要防止分裂。在常识中,就是道德判断的显明性和直接性朝"全部"的思想开放。不谈论残酷性就意味着,让我们最自然与最哲学的理性能力沉默。思想者应该让历史学与社会学回到它们恰当的位置,即反对它们归纳出的现代性虚幻,依据所能达到的真实的认识而扮演一种工具角色。对于施特劳斯来说,存在着一种认识模式的等级,

---

[1] 《自然权利与历史》,中译本,第52页。

哲学认识是最高的,因为它以自然和原则为客体,而不是以事实为客体。一种描述的科学如果不被哲学所引导,换言之它具有的都是"事实",那么它就阻止了所有的承认进程。在希特勒统治、暴君制度来临的时候,只有最终和非历史的认识才可能被承认。承认只能开始于非历史的认识:如果一些思想者宁可让自己陷入陷阱,这是因为暴君制度的概念已经因为传统的遮掩而被忘记、变得昏暗,而传统则被出现的背景安排在诸多可解释的技术概念中。也就是说,如果我们转向哲学的起源,我们就会发现,起源诞生了这些大概念,而这些大概念可以让我们掌握经验的本性,也就是经验的实质。只有这样的回归才能不被经验的新颖性所蒙蔽,而这些经验的新颖性只是所谓的新颖性。

阿伦特也不认为科学的客观性可以领会人类事务的领域。对人类活动采取科学的观点就意味着把人看成宇宙中诸多要素的一个,而人的行为就要被必然规律所解释,换言之,这也就失去了能在人身上激发出创造能力的东西,失去了感觉的理性特征。所以思想的规则不是客观性,而是现象性。

这就是为什么在纳粹德国倒台之初,对于我们来说还不是时候不带愤懑和偏袒地去理解事实,因为领会的过程才刚开始。理解事件本身,即理解牵涉所有人的政治事件,意味着不要指望"客观地"认识事件。思考事件就假定同时思考人与事件的关系。施特劳斯认为,这不是要建立一种道德、自然和哲学的判断,而是不要对事件的某种感情形式进行抵触。理解就假定不能将人的某一种能力抽象到人身上而忽视了另外的能力。同样,一个事件涉及的是所有的人,所以认为它只是触及到人的一种向度的想法是错误的。在理解的过程中,要公正地对待存在的不同向度。与认识不同,理解允许这种态度。为了让理性最大可能地发挥它的作用,重要的不是在不同认识模式之间建立等级,而是不要疏远任何理解的方法。同样,在理解的进程中,我们也可以使用历史学家的话语和政治学专家的话语。理解的必要条件是尊重事实的真理;对于其他的来说,过程是无限的,总是要不断继续的。由于紧迫,所以我们追求自由,因为我们不可能等到我们拥有一种最终的认识。思想进程的关键不只是在于它的结果。迫切需要建立一种能确定地依靠而不至于误入歧途的知识,这是专业的思想家或哲学家所操心的事情,他们的活动对应哲学的根本经验。通过思想进程本身,思想具有了意义。思想应该伴随着事件,正如它伴随着行动一样。对于思想,不只有一种进程,即深思的进程,它先于行动;同样,没有自为的(en soi)事件,也没有某种方法让理性可以借其名独自就能给出真理。理解不是专业人士的事务,而是人的事务:"理解伴随着诞生开始,以死亡而告终。[1]"

确切地说,极权现象不能在它的本性中被承认,因为它是新事物。具体来说,施特劳斯认为,作为事件,它表现在我们传统范畴的无力上,但不是我们现代性思考方式的无力。相反,可能我们对于"在我们身上发生了什么"想得不够。我们无力在极权事件中看出一些可以被认识的东西,这表明对真理的哲学研究不能掌握事件的事件向度。哲学真理的永恒性来自于它所表达的远超过政治经验的哲学经验。承认只能让哲学家们满意,不管怎样,"承认"没有被指引向斗争。如果理解不屈服于行动的话,则表明它不需要为了认识一个事物而去斗争[2]。我们唯一可以做到的承认是对事件本身的承认,也就是承认强制,在这种强制中我们对所有的回答都不满意。严格的历史视角阻碍了这种承认,它在事件的承接中只看到了步骤

---

[1] 《极权主义的本性》,前揭,第34页。
[2] 同上,第33页。

的承接,有较好的方向也有较坏的。这不是共同概念的缺失,其将地狱设想为时间的终结而不是一种世界的现象的历史整体观,会导致我们不能在地狱产生时认出真正的地狱[1]。理解不是要去求助于老的概念,因为这些概念还有待重新证实它的恰当性。只要新概念表明的是经验的现实而不是一种抽象化,理解的过程就应该考虑这些新概念。在这个意义上,对于思想来说,"发明"极权主义概念确立了对事件的承认。

---

[1]《过去与未来之间》,中译本,第95页。

第九章
自然和哲学——条件和现象学

施特劳斯的中心思想在于人性理念。人具有一种本性,而且可以给予它一种定义,即"一种人性的永恒特征的存在[1]"。然而,每个大时代之间的差异,就在于对这种本性的定义。从古典哲学到现代思想,主要的变化是在思考理论为我们带来了什么以及理论建立在何种基础之上这一问题时所带来的变化:在古典哲学中,人性在它的判断力之中被定义为理性,而现代思想将人性置于一个很低的定义之中,即本能与向往。这就是为什么,根据施特劳斯的分析,理性不再是与现实保持合理距离的产物,而只存在一种功能去决定我们对现实能有什么样的希望。被认为是能建立某种自然本性的事实这一现实,限制了理性。说到底,这两种概念的对立是解决以下问题不同方法之间的对立:"我们所称为的人是什么?"对于人本身的看法被彻底改变了,这种看法决定了我们与世界的关系。施特劳斯所认为的合理的已知事实是古典哲学的论述:就是用人的最高能力,可以赋予他存在意义的能力去定义人,特别是用不同等级生活模式的区分去定义人。对于这种"合理论述"的内容,它由对本性问题的承认所提供,本性的问题在常识中,已经创立了间隔。现代思想一方面建

---

[1] 《什么是政治哲学?》,前揭,第31—32页。

立在人的较低概念上,另一方面,建立在历史进步的观念中。这就能使我们明白现代性制造的欲望。这种为了让现实变得完美无缺而塑造现实的欲望,一开始就在它赋予人的定义(情感和利益)与进步概念之间有了矛盾,而现代性想要超越的就是这种矛盾。实际上,这样被定义的人性成了阻碍进步的桎梏。建构历史以及我们对于建构历史所期待的就是要反抗人的本性。相反,在对于人性的古典定义中,是本性的观念决定了人的善。本性所能够表现的统一体不是机械的,而是"全部"的和它各个部分的统一体。在"本然"和"应然"之间就有了间隔,但是不需要用暴力将其缩短。

本性的概念有时候也会被阿伦特所使用。比如,所说的"极权制度的本性",就没有通过功能以及它本身的目的来定义制度:使用本性这个词意味着要着眼于完整的概念,既不是技术性也不是规范性,要着眼的这个概念要能够被它指定的经验所接受。相反,其条件的思想要明确地与人性论述所依据的所有理论相对立。普遍的人性观念是抽象化的结果。无论我们以何种方式定义人,也就是无论我们怎样回答"什么是人"这个问题,我们都要在能力的整体中做出选择,为的就是挖掘出"恰当的""特定的"人性,由此我们也可以为人性限定出它本身的目的。在所有讨论中,我们忘记了在与多样性关系之中的"处于世界中"(être-au-monde)的人。特别是定义人性就会忽略整体存在的向度,就会忽略人在他人之中的生活。就像政治一样,人不是与宽泛的大多数同类都要保持关系,人也不用与和他有一样目的的人维持关系。这就涉及到诸多的个体,他们每个人都有一种世界观,并且以多种不同的方式存在于世。这就是为什么人权是一种抽象化:施特劳斯认为,不是因为人权建立在一种人性的低层或者生物定义上,而是因为它建立在一种对人性的定义上。对于政治体之外的人来说,没有人权。

所以为了思考在我们身上发生了什么，只是修正我们关于人性的概念是不够的。如果克尔凯郭尔、马克思和尼采可以颠覆传统而不必逃离现实，那是因为他们没有走出人性的现象学问题：每个人都将自己的思想作为人的另一种向度的基础——克尔凯郭尔的信仰，马克思的劳动，尼采的生命，但是没有人是在多种方式之中去理解人的存在的。阿伦特的方法，如同施特劳斯一样，意味着要回到一种古典的人性概念，这种概念可以将属于人自身的目的融入人的定义中。唯一的"已知事实"就是与世界的关系，也就是与世界或经验的关系的多样性。思想的进程不意味着要确定人对自身正确的看法。不是要将定义人性的疑问看成是一种人的疑问。如果我们认为人性的疑问是思想起源和终结的疑问的话，那么对于这个疑问的回答只能成为世界的规范，因为我们不再是在问题-解决办法的关系中，而是在疑问-回答的关系中。在这样的视角之下，思考世界的人只是思考他自己，正如它的存在可以被引向一种本质一样。定义人性就导致了一种人性中心主义的形式，它不允许向世界开放以及为世界忧虑，因为在这个定义之下，与世界的关系被判断为"好"或"坏"，人只是与自己相遇。

唯一的"已知事实"，既不是一种本性，也不是一种本质，而是一种条件。条件的概念回避了被滥用的规范性，以及从美到善这种柏拉图式的转换，也避免了纯粹的描述性分析，以及只能从"一无所有"开始的思考分析。说到人的条件，就是在说条件的多样性，它是人与世界关系的根本已知事实。条件是关系性的已知事实。这就是为什么从本性到条件的联通，也是从真理秩序到意义秩序的联通，因为意义是一种关系，经验就来自于这种关系。

这就是为什么我们在翻开《人的条件》时，人的生活的主要理念、根本的条件都被抛弃了，既没有解释也没有说明。实际上，它们是意义的起点,它们不能具有原则整体性的地位。意义的基点是我们在世界中以及在关系中的存在。证明根本事实的这项选择就意味着,人可以采用上帝的视角来看待世界和自身。人本身的力量只来自于能够允许意义出现的东西:现在和过去的经验可以按照它们对应或者不对应根本条件的情况去阅读。

在施特劳斯看来,为了思考,应该回到人性古典的高级定义。而阿伦特认为,继续追求人的定义就将思想禁闭在理论化中,并且阻碍领会。从对价值的共同批判开始,两位作者的分歧就变得非常明显:施特劳斯想要建立人的本性,进而达到真理,而阿伦特则是要思考人的条件以使意义出现。

如果施特劳斯反对技术或生产理性的现代概念,这在本质上是因为,它与理性和人的本性有间隔。现代性方案产生了一个新的社会,但是理性不能按照它的效果而被判断:既没有按照它归纳出的行动,也没有按照它可能的"成功"。这就是为什么,在超越事实的现代社会中,应该将目光转向这个社会所激发出的精神,也就是技术的成功让现代人不去思考非历史性,而是强迫哲学家处在普遍之中,也就是让哲学家将真正的理性观点运用到政治之中。现代方案说到底是行动生活的方案,这就是为什么"服从于现实必要性的"理性会栖居在这个方案之中;相反,哲学的理性,建立在对沉思生活的优越性之上。这样来说,现代方案只能产生空洞的概念,因为它说不出任何关于人性以及人的目的东西,也未提及允许投票制度存在的"负责任的个人";这样的概念最后只能是为制度的生产步骤辩护,而毫不关心如何教育人去拥有责任心。如果现代概念是空洞的概念,那么我们就能理解现代性何以导致虚无主义,也就是导致对于文明原则的否定。让理性具有自己的力量,自己判断的力量,这就可以反驳虚无主义。如果我们一直坚持价值层面上的争端，那么虚无主义就是不可能的。所以应该提升这场争端的层次，问题在于通过怎样的趋向，怎样的事实，才有可能填补这样的空洞。

现代方案显示了它的无力：通过它没有想到过的事件和社会的诸多新形式，它只能显得不稳定；实际上，从理性被定义为它的技术效能以及它的预测能力开始，所有未预料到的事件都可能会使理性动摇。进步本身是空洞的概念，对于人来说，它激发起了纯粹的情感反应，即对秩序的盼望、失望、幻觉、幻灭。在绝望和幻灭面前，当理性被认为是无力的时候，现代方案就带来了虚无主义。施特劳斯指出，如果我们承认理性的理想不是在它推测的能力之中，而是在它建立或保持与事实的距离的能力之中的话，我们就可以避免对理性的抛弃；因为这样，人就可以在众多政治体制中区分出产生暴君制度的那种体制。这样来看，理性还是很强大的。现代方案原则使得方案无力去对抗它产生出来的恶。

施特劳斯如何思考政治？政治事件只是现实较深层次的表达，现实存在于事件之外，而事件来自于思想的秩序。施特劳斯所使用的谱系学方法意味着从作为现实政治表现的事件出发，追溯到属于它奠基的概念。这种概念是好的还是坏的，是真的还是假的呢？这就是理性要对它本身所提出的疑问。政治的恶在某种程度上是人性错误以及不道德的概念的结果。关键是要重新建立正确、合乎道德的人的概念。施特劳斯也研究纳粹主义，他将它的起源置于它的思想之中：一种偏见形成起来对抗民主本身。有时候看起来，施特劳斯根本的忧虑是对与纳粹主义有关的思想家们态度的忧虑，他们被现代性的指令所摆布，而这种摆布无非是行动理性的一种延伸。施特劳斯没有处在政治的层面上思考事件。真正的事件属于思想，它政治的那一面只是外表罢了。让我们回想一下施特劳斯对于马基雅维利的分析：马基雅维利的观点尤其告诉我们意大利的解放超出了政治解放的范畴；它只是在成为思想家的一个问题之后才成为一个事件。"真正的"事件等同于起源：因此事件不在纳粹主义中，而在马基雅维利的奠基中。正如我们看到的，政治事件在阿伦特看来揭示它本身的过去，而施特劳斯认为文化的起源揭示它的未来。

施特劳斯回到哲学的古典起源，不应该被认为是回到另一种形式的规范性，因为理性的首要作用不是成为规范，而是预测。施特劳斯重新提起启发他的苏格拉底，绝不是想要用理性来束缚哲学，因为苏格拉底对于政治的兴趣只是他对于人类事情感兴趣的结果，应该思考政治，是因为思考"全部"意味着理解人类事情与人性之间的关系。这种抱负定义了区别于解释的知识，因为政治事实的知识只能通过连接人所做的与人应该所是之间的关系，才能够被建立。

这就是为什么古典政治哲学的原则也不能被直接应用，因为施特劳斯已经很清楚地说道，我们只能找到对于当下问题的解决方案。[1] 但是怎样调和这样的论断与施特劳斯带给我们的偏移？偏移意味着"不要斜视地"看我们当下的处境，也就是要获得一种突出的视野，并且要涉及非历史的观点或者是起源的观点。直接应用古典规则是不可能的，因为要首先回到现代起源：进入到非历史也不是马上的，但是可以通过谱系学着手进行一种追溯。这种谱系学方法从历史现象出发去探寻其知识的奠基，这样的方法是要让承认变为可能，也就是重新找到精神的清晰性。所以这就需要真正的哲学家，特别是政治的哲学家。

我们知道，对于阿伦特来说，她不认为自己是哲学家。让我们再

---

[1] 参见《我们时代的危机》，前揭，第13页。

回到两位作者对于保守主义和进步主义的批判。施特劳斯认为,这两种态度根本不是哲学的,这就是要抛弃它们的原因;它们以各自的方式将历史经验的绝对化作为自己的依据。阿伦特也反对这两种态度,她认为这回到了对于理念的绝对化。但是,施特劳斯认为,有一种错误经验的绝对化,相反,应该扎根于绝对的经验,也就是哲学经验。阿伦特认为,如果我们要思考政治,就不能使自己处在任何与政治不相干的经验之中:既不能在历史经验中,也不能在哲学经验中。应该让政治经验在其多样性中,具有可接受性。

施特劳斯的哲学和阿伦特的现象学一样,在明显传统的大概念和技术概念化蔓延的事实面前,都想赋予概念一种意义:对于施特劳斯,这意味着重新赋予理性全能的力量,也就是规范的力量(虽然这是第二位的);对于阿伦特,这意味着重现与他们相对应的经验。所以是对经验痕迹的研究才让经验转向了过去的哲学。施特劳斯看起来更像是被哲学经验所引导,因为他总是在寻找思想最具锋芒、最关键的那个时刻,以便能够让哲学存在下去;而对于政治经验来说,理性总是处于其外。

对于施特劳斯来说,问题的核心在于思想的地位。思想的特质不能被行动所评估,如果我们拿行动当标杆,那么技术理性就够了;理性屈服于任何行动,不管是正确的还是错误的。为了拯救理性本身,理性必须从道德上决定行动的目的。阿伦特认为,规范的理性不如使用的理性容易被接受,在这两个例子中,思想家被错误的行动概念所引导。一方面,行动不是一种方法-目的的关系,它和生产的秩序也不一样;另一方面,行动在政治领域中是可以被建构的,而政治领域又不遵循道德原则。为了思考政治,应该接受它的特殊性;如果理性的态度旨在要维系它自身,那么这种接受性是不可能的。

同样,在这两个作者的思想中,我们可以找到他们对于非人化

(déshumanisation)的不同回答。施特劳斯认为,由此达到的普遍性只能是抽象,就好像是唯心主义或信仰理性的某种形式,即古典形式是唯一能够思考实际普遍性的方法,也就是思考建立在承认对于共同理性要求的基础之上的人类共同体的方法。这就是为什么,要重新激活理性,就要在事件的政治表象中通过谱系学的方法将事件追溯至思想事件的本质。施特劳斯没有说,如果知识分子们都是哲学家,作为政治现象的纳粹主义就可以避免;但是哲学家不能够任其发展,真正的人类共同的存在应该被保护。对于施特劳斯来说,应该拯救哲学家和哲学。

阿伦特认为,说明性的视角使我们远离了世界呈现在人们面前的多样性方式,所以,为了让意义出现,就应该试着去想一想生活中的世界。在对于一种"起源"的研究中,找不到任何"解决方法",因为思想在任何情况下都不属于事件的起源。为了让政治具有意义,应该让政治处于思想之中,让事件伴随着思想。那么,怎么思考人性?阿伦特和施特劳斯两个人都抛弃了关于人类及其进步的观点。但是,当施特劳斯认为人是产生道德目的的人的时候,阿伦特认为要思考复数的人。施特劳斯式的回归是在古典思想中,回归到对政治事物的首要理解,因为这种理解可以允许人们进入到哲学认识中。理解来自于前科学或前哲学范畴,而认识只能建立在这种与常识态度的连续性之上,并伴随着常识态度。阿伦特所认为的思想的作用,不是要离开理解的秩序;理解不存在于某个精确的时刻;相反,对于意义,源泉可以在整个思想和整个哲学理论中被找到。

这两种不同的论述也可以在他们对于现代社会概念的分析中找到。对于施特劳斯来说,现代社会概念是抽象的,因为它是任意地将社会与国家对立起来的结果,而这样的对立使得我们不能去思考政治幸福的可能性。在社会与国家的对立中(也意味着私人与公共的对立），每个人都寻找方法去实现其所定义的目的，也就是私人的幸福，这种幸福独立于人真正的幸福，也就是独立于作为人的最高目的。在这样的对立中，生活方式的不同也就表明了追求幸福方式的不同。相反，只有在私人与公共之间连续性的思想，也就是人性统一的思想，才可以思考生活方式的区别。从个人目的和国家目的被认为是分离的那一刻起，自由和幸福的理念只能是抽象的。在个人之间，生活方式的不同被替换成了一种简单的、机械的竞争。在本性的统一中忽略了连续性就导致了放弃一切正当的等级概念。现代抽象化使得超验性的意义丧失了。阿伦特认为，问题不在于国家与社会的分离，而在于社会领域创造出来的混乱，在这样的社会领域中，活动不再能够在其意义中向我们表现。如果一切都是社会的，那么是存在于世方式的多样性不能再被思考。这不是要重新在生活方式之间分等级，而是能够在活动之间做出区分。施特劳斯的方法在于根据人的本性，重现找到认识人和评估人的可能性。而阿伦特，在不排斥区分而凸显区分的水平状态中，试图思考人存在的方式。

　　同样，在关于政治秩序和对于制度的思考方面，两个人的道路也是不同的。施特劳斯批判通过制度来塑造灵魂的现代意图，这种意图的起源，施特劳斯在马基雅维利的思想中发现了。这种欲望是对法律世俗向度的否定，我们不能通过技术手段来塑造人。好的教育应该考虑建立与自然相联系的必要性，这种联系尤其应该通过习俗。也就是说，好的教育掌握的事实是，公民建构了城邦。现代幻觉在错误的人的本性中找到了它的起源。而阿伦特，她思考的是制度反映了哪些问题。而制度可以被理解成不幸的行动问题的解决办法。制度可以让趋于消失的政治变得持续下去[1]，因为政治只是通过行动

---

　　[1]　见《人的条件》，前揭，第五章"行动"，法译本，第282—295页。

和人的目光而存在。"好的"制度不是让人实现其本性的制度,而是让新事物可能出现的制度,也就是可以对应人政治方式存在以及可以回应行动而不是消解行动的制度。

最后,施特劳斯的观点本质上是教育的观点,也就是通过人的本性去实现;哲学变成了作为生活方式的政治。在众人之中,哲学家就是能显现出人类最高能力的人。阿伦特认为,人性的实现,不管怎么说,是由上帝定义的;思想是政治的,因为在能构成政治的东西与人的条件的存在相对应的情况下,思想才能涉及政治。施特劳斯总是要试图建立只有理性才能够进入的政治原则(*principium*),即它的本性,而阿伦特想要将人理解成开端(*initium*)并且面对经验[1]。说到底,施特劳斯不能接受政治领域的自主理念,因为这就意味着理性不再是它原来的样子。理性详细地说明了秩序之间的连续性,尤其在它的原则中政治对道德的服从。对于阿伦特来说,不同意自主性就是把对经验的接受搁置到了一边,进而有利于理性现实的规范性。如果政治被认为是自主的,它就被繁琐的方法-目的所封闭和限制,那么政治不能被认为是自主的,因为方法与目的这两个概念反映了统治的意志,而这恰恰是应该被抛弃的。

如果施特劳斯和阿伦特认为,思想要冒风险的话,那么所谓的风险不是一个意思。施特劳斯认为的风险是哲学家的风险,即同社会产生冲突的危险,具体来说是与现代人思维冲突的危险;这就要坚持哲学家的生活方式。阿伦特认为的风险是内在于理解之中的风险:当思想为了迎合现实而放弃它突出的位置时,思想就危险了;思想所冒的风险永远不会结束,永远不是最终的,而且它也可能有犯错误的

---

[1] 阿伦特在关于奥古斯丁的讨论中,已经建立原则和开端的区分,见《精神生活》第二卷,前揭,第131页以及《人的条件》,前揭,第233—244页。

风险。

阿伦特的政治现象学可以被认为是一种走出哲学死胡同的方法。理性地趋向于理论化,最后趋向于政治领域的生产,实际上不是现代思想的本意;因为阿伦特指出希腊人为了思考政治、规范政治,已经将外面的范例引入到了政治中。哲学所遇到的最大麻烦就是它一直所宣称的,沉思相对于活动而具有的优越性;它所假设的等级掩盖了经验。这就是为什么《人的条件》最开始的观点就是要在沉思的生活与行动的生活之间放弃等级,从而能够在行动的生活中思考它们的区别[1]。对传统哲学的重新讨论就是由质疑思想与政治之间的距离所产生的。这个原本想要拯救哲学家的距离,却使得政治永远不能被直接思考。但是哲学也涉及一些关于经验的事情和我们与它实际的关系,所以为了理解它,应该去倾听在哲学中不从属于理论的东西。阿伦特直接反对所有形式的唯心主义,因为唯心主义也意味着概念可以独立于经验之外而具有时效性。概念只有与经验建立起关系之后,它才能被理解。概念和理论不是简单地具有历史性的,但是传统可以通过概念和理论的基点将它们转移、抽象化到世界之中,并且传统让我们无力去评估它们的时效性。这就是为什么只有时间才有可能打碎传统的魔咒,所以极权事件在它的彻底性中,可以迫使我们用思想取代混乱。

哲学概念可以在两种不同的视角下被理解,即与哲学经验相对应或与世界经验相对应。当哲学概念只是一种理性的经验,撇开它们与世界的关系被独立地使用的时候,它们就被掏空了。哲学概念本身就被遗忘了,因此在柏拉图思想中,哲学家与社会所形成的冲

---

[1]《人的条件》,前揭,第52—53页。

突,在传统中还是以一种简单空洞的对立形式,即思想与行动的二元对立形式出现。看待思想过去的现象学视角构成了在面对理性和传统强制力时的一种解放过程。当传统概念无力去道出经验的时候,坚持处在其阴影下的思想就成了乌托邦式的思想。我们看到,这就导致阿伦特别出心裁地对马克思所谓"乌托邦"的视角进行了解释,即我们只能说,在某些时刻,马克思对于他的反思与其说是使用了想象,不如说是运用了理性。乌托邦显示了让思想与经验和谐相处的困难,它导致了对建立于概念之上的未来的一种焦虑,而这种与概念相一致的经验又不能被使用;乌托邦指出了敏感于变化的思想者的处境,但是它还是没有确切地显现出事件的经验。这就是为什么要对它进行颠覆,为了自由地思考过去和现在,还不能脱离传统。

更一般地说,可以将哲学传统理解成被哲学自由的经验遮掩的自由的政治经验。阿伦特的方法在于,重新发现倾听政治自由的条件,这就要以现象学的方式建立世界的现实,这种现实就是我们世界经验的现实。理性不应该再是一种统一、整合、去建立一致性的能力,而应该是一种开启经验多样性的能力。阿伦特的意图是,人可以在它与世界关系的多样性中存在,而不被任何世界上的经验所打压、压迫;从反面上看,作为将人的所有向度都打压到底的经验,极权事件就教唆思想走上了这条路,也就是让思想变成一种理解。

重新发现基本经验可以为表现共同世界提供因素,因为作为新事物出现的地方,作为人的存在与其条件相对应的多种模式表现的地方,世界对立于自然。为了回到这个现代的问题,即"政治是否有意义?"这就要在思想的过去中寻找政治自由经验的回声:特别是要倾听政治空间的希腊经验,它与多样性、基督教开端的经验的条件相对应,也与诞生性、罗马的权威经验的条件相对应,它还将开端的能力放入到政治空间中。新事物不是哲学概念,但是它属于前哲学性。

通过与无力处于政治中的哲学视角的对立,现象学视角才能够接近新事物;为了思考政治,只有现象学视角才能见证前政治或超政治模式的应用。为了思考初始政治自由的境况,希腊人被优先考虑;而要思考被继承下来的权威概念,就要首先考虑罗马人。同样,思想不能导致经验,而单独的经验也不能产生思想;但是思想或多或少都会对经验进行回应。这是因为历史的经验与对思想过去的回顾不总是一样的。

阿伦特思想中没有怀旧的东西,因为古典的概念不能被单独说成是经验,必须也要公正地看待现代经验;同样对于现代历史经验,在不被绝对化的情况下,它可以被人们所接受,比如在可能产生新事物的历史空间的概念中。在任何情况下都不是在诸多经验中做出选择,因为这些经验都是有待思考的;在它们中间,就会有哲学经验。哲学经验也不是荒谬的,要看它对应的是什么:其真理的目标让它与死亡和永恒相对应[1]。当哲学成为了政治哲学,哲学就导致了政治经验的遗忘或缺失:因为我们以死亡的观点来思考诞生性,以永恒的观点来思考开端。只有过去的现象学可以让权威不再是概念的权威,而只是开端的权威。

在走出哲学经验场的同时,我们可不可以说阿伦特是在以她自己的方式在诸多经验中进行选择呢?她的目的总是要理解人在世界中的定位,所以这就是为什么她要思考能够接受这个世界现象的经验。然而作为永恒和死亡经验的哲学经验,不是一种如同政治经验的现象。在《人的条件》中,阿伦特果断地转向诞生性。与死亡不同,诞生是这个世界的一个现象,也就是这个真实世界的现象。阿伦特为我们打开了世界,也可以让我们在作为第一经验表达的世界中,

---

[1]《人的条件》,前揭,第51页。

掌握全新的定位。诞生，非死亡，可以让我们去理解在世界中产生事件的东西。如果哲学经验适于在政治哲学中，重新掩盖政治的经验的话，那么在它理解思想活动的时候，就应该在它的真实性中被推向前面，这也是阿伦特在《精神生活》第一卷中所做的。

　　哲学的现象学概念化应该是一种新的概念化。这就是为什么，对于施特劳斯来说，极权主义概念只能是一种空洞的概念，因为它的技术特点掩盖了它背后暴君体制的本性，而对于阿伦特来说，这是一个合理的概念，因为它对应了一种未曾有过的经验，也就是人类共同体的经验，即毁坏（désolation）的经验[1]。说到底，理解现实中的变化，即真实的世界的必要性引导了阿伦特的思想进程；对于施特劳斯来说，只有在思想中才能有决定性的变化，因为人完全专注在他自己的本性之中。

---

[1] 见《极权体系》，前揭，第304—311页。

第十章

判断和自由

施特劳斯哲学方案与阿伦特现象学方案的根本对立，也体现在他们各自关于判断与自由的概念。

施特劳斯对于判断的定义，是外在于整个既定的社会，也就是说行使这种判断只能依靠一种特殊社会的规范。这就是为什么真正对于判断力的使用只能导致自然权利，因为它在理想和已建立的实证权利原则之外。在现代性中，根据善与恶、正义与非正义这样的标准来对我们的判断力所进行的认可缺失了。现代思想和其政治延伸的产物说明了，判断力的缺失就等同于放弃了对真理的意图；没有对真理的意图，任何认识都不会发生。这种境况的出路就在于，要信任思想，要恢复对真理意图的追求，而这种对真理意图的追求也是在政治领域中对道德的追求。

在对康德思想分析的框架中，阿伦特所理解的"判断"与施特劳斯的完全不同，即使二者都将判断力放在常识中讨论。施特劳斯认为判断是一种理性的评估力量，而阿伦特从对康德判断的概念中所反思出的判断，是一种对政治判断经验的最恰当的表达。施特劳斯和阿伦特一样，都认为历史不能是最终的裁判：对施特劳斯而言，这是因为哲学家才是最终的裁判，而阿伦特认为判断永远不是最终的。判断是人作为人，确切地说是作为活着的人在其他人的多样性之中的特性，所以判断不是历史学家的特性，也不是哲学家的领地。判断是一种共同的、开放的实践。判断的方式，从不满足于产生一个世界，正如阿伦特认为，在思想中现实永远找不到它的起源。人和思想的不同产物应该包括在它们与世界中的人和世界的不同关系中。其中的一种关系不可能解释，比如一种意识形态的行程及其成功，但是一种形态和它的成功只能在它们对应了一种类型的关系的时候，才能够被理解。当重新找到与常识的连续性以及让政治与初级判断的使用相对应的时候，这不意味着"解决办法"就在整个思考方式之中，也不在人们面对世界时所具有的反思态度之中。所有情况下，如果理解可以带来回答，那么它就不能产生解决办法。

所以判断更多的是一种政治能力，而不是理性能力，因为它只存在于共同体之中。这不意味着个人的判断只是根据实证法才能进行，简单地说，使用判断意味着共同体其他成员的出现。在判断中，问题不是要让哲学家远离社会，从而具有一种突出的位置；也不是要屈服于哲学家的价值。判断在于要明白，政治经验永远不是孤立的个体所产生出的规范，也不是个体的总和服从于同样的规范，而是政治的经验应该是多样性的经验。这就是为什么，这样的判断不能直接对是非、善恶进行判断而是要对赞同或反对进行判断，这样来看，判断反映出了每个人都参与了集体的存在。进行判断的人们的共同体不是理性人的共同体，也不是道德人的共同体。借助于康德，阿伦特拉近了政治判断与美学判断，将美与善联系在一起，但这不是柏拉图那里的将规范的力量赋予真理，并且将善之名赋予美。判断的原则不是外在于政治共同体的，即行使判断反映了共同体联系的唯一原则，也就是反映了交往性和公共性。这就是为什么判断的丧失会导致考虑让它复苏的方法，这种复苏不要求任何强制和暴力，也不要求在面对政治现实的时候，建立缓冲的地带。通过其公共性标准，判断能够阻止行动被转化为生产,或是行动被其自身领域所侵犯,它也表达了共同体向任何人敞开的一种开放性,而不是自我的封闭。这种开放性,通过判断的想象的向度变得可能。在现代条件中,好社会的问题本质上不是最佳制度的问题(我们回到施特劳斯的话语),而是政治意义的问题。这个问题迫使我们走出以下两种传统观点的交替,即好社会要么是由有道德的人组成;要么社会只能通过制度层面才能变好。施特劳斯处于第一种话语之中,并且选择了古典的观点,而阿伦特则转变了问题:重要的是存在一个政治空间,也就是说政治不能被一个它陌生的领域所打压或击垮;政治是开阔了的思维和集体行动的空间。

在政治观点中的判断,不能被政治以外的标准评估,同样,也不能把观点抛给相对主义。标准是每个人对应多样性条件的标准,所以一种政治观点能够参与产生一种政治空间。观点不会因为它与真理的距离,而不被评估。政治的重要性就在于,它可以使人避免被定义成情感和利益。更具体地讲,它可以让我们思考一种政治空间,这种政治空间不是一种意志主体的简单延伸。民主奠基意味着观点的共同体而不是意志的共同体[1]。实际上,将个人意志普遍化就会导致公意(la volonté générale),也会将人民想象成为一个统一体,这样就否定了多样性。只有观点的空间才是多样性的空间。政治不是主体的延伸,它能够让独特的现实出现,而这个现实不能被简化为一种主体理论。观点的理念意味着向世界开放,向他者开放的理念,因为从定义上看,观点不是让主体独立于世界而沉浸在它本身之中;观点所要表明的是在它与他者之间的赞同或不赞同;所以说,它建立的是一种关系。观点的力量就在于它所建立的关系和它所表现出的对世

---

[1] 见《论革命》,前揭,第 108 页。

界的忧虑,这种忧虑就是政治的个人期望能与他人所分享的。所以观点又是一种意义上的创造。这样来看,观点不愿被真理所修正。这不是说任何真理都是好的或对的,而是真理对开启一种民主的空间是有帮助的。对于同一现实的多种观点的多样性,行动与事件的多样性,这些都表现出了共同体的普遍忧虑。

观点不是像施特劳斯所说的,是人性的建构;观点不是人性的,它表达出的(尽管不完美)是人的理性;而观点对于我们的政治条件是有建设性。给予观点一个根本的地位既不是要调和理性的主体与自己,也不是宣称一种人性的普世性或理性的共同体位于个人理性的分歧之后,因为这样的共同体只能是抽象的,或者说是非政治的。观点当然和思想有关,因为思想需要通过对真理的研究而被修正或是提炼,但是观点却不是思想的导火索,观点是思想恰当的政治模式。

政治空间是观点多样性的空间,所以,它不具有一致性以及逻辑理性的特点;我们在这个空间里,也不能比对完美理性的绝对判断。更确切地说,这是一个制造意义的地方。一种并不抽象的人性在此可以被建构出来:人权的意义只是伴随着其政治保障和先前的公共表达而出现。真正地思考政治,就是只能与对立和来自"纯粹"理性的理性分隔开来。这就意味着要接受政治现实并不是一致的,而且也没有单一的政治真理;在某个空间之内,观点的不同可以由个人的情感或利益来解释和消解,但是政治不是这样的空间;政治的一致性最后只能由理性来完成,而理性就是以理性的名义去进行不完美的判断。政治存在的模式显示出,人既不能被他的一种能力所定义,也不能被他所有的能力所定义。人所具有的多样的能力在其现实化之前是表现不来的,因为这些能力只是通过观众的在场才能存在。

在对韦伯实证主义的批判中,正如我们看到的,施特劳斯特别指出了他所理解的自由,即自由与尊严存在于自决(autodétermination)之中,也就是存在于通过自身价值或理想的主体而做出的决意(détermination)中,它独立于价值问题。施特劳斯认为,自由被孕育在一个空壳中,个人可以将其填充,正如个人希望的那样,而不是理性指示个人去做。这就涉及一种思考自由的薄弱概念。施特劳斯想用强力概念来反对这种薄弱的概念,即哲学思考的自由。真正的自由概念被赋予在哲学的实践中。

阿伦特首先关注的不是思考自由而是自由的政治经验,所以她对政治的首要关注导致她去考虑思考自由的作用,而这种自由被定义为对理性的公共使用。这不是判断规范的本性对束缚与自由做出了区分,因为自由不能从人性开始就被决定,我们只有在进入观点的公共空间的同时才能进入自由。

如果施特劳斯和阿伦特对社会的理念进行批判,那么他们的理由是不同的:施特劳斯所拒绝的是,这样的一个既定社会将自己的规范赋予理性;阿伦特在社会的概念中看到了不同活动之间的模糊,以及单纯政治领域的不存在。施特劳斯意义上的自由,本质上是超出社会理性之外的思考自由,也就是可以让理性和政治领域之间保持距离的自由。阿伦特认为的自由是人对于世界多样关系的责任,也就是人应该通过它的活动,通过它在社会有机体中的定位,去表达而不是在世界中表现成一个"某某"(qui)。人对于施特劳斯来说,只能在实现了对其本身的定义以及拥有了最高的价值之后,他才是自由的。阿伦特所认为的自由是进入到存在的多样性模式中。至于政治自由,它对应的是多样性的条件,因为它只能存在于复数的人中间。这就是为什么阿伦特认为萨特的主体间性(intersubjectivité)还是过于抽象,因为它将个人等同为了自由。萨特认为的自由肯定不在行为之外，因而也不在世界之外，而是仍属于个人事务的参与的概念，因为是境况导致了对自由的实践以及在世界中的定位，但是这种自由最终是个人在抽象人性面前自言自语的自由。相反，阿伦特通过她的行动和判断，认为人不仅存在于已有的政治空间中，而且他还同时创造了这个空间。萨特的自由是道德的和哲学的，这种自由是一个"我"的表现，而不是表现"某某"。当阿伦特说，政治自由是属于"某某"的时候，这特别意味着它是"我"被置于"我们"视角下的一个时刻，也就是说，政治自由不是让人存在于人性之中，而是存在于共同体之中。

第十一章

远离世界还是栖居在其中？

施特劳斯和阿伦特对于判断和自由类型的本性有着不同的概念，这种本性就应该在现代存在的条件中被思考和保留。同样，如果他们对技术语言有着同样的批判，并都想重新恢复常识的名誉，那么他们所采用的方案也是不同的。

施特劳斯认为，现代性的特征之一就是它对空洞概念过分的使用，也就是向一个不确定的未来开放。大的现代概念所缺乏的，特别是现代进步理念所缺乏的就是判断的秩序，它是唯一能够在善与恶、正确与非正确、合理与不合理之间做出区分的。现代概念错误地成为单一理论性的概念，也就是说到底，它是抽象的：它将常识的根本经验掩盖了。对国家与社会进行区分，阻止我们去掌握希腊城邦的理念。这就是为什么返回到古典概念中可以澄清思想：对于希腊城邦的思考可以让我们在"文化"或"文明"这样的词语中思考国家与社会的统一，而且可以让我们将应然（文明的意图）注入进我们是然（ce qui est）的研究方法中，也就是说重新在现代境况中找到古典概念中公民的视角。现代概念经常与第一政治事物的理解产生断裂，非技术语言的使用成为走出价值之争的方法和标志：从常识开始而被思考的语言不仅能够超越技术语言，而且能够指出它的本质不足。

第十一章 远离世界还是栖居在其中？

如果对阿伦特而言，现代语言也忍受着技术性的痛苦，这不是因为它没有在是然与应然之间保持合理的距离，而是因为它不再表达经验，也就是与世界的关系，它表达的只是现代人要急于回答他对经验的怀疑。如果现代的情况只是触及到了专业的思想家，那么情况还不是太严重；但是危机是政治的，它涉及了所有的人，从某一刻起，我们世界的因素看起来不能再被常用的语言所表达，也就是这些因素到达不了经验的层面，并且开始阻止思考的过程。从技术层面上讲的理论，它产生了一种不能够与常识沟通的现实。这就是为什么不能只是想其他的，而是要考虑先出现的被建构了的现实，它们将人与世界的面对面替换成了人与自己面对面。所以，有属于我们现代性本身的事件。这些事件不仅揭示出思考的方式：为了思考这些事件，重新呼唤什么是真正的人是不够的，而是应该建立事件与我们的境况的关系。是产生于事件中的根本问题建立起了这个关系。面对技术的新发现，人的向度的根本问题需要在日常的语言中被提出。与科学相反，日常语言与意义的、常识的世界相联系。作为理解的思想的语言应该与常识保持连续性，为的是可以感觉到出现在连续性中的非连续性。普遍性一定的形式就体现在语言的共同体中，因为语言是这个世界的经验的载体。也就是这个理念，建立起了阿伦特对于特定语源学的使用：她不是要掌握一个词的真正含义，去追根溯源，而是要让这个词有能力被接受。同样，倾听过去的思想就是对于经验的倾听：思想所说的经验就是它在普通语言之中的经验；相反，纯粹的理论经验无力将我们与世界相联系。这不是说普通语言不能被制造，这是一个开放的语言，它要求通过理解而被放宽。

对于施特劳斯而言，古典的概念就像一个封闭的场所，包含了理性判断的力量，而阿伦特所说的普通语言则向经验的新颖性开放。这可以更好地理解为什么施特劳斯的方法可以被认为是对根本冲突的再度激活,而阿伦特的方法是一种区分的方法。

施特劳斯认为,现代思想导致了错误的冲突:因此,虚无主义与文明的对立是一种被重新激活的与境况或价值整体的对立。通过保守的态度回应进步主义,或者相反,通过坚持现代理想回应虚无主义,这都意味着在价值之争或在历史的视角之中保持不变。这就是为什么施特劳斯将"对于冲突至上这一不可动摇的信仰"[1]这句定位韦伯的话,解释成理性无力去跨越价值的冲突。

然而,将价值冲突看成是不可逾越的,事实上,这只是现代和解态度的对立面:现代和解是抽象的,这也是理性为这种抽象付出的代价;有机统一体的目标伴随着对理性能力的贬低。理性变得无力认出反对它的事物;马基雅维利反宗教的意志就是这样导致对宗教与哲学的压制的。因为真正的哲学只在真正冲突的永恒中才具有存在性,也就是生活方式的冲突。为了重新赋予根本冲突以力量,施特劳斯在过去的思想中寻找问题最活跃的那一个时刻,也就是哲学可以重新找到它革命性特点的那个时刻。理性不向现代和解的欲望妥协,因为这种和解只能揭示出一种"错误的和解精神[2]",而理性应该避免错误的价值冲突,同时避免内部的分裂,后者现实地存在于科学、说明性的理性和观点的秩序中。

在这个框架中,世俗化的定理掩盖了古典哲学(真正的冲突哲学)与现代哲学(具体来说是和解的哲学)之间根本的区别。这种定理自身,只是一种对于现代和解欲望的范例式的表达,因为它否认真正起源的存在,并且在历史主义视角中,否认思想家的意图。因此,

---

[1] 《自然权利与历史》,前揭,中译本,第69页。

[2] 见 Daniel Tanguay,《施特劳斯:一部思想传记》(*Leo Strauss. Une biographie intellectuelle*), Paris, Grasset, 第157页。

存在于这个世纪的意识形态没有能够取代宗教的地位，而是成为现代性意图的结果。

回到古典哲学就是要重新激活真正冲突的形式，特别是自然与习俗的冲突，这种冲突说到底是哲学与政治之间冲突的哲学表达。这样的冲突是具有生命力的；它不是一种空洞的对立，因为习俗总是可能向自然发展，为的是采纳一种哲学视角，也就是在自然中看到一种观点的视角。在放弃并压制了这种冲突之后，现代态度就让我们失去"全部"的视角。

理性在它全部的能力中所宣称的区分是道德的区分：在合理与不合理之间，在正确与不正确之间。生活方式的冲突不会阻碍"全部"的思想，前者还会决定后者；哲学作为建构的科学建立了在生活方式之间冲突衔接与等级的认识，而所谓的诸多生活方式不是抽象地互相对立的。

如果施特劳斯认为，世俗化定理表现了现代性对于思想最初意图的漠不关心，那么阿伦特则认为它更多地表达了对于经验新颖性的哲学上的漠不关心。当思想不仅仅是从其理论的向度中被感知的时候，这样的思想就会在经验的新颖性中包含一种对经验的接受性（réceptivité）。而且，神学范畴和现代历史概念是与经验不对应的概念；同样，基督教和共产主义是分别对应不同经验的建制。所以阿伦特认为，重新发现的不应该是生活方式之间的冲突，而是在不同经验之间做出区别的冲突。对于人性的定义，在施特劳斯看来，将导致存在方式的不同，这些方式具有等级的区别；而阿伦特所认为的境况概念可以水平地区分出活动的形式。

这就是为什么理解的过程意味着要走出诸多秩序的混乱状态。正如我们看到的，教育的危机是区分的危机，这个危机重新显示了教育领域与政治领域、私人领域与公共领域、行动与传授以及工作和游戏之间的混乱。同样，哲学不直接思考政治，因为哲学混淆了行动与生产。经验本身就是晦涩难懂的，因为混乱是人类活动与活动所在领域之间的混乱。思想从来都不是单独有问题的那一个，一场危机的出现标志着思想与经验之间关系的混乱；这就是为什么阿伦特可以说权威观念是晦涩的，因为它不再能依赖于不争的、真实的经验。但是当思想只是理论性的时候，就不可能找到从危机中出来的出口，所以这样的态度反而加剧了危机。实际上，理论的根本价值在于它的统一性和一致性；这样来看，功能主义代表了一种纯粹的理论，因为一种活动的本质对于个人或社会来说，就是它的功能；基督教和共产主义，在它们都可能发挥一种功能的时候，它们彼此被相似地对待，对于权力、权威和暴力也是一样的。我们只能够通过区分来思考现实：科学类型的理性统一是迷人的，但是当它在思想和经验中被运用于人的时候，它就会损害区分从而损害意义的出现。由于概念的混乱，理论显得非常不足，从而它不能让新经验出现，也认可不了事件。还有，如果只是关注职业的思想家，问题就不会是根本的，而每个活动的经验在它的独特性中都变得不可能。拒绝由理论在其既定的操作中所做出的筛选或抽象化，思想应该以常识的方式接受现象。

　　这就是为什么我们在阿伦特与施特劳斯的思想中，找到了一种对于空洞对立的批判。但是，通过对于冲突的重新发现，最紧急的不是重新赋予哲学以本质的角色，而是进入这种对经验的接受性中，这种接受性赋予存在以意义并让世界变得可以栖居。

　　这样我们就可以更好地理解施特劳斯对于参与的思想的批判。历史主义实际上断言理性无力达到反历史性或者无力思考普遍的人性,因为其思想的内容总是属于一种境况;这些内容说到底是武断的,并且只是其拥护者的主张。实证主义也会导致行动。施特劳斯指出韦伯所定义的理性行动的这种理想类型,孕育出了一种高贵,无论为了什么样的理由,它都会为之牺牲;由于缺乏一种真正理性的标准,参与本身成了只是简单地与漠不关心相对立的价值。但是参与或是漠不关心其实两个都是空洞的概念。至于思想,它被贬低了,因为它被定义为漠不关心;施特劳斯最终是反对颠覆哲学家与公民、沉思的生活和行动的生活之间良好的等级关系的。参与一点都不具有革命性,相反,它只是其时代的一种表达;唯一革命性的态度,是哲学家们的态度。

阿伦特也不认为思想应该进行参与;她在"理解与政治"中写道,"只有糟糕的书才能成为好的武器[1]":思想不应该去战斗,另外它也不出自话语,而是来自于暴力;思想不再伴随思想。如果思想不该追求参与,与施特劳斯不同,这是因为它的角色是要保持与事实的距离,从而提供判断的标准;而且思想与其说代表栖居于世界的唯一可能性,不如说是对世界改变感到绝望的唯一可能性。思想也不是革命性的,唯一革命性的能力是开端的能力,是思想可以显示其永恒能力的开端的能力。施特劳斯认为,任何想要栖居于世界的意图都会带来对理性的毁灭;如果世界变得可以栖居,那么除非是我们想要哲学的生活方式远离世界生活,或者是作为公民,我们相信哲学家,认为他们能让我们看到我们可以掌握的理性。施特劳斯唯一害怕的流亡是在理性之外流亡,这就是他在现代性中分析其主要理论得出的诊断。在阿伦特看来,极权事件显示出了流亡于世界之外的危险,这表明"我们要与世界和解,因为在世界之中任何这样的世界

---

[1]《极权主义的本性》,前揭,第34页。

都是有可能的[1]"。为此,如果说我们要与常识的前理解重新建立联系,这是因为这种前理解提前假定了一个共同的世界;对于极权事件唯一可能的回答就是作为事件的开端;对为什么自由被摧毁的唯一回答就在于开端的能力;对意识形态的唯一回答就是作为无限过程的理解。这些回答都不是解决办法,问题既不是要去参与也不是自保,而是要去倾听世界。

---

[1] 《极权主义的本性》,前揭,第34页。

结 论

科学是唯一可以到达认识的方法,人文科学越来越多地占据政治思想的领地,在这样一个思想背景下,我们可以自问,哲学是否还扮演着它的角色。哲学家不得不去自保,而且也可能在不好的处境中有被封闭的感觉:哲学被迫去参与行动,而且要做出以前它从来没有做出过的选择,哲学处在了历史中,并且要去接受或拒绝以进步观念为特征的历史动力。然而施特劳斯与阿伦特拒绝了这种非此即彼,因为它被强加了一种对不同于现实本身的现实的解释。

这就是施特劳斯所强调的骗人的现代视野的特点,他称之为"方式",并由此指出理性不应该接受任何外在的影响,理性应该自己让自己承认。对他来说,现代性危机是一场理性的危机。首要的问题就是要知道哪种态度能将政治的危机和理性的危机相结合,这就是为什么要尽力地限定现代思想的起源。他也重新激发了古今之争,他的观点不是在于选择保守主义去对抗进步主义,而是走出当代错误的非此即彼。

走出危机,在于理性审慎的决定和意图,也就是回归到古典哲学原则的决定。这样的决定如何能够改变政治现实呢?这不是施特劳斯的目标,他最终拒绝让理性服从于现实。

在施特劳斯眼中,现代性不是简单的一个时期(période)。将历史看作诸多时代的连续,准确地说这是现代的发明。现代性是一个时代(époque),它有许多的小时代,确切地说是因为有诸多起源,而这些起源是一些能够激发出不同思考形式的时刻。施特劳斯着手的工作就是分几个层面将问题偏离所谓的中心。一方面,他看到了占支配地位的思想方式在最后所揭示的意图;这些方式由于科学的进步或是历史经验的存在变得不必要;这就是现代思想起源被发掘出来后所展示给我们的。另一方面,应该确定意图的本性,这种本性是现代起源所要反对的,也就是思考古今之争的现实意义。这场争论是当下的,因为问题不在于通过历史背景的不同去解释方案的本质不同。这场争论是当下的,也是因为理性在这里不再按照结果来被思考,而是按照它自己的意图,所以这场争论是反历史的。施特劳斯称,在一个决定的时刻里,理性已经在它的非历史性中被检验了。这个时刻就是古典哲学起源的时刻,也就是哲学本身起源的时刻。在这个时刻中,哲学基本的经验作为常识的延伸被显示了出来。

相反,现代性时代的向度没有与现代经验的新颖性相联系,因为没有任何经验直接地让理性更改它的意图。只有在思想中才有事件(在这个词本身的意义上)。施特劳斯没有忽略在政治现实中存在着改变,他说现代社会对于古人是陌生的。从理性重新回归自我、不再为了抽象的统一性和现实的机械性而牺牲自己本身的统一性和判断力量的时刻起,一切都变得可以被思考。思考经验,就是在它的本性中承认它,根据它绝对的标准评估它。

换言之,如果现实的改变不能被否认,那么这些改变显得就是附属的了,因为现代思想的无力就是对承认事物本质的无力。当我们迎来真正理性的时候,在新事物面前,无力的感觉消失了,得到的只是幻觉;这种无力感因此只是现代视野的特殊错误的一种表达以及错误所表现为的无路可走。

这样来看，施特劳斯的思想为阿伦特的思想提供了批判的工具。看起来，在阿伦特的政治现实方法中，她抛弃了真理的意图与道德的意图，也因为这样的抛弃而冒了风险，即她可能被认为成了现代模式的俘虏。诚然，她更多地关注人类科学理解的局限性，但这不也是大量地削减理性的野心吗？理性在阿伦特看来处于事实和表象之中，不是一种由下面出去的出口吗？如果采纳施特劳斯的思想，阿伦特对于新颖性的感觉就只能被表达为现代真理的屈服，而且极权主义的概念就是绝对化偶然经验的现代方式。

实际上，关键在于施特劳斯和阿伦特的概念不是被同一个问题所指引。施特劳斯的问题在于，如何重新赋予哲学高等认识的地位？阿伦特则提出，在我们身上能发生什么？如果两个人都提出在我们身上能发生什么的问题，"我们"也不是同一个"我们"：施特劳斯的"我们"是哲学家，而阿伦特的"我们"则是人。在由新的社会形式所产生的不稳定的后果面前，施特劳斯指出了重新分隔理性与政治的紧迫性。然而，只因为阿伦特想理解事件，所以她反思的是思想的地位。对于理性的关注，在施特劳斯那里是首位的，而在阿伦特那里是次要的；相反，对于经验的关注施特劳斯那里是次要的，在阿伦特那是首位的。这就是为什么，事件的意义在阿伦特和施特劳斯那里是不同的，阿伦特所认为的事件，涉及所有人，不仅仅只是专业的思想家。同样，施特劳斯认为每一个时代都由它的起源来阐发，而阿伦特认为是受事件启发。

阿伦特首先观察到的不是哲学生活模式的消失，而是现实中的事件。怎样思考事件？它彻底的新颖性在于无力体会到传统的概念。也就是通过这个方面，这导致了对于哲学的质疑。阿伦特的思想反过来成为批判施特劳斯思想的工具。在任何情况下，对于事件的理解都不能通过对起源认识的谱系学方法来实现。事件到了最后不能被简化为一种意图。阿伦特拒绝"精神"因果性的原则：理性与经验的关系从来都不是因果的。施特劳斯对作为思想事件之事件的限定否定了经验真实的新颖性。因此，将与事件的关系问题定义成对其本性的承认问题，施特劳斯没有想出思考政治的方法；相对于哲学，施特劳斯不能换一种方式思考政治，而只是重复政治哲学的空白：施特劳斯的思想是与哲学经验相对应而不是与政治经验相对应。远离了生活的世界，哲学经验不能观察到作为集体经验的新颖性。如果施特劳斯在常识和哲学认识之间建立了一种连续性，并且打开了一条通过理性本身而重新拥有理性的路，那么具有问题的常识在它呈现在同样一个世界的另一种想象中，既不是对于现象接受的常识（即与世界联系的常识）也不是多样性的常识。施特劳斯的常识是要看到一种人性，这种人性的实现只能在远离政治现实的条件下才能真正地实现。

最后，作为本性，认识人的意愿并不能让我们在人的事务中抓住新颖性，因为新颖性总是前哲学的；这种意愿也不能思考我们这个现代境况的特殊性。阿伦特对于事件的定义，涉及了所有人，因而它是典型的政治，这样的定义也使作为理解、作为全体人能力的思想要去参与其中，而这种思想的意味具有强烈的民主性。在施特劳斯那里，诚然在哲学理性和常识之间没有分裂；但是是哲学家去思考对我们所有人和整个时代有价值的东西。以阿伦特的观点来看，寻求对哲学家的救赎以及为其公正创造条件的意愿引导了施特劳斯的思想。由于阿伦特思考的是经验的无限多样性，那么她就不绝对化任何一种极权经验。相反，在与常识的连续性中，施特劳斯将哲学变成了人性出现的地方，他将哲学经验绝对化了。

阿伦特的思想实践在于将人重新置于其存在的中心。为了一种经验是真正人性的，她引入了领会。人们共同生活的多样性方面不应该被丢给专家们。作为我们与政治当下的关系中主要的事实之一,要拒绝专家意见的先入为主,应该通过在存在中具有多种向度的人去考虑一种重新的占有,然而这种重新的占有不是一个绝对的主宰。思想本身成了一个政治问题。而且最彻底的经验仍然不能产生一种短暂的休克:在这样的框架中,基于常识的人的思想,就可以让所有人参与一种领会的过程。同样对于施特劳斯来说,政治领域应该避免专家的意见,然而这个领域应该被哲学家所思考。这就是为什么施特劳斯将政治与教育紧密相连,这也是他回归古典政治哲学最主要的意义之一。施特劳斯认为,现代社会通过一种抽象化的过程将政治与教育分开,就好像是所有公民都受了教育而且都是理性的;现代社会所依靠的政治能力的理念只是一种抽象的概念。

相反,阿伦特从根本上认定教育和政治的区别,也就是对这两个领域的混淆导致了对于回答权威危机这个问题的困难。政治中的权威应该将人放置于时间的连续性中,但是这是为了可以行使判断,并且为新的开端打通一条路。在这个意义上,政治领域可以被定义为能力存在的空间,也就是有能力去判断,同时考虑别人的观点,有能力去行动,不反对也不支持别人,而是要处在他们的立场之中。不应该对政治感到绝望,因为绝望是一种没道理的守望之后的结果,因为它只是把政治看成了解决问题的场所。政治其实是一个回答的空间,它不应该旨在通过教育而去实现一种本性,而是要表现出来人的判断与行动的能力。

对于权威概念现象学的澄清是最能够摆脱通过强制的手段复辟权威的诱惑,而这种诱惑就存在于我们现在的境况之中。这样的澄清也能走出抱怨和怨恨,而事实上,问题不仅仅是人们不去充分地倾听哲学家,或者人们不去寻求真理。问题只是掩盖了一个疑问,这个疑问由一个事件引起,这个事件告诉我们政治空间面临消失的永恒危险。事件成为现实政治存在的现代模式。

施特劳斯区分了孕育正义的两种根本方式:"正义有着两种不同的原则或者两套不同的原则:一方面是公共安全的需要,或者说是在极端情形下为保全社会的存在或独立所必需者;另一方面则是更严格意义上的正义规则。[1]"施特劳斯认为,马基雅维利否认了自然权利,这是因为他参照了极端的情形:远离正义原则由于必要性而被确立,最后竟成为了一种行动规范。相反,亚里士多德的思想建立在正常情形之上:我们除非是违心以及为了拯救正义本身才会不去承认这一点。

然而事件在阿伦特的思想中,既不是一种正常情形也不是一种极端情形,因为它的含义与意义,在任何情况下都不能通过任意一种的规范去被判断。也就是说,它的意义不完全是在它关于"应然"的位置之中:既不关于正义的本性,也不关于所处行动迫切需要的形势。人性,无论是在它的现代定义还是古典定义中,它都无力去思考事件。这种条件的理念可以最准确地去理解事件,在它彻底新颖性的向度中,在它清晰的力量中。

更一般地说,条件的理念可以去理解既不是等级性又不是冲突性的区分。因此,这种现象学的方法让我们可以开始理解"共同生活"。这种"共同生活"不只是社会性的,因为广义的社会概念产生的是不区分,它通过功能去定义每一种存在的视角。"共同生活"的关键所在不是根据每个人能力的不同、本性实现多少来分配位置。因为"条件"可以让我们去思考活动的多样性,在世界之中模式的多样性,共同存在的多样性,这些与施特劳斯所称的生活方式之间的冲突丝毫不一致。条件的理念比自然的理念更具可塑

---

[1]《自然权利与历史》,中译本,第 164 页。

性，它可以让我们所做的事情具有意义，并且让思想变成一种民主的活动，因为它不是在抽象，而是在跟随着我们所生活的世界。它的力量是扩大而不是抽象。所有人都具有思考的能力，即使不是所有人都用同样的方式。

这就是为什么施特劳斯与阿伦特两个人都批评人权的抽象特征，但是意义却不一样。对于施特劳斯来说，人权建立在人性的低端定义中，这种定义将政治与人的目的相分离，并且让人存在的意义消失了，也就是把作为对自我本性的实现的教育，当成了追求完美意义上的教育。对于阿伦特，则是另外一层意思：人的条件，也就是诞生性和多样性的条件，使得人权只是政治空间之外一套空洞的话语。作为抽象化过程的结果，理想的人权成为了一种在他人中间丧失常识的表达：在施特劳斯那里是丧失了道德判断，在阿伦特那里则是在多样性中丧失了相似性的想象。这种常识完全不是我们所称为的良知，它通常也表现出思想的缺失以及在被认为是讲述其经验的句子中，对主体的封闭。

如同常识不是良知一样，在共同商议行动中的自由为了强人的行动而反对行动，这也是许多政治人物现在具有的自由原则，这样一种行动的概念为了它自身而混淆了权力和暴力，显示了一种病态的关系，并且产生了一种在想要复辟与想要进行思维的有意转型之间的摇摆。

在技术活动与人性态度之间，虽然二者都有意义，但是它们却不是政治的，而且它们也倾向于让我们忘记什么是政治，阿伦特让我们知道了，政治首先是观点和集体行动的空间。在我们的情形中，在对危机情形的承认中，由阿伦特所维护的政治水平的概念，为承认提供了工具。只要政治空间不被它外在的领域所覆盖，政治空间也可以被定义为承认的空间，这些外在的领域包括经济理性、法律理性、道德、同情心的范畴、社会的功能主义[1]；除非它不去忍受混乱的痛苦。

不同于本性的理念，条件的理念从被认为是一种比其他事物更本质的经验出发，不去建构任何实质性的概念；从把整个规范自然化的过程开始，这个理念也可以规避人的目的不能被确定的危险。另外，政治领域的水平概念，作为一个"谁"的表现或出现的空间以及作为观点的空间，对立于通过命令–服从关系或主权方案而被定义的政治，并且它也能够让我们思考所有人在政治存在中的权利。对于社会性与政治性的区别，条件的理念不仅是可操作的，而且能真正地产生意义。实际上，政治是首要的建构，因为它与人存在的两个基本条件，即诞生性和多样性相联系，而社会是第二层建筑，它在让人们缺乏对它不同形式区分的情况下，可以将它的规范比对活动。

然而，如果我们用行动来填补作为主要政治事实的政治承认上的空白，那么就要确定哪些东西要被政治地去承认。或者，在政治空间中要说什么？特别是，所有这些由社会的话语垄断而产生的痛苦，成为了实际情况的总和以及意识形态，在这其中，不同的活动将会丧失它们的意义。由于这些痛苦是被集体所体会到的，它们就已经属于了事件。政治空间在行动、观点与争论中，也可能成为一种让意义能够在其中自圆其说的空间。当它不是一个简单框架的时候，它的意义就能够实现。制度的肌体存在于它赋予它所揭露事物的保证和时机之中；而被揭露的事物在成为空间性的之前，总是时间性的。

---

[1] 对于这些领域当下的混乱，参看 Myriam REVAULT d'ALLONNES《政治的衰落：共同地的谱系学》(*Le Dépérissement de la politique. Généalogie d'un lieu commun*)，Paris, Aubier, 1999。关于政治中怜悯心话语的当代使用，参见同一作者，《有怜悯心的人》(*L'Homme compassionnel*)，Paris, Seuil, 2008。

让我们回想一下阿伦特对法国大革命相对失败的三个关键要素的阐述：人民的概念被当成了意志的人民而不是观点的人民的概念；对于社会问题过度关注；它唯一解放的目标是相对于压迫和苦难，以及建构真正的政治自由的代价而言的。[1] 然而，如果命令-服从的关系不是政治的实质，如果"社会性"可以成为所有混淆以及关系功能化的场所，那么就只剩下了这两种被认为是相一致的要素去考虑诸多个人的实际情况。个人被带入我们所常说的公共空间，即自由的空间；依然存在着统治关系，如果有必要的话，这些关系被戴上了合法的权力关系甚至是权威关系的面具；在社会的话语垄断中，诉求不是马上就涉及所有人，但是所谓的诉求会被要求成为众人的事情，并且要有能力进行政治表达。作为言语和行动的空间，在民主的视角下，政治应该尤其成为争论规范的场所。这样来看，政治存在的降临通常建立在不平等的感知基础上：自由的瑰宝不能与平等的瑰宝相分离。

阿伦特的概念允许了这种思想。但是为了继续追寻理解的过程，应该更直接地去体会她所没有做的，即社会性与政治性的关联以及统治与政治性之间的关联。在这种框架之中，甚至在一种描述与分析的方法之中，社会科学不会必然导致将人封闭在已定义的行为中，但是社会科学可以成为一种必不可少的工具去表达每个人的政治能力。

与几乎所有世界的旁观者共同分享现实无力的感觉，而这种感觉只有在判断中才能找到出口。它通常以如下的词语表达：我什么也不能做，因为我不能单独地行动；我的行动没有任何效力，换言之，我的行动空间被经济或社会的力量所限制，我也不能反抗它们；我也

---

[1] 见《论革命》，前揭，第二章，"社会问题"。

被法律的框架所限制，被作为国家力量化身的警察所限制；其他的人都不是我的同志，因为他们也显得像是局限我力量的要素，他们是潜在的敌人；真正的权力只属于指挥权力的人。

为了反对以上的观点，应该理解政治生活意味着：我不能将权力想象为一个或大或小的封闭空间，我是权力的所有者，但不是对别人行使权力的人；我在过去和制度的权威中以及权威介入公共空间脆弱性的向度中掌握政治生活的时间性所在；在作为与诞生性条件（作为第二诞生的行动和言语）和多样性条件（作为自我存在于他人中的行动和言语）相对应的行动和言语中，我承担揭露新事物的责任；从我自身的观点出发，我愿意再度描述出别人的观点。这就是集体行动所成为的样子：我不将我的意愿与别人的意愿相融合，我不把我个人的力量附加到已经存在的行动上；简单地说，我要尽可能地呈现他人的行动，这种重现构成了我进入这个世界的基本条件。

也就是说，建构一个真实的政治空间，既不能通过使用同情的情感性，因为它总是变成一种欺骗的工具，人们使用它去命令作为服从统一体的人民，也不能过分地使用由哲学理性产生的或是科学理性所建构的规范。赋予政治以其内容的承认意味着判断，也就是能够站在他人的位置上思考。在所有的领域，即在工作、正义、教育、研究、医疗中痛苦都在增多且难以言表的背景之下，在我们不可能辨别出要去斗争的敌人的时候，首要的是要发挥我们所具有的判断的德性，而不是幻想着运用英雄主义的德性。在这种意义上，判断已经成为了一种行动模式，它可以被看成是介入到世界之中。只有在理解伴随着事件的时候，事件才存在；对于行动来说，它意味着在人类事务的偶然性向度中，承担起事务的责任；这种偶然性不会在必然性中逗留，而且也不会认同以"一切皆有可能"为宗旨的理念。这就是为什么判断的政治运用也是言语的运用,更深地讲,同样是语言的运用。实际上,这就要去对抗由技术语言给我们带来的精神和制度的统治,这种技术语言将我们的存在技术化。与技术词语不同,概念说的总是集体经验,承认必须要通过对概念的聆听才能实现。

选择性的参考书目

施特劳斯的著作

《斯宾诺莎的宗教批判作为其圣经学基础:斯宾诺莎〈神学政治论〉研究》(*Die Religionskritik Spinozas als Grundlage seiner Bibelwissenschaft: Untersuchungen zu Spinozas Thelogisch-politischem Traktat*), Berlin, Akademie-Verlag, 1930. Éd. américaine, *Spinoza's Critic of Religion*, New York, Schocken Books, 1965.

《哲学与律法:论迈蒙尼德及其先驱》(*Philosophie und Gesetz: Beitrage zum Verständnis Maimunis und seiner Vorlaüfer*), Berlin, Schocken, 1935. Éd. américaine, *Philosophy and Law*, Philadelphia, The Jewish Publication society of America, 1987.

《霍布斯的政治哲学》(*The Political Philosophy of Hobbes: Its Basis and Genesis*), trad. E. M. Sinclair, Oxford, Clarendon Press, 1936; rééd. Chicago, University of Chicago Press, 1952. Éd. allemande, *Hobbes politische Wissenschaft*, Neuwied am Rhein et Berlin, Hermann Luchterhand Verlag, 1965.

《论僭政:色诺芬〈希耶罗〉释义》(*On Tyranny: An Interpretation of Xenophon's Hiero*), New York, Political Science Classic, 1948.

Éd. revue et augmentée, comprenant « Tyranny and Wisdom » d'A. Kojève, New York, Free Press of Glencoë, 1963. Éd. augmentée avec la correspondance avec Kojève, New York, Free Press, 1991.

《迫害与写作艺术》(*Persecution and the Art of Writing*), New York, Glencoë, III, Free Press, 1952.

《自然权利与历史》(*Natural Right and History*), Chicago, University of Chicago Press, 1953.

《思索马基雅维利》(*Thoughts on Machiavelli*), Glencoë, III, Free Press, New York, 1958.

《什么是政治哲学?》(*What is Political Philosophy?*), Glencoë, III, Free Press, New York, 1959.

《政治哲学史》(*History of Political Philosophy*), ouvrage collectif, Chicago, Rand McNally, 1963.

《城邦与人》(*The City and the Man*), Chicago, Rand McNally, 1964.

"我们时代的危机"和"政治哲学危机"(« The Crisis of Our Time » et « The Crisis of Political Philosophy », in *The Predicament of Modern Politics*), dir. H. J. Spaeth, Detroit, University of Detroit Press, 1964.

《苏格拉底与阿里斯托芬》(*Socrates and Aristophanes*), New York, Basic Books, 1966.

《古今自由主义》(*Liberalism Ancient and Modern*), New York, Basic Books, 1968.

《色诺芬的苏格拉底言辞:〈齐家〉释义》(*Xenophon's Socratic Discourse: An Interpretation of the « Oeconomicus »*), Ithaca, Cornell University Press, 1970.

《色诺芬的苏格拉底》(*Xenophon's Socrates*), Ithaca, Cornell University Press, 1972.

《柏拉图〈法义〉的辩论与情节》(*The Argument and the Action of Plato's* Laws), Chicago, University of Chicago Press, 1975.

"现代性的三次浪潮"(« The Three Waves of Modernity », *Political Philosophy: Six Essays by Leo Strauss*), dir. H. Gildin, Indianapolis et New York, Bobbs Merrill / Pegasus, 1975.

《柏拉图式政治哲学研究》(*Studies in Platonic Political Philosophy*), Chicago, University of Chicago Press, 1983.

《古典政治理性主义的重生》(*The Rebirth of Classical Political Rationalism*), textes réunis par Th. L. Pangle, Chicago, University of Chicago Press, 1989.

《信仰与政治哲学:施特劳斯与沃格林通信集》(*Faith and Political Philosophy*, The Correspondance between Leo Strauss and Eric Voegelin), 1934–1964, University Park, The Pennsylvania State University Press, 1993.

阿伦特的著作

《论奥古斯丁"爱"的概念:一种哲学的阐释》(*Der Liebesbegriff bei Augustin. Versuch einer philosophischen Interpretation*), Berlin, Springer, *1929.*

《六论》(*Sechs Essays*) Heidelberg, L. Schneider, 1948.

《极权主义的起源》(*The Origins of Totalitarianism*), New York, Harcourt Brace & Co, 1951; 2e éd. augm., New York, The World Publishing, 1958; 3e, 4e et 5e éd. (nouvelles préfaces), New York, Harcourt Brace & World, 1966, 1968, 1973. *The Burden* of Our Time, Londres, Secker & Warburg, 1951. Trad. allemande par H. Arendt, *Elemente und Ursprünge totaler Herrschaft*, Francfort-sur-le-Main, Europäische Verlaganstalt, 1955.

《人的条件》(*The Human Condition*), Chicago/Londres, Chicago University Press, 1958. Trad. allemande par H. Arendt, *Vita activa oder Vom tätigen Leben*, Stuttgart, Kohlhammer, 1960, Munich, Piper, 1960.

《拉赫尔·瓦伦哈根:一个犹太妇女的生活》(*Rahel Varnhagen: The Life of a Jewess*), Londres, East and West Library, 1958. Éd. allemande: *Lebensgeschichte einer deutschen Jüdin aus der Romantik*, Munich, Piper, 1959. Éd. américaine: *Rahel Varnhagen: The Life of a Jewisch Woman*, New York/Londres, Harcourt Brace Jov., 1974.

《过去与未来之间》(*Between Past and Future. Six Exercises in Political Thought*), New York, The Viking Press, 1961; 2e éd. augm., 1968.

《艾希曼在耶路撒冷》(*Eichmann in Jerusalem. A Report on the Banality of Evil*), New York, The Viking Press, 1963; 2e éd. rev. et ugm., 1965. Éd. anglaise: Penguin Books, 1976.

《论革命》(*On Revolution*), New York, The Viking Press, 1963; 2e éd. rev., 1965. Éd. anglaise: Penguin Books, 1973. Trad. allemande par H. Arendt, *Über die Revolution*, Munich, Piper, 1965.

《黑暗时代的人》(*Men in Dark Times*), New York, Harcourt Brace & World, 1968.

《论暴力》(*On Violence*), New York, Harcourt Brace & World, 1970.

《思考与道德沉思》(*Thinking and Moral Considerations: A Lecture*),

in *Social Research*, 1971.

《共和的危机》(*Crises of the Republic*), New York, Harcourt Brace Jov., 1972. Éd. anglaise, incluant «On Violence», Penguin Books, 1973.

《隐藏的传统》(*Die Verborgene Tradition: Acht Essays*), Franckfurt, Suhrkamp, 1976.

《与阿伦特讨论》(*Gespräche mit Hannah Arendt*), A. Reif éd., Munich, Piper, 1976.

《作为贱民的犹太人：现时代的犹太身份与政治》(*The Jew as Pariah. Jewish Identity and Politics in the Modern Age*), éd. et intr. R. Feldman, New York, Grove Press, 1978.

《精神生活》(*The Life of Mind*), éd. M. McCarthy, New York, Harcourt Brace Jov., 1978, vol. I, *Thinking*, vol. II, *Willing*.

《康德政治哲学讲稿》(*Lectures on Immanuel Kant's Political Philosophy*), éd. R. Beiner, Chicago, The University of Chicago Press, 1982.

《阿伦特与雅斯贝尔斯通信集：1926—1969》(Hannah Arendt — Karl Jaspers, *Briefwechsel 1926-1969*), éd. L. Köhler et H. Saner, Munich, Piper, 1985.

《奥斯维辛之后》(*Nach Auschwitz. Essays & Kommentare 1; Die Krise des Zionismus. Essays & Kommentare 2*), Berlin, Tiamat, 1989.

《什么是政治？》(*Was ist Politik? Fragmente aus dem Nachlass*), éd. U. Ludz, préf. K. Sontheimer, Munich-Zurich, Piper, 1993.

《理解性随笔》(*Essays in Understanding, 1930-1954*), éd. J. Kohn, New York, San Diego, Londres, Harcourt Brace, 1994.

《朋友之间：汉娜·阿伦特与玛丽·麦卡锡通信集 1949—1975》(*Between Friends: The Correspondance of Hannah Arendt and Mary McCarthy 1949-1975), éd. et introd. C. Brightman, New York, Harcourt Brace, 1995.

《汉娜·阿伦特与库尔德·布鲁门菲尔德通信集》(Hannah Arendt — Kurt Blumenfeld, «... in keinem Besitz verwurzelt »: Die Korrespondenz), éd. I. Nordmann et I. Philling, Hambourg, Rotbuch, 1995.

《汉娜·阿伦特与布留歇尔通信集,1936-1968》(Hannah Arendt — Heinrich Blücher, Briefe 1936-1968), éd. et introd. L. Köhler, Munich-Zurich, Piper, 1996.

《汉娜·阿伦特与马丁·海德格尔通信集,1925—1975 及其他证词》(Hannah Arendt — Martin Heidegger, Briefe 1925 bis 1975 und andere Zeugnisse), éd. U. Ludz, Francfort-sur-le-Main, Klostermann, 1998.

《思想的日记1950—1973》(Denktagebuch (1950-1973)), Munich, Piper, 2002.

《责任与判断》(Responsibility and Judgement), éd. J. Kohn, New York, Schocken Books, 2003.

《政治的承诺》(The Promise of Politics), éd. J. Kohn, Schocken Books, New York, 2005.

《犹太作品》(Jewish Writtings), éd. J. Kohn et Ron H. Feldman, Schocken Books, New York, 2007.

关于施特劳斯的研究

BLOOM Allan,"一位真正的哲人"(« Un vrai philosophe: Leo Strauss »), Commentaire, Paris, 1978, n° 1.

BOURETZ Pierre,《未来的见证者:哲学与救世主降临说》(*Témoins du futur. Philosophie et messianisme*), Paris, Gallimard, 2003. En particulier le chapitre intitulé « Le testament de Leo Strauss », p. 631-773.

MEIER Heinrich,《卡尔·施密特、列奥·施特劳斯与政治的概念:一场隐匿的对话》(*Carl Schmitt, Leo Strauss et la notion de politique. Un dialogue entre absents*), trad. F. Manent, Paris, Julliard, 1990. Éd. originale, *Carl Schmitt, Leo Strauss und Der Begriff des Politischen. Zu einem Dialog unter Abwesenden*, Stuttgart et Weimar, J. B. Metzler, 1988.

——,《施特劳斯与政治神学问题》,(*Leo Strauss, le problème théologico-politique*), Paris, Bayard, 2006.

NORTON Anne,《施特劳斯与美国帝国政治》(*Leo Strauss et la politique de l'Empire américain*), Paris, Denoël, 2006.

PELLUCHON Corinne,《施特劳斯,另一种理性,另一种启蒙:论当代理性危机》(*Leo Strauss, une autre raison, d'autres Lumières. Essai sur la crise de la rationalité contemporaine*), Paris, Vrin, « Problèmes et controverses », 2005.

RAYNAUD Philippe,《"古人与今人":政治哲学辞典》(« Anciens et Modernes », *Dictionnaire de philosophie politique*), Paris, Presses Universitaires de France, 1996, p. 12-16.

SFEZ Gérald,《施特劳斯与政治事物》(*Leo Strauss et les choses politiques*), Paris, CNDP, 2011.

——,《施特劳斯与解释的问题》(*Leo Strauss et le problème de l'interprétation*), Paris, CNDP, 2010.

——,《施特劳斯,信仰与理性》(*Leo Strauss, foi et raison*),

Paris, Beauschesne, 2007.

——,《施特劳斯,马基雅维利的阅读者,恶的现代性》(*Leo Strauss, lecteur de Machiavel, la modernité du mal*), Paris, Ellipses, « Polis », 2003.

TANGUAY Daniel,《施特劳斯,一部思想传记》(*Leo Strauss, une biographie intellectuelle*), Paris, Grasset, « Collège de philosophie », 2003.

WIDMAIER Carole, "施特劳斯与世俗化问题"(« Leo Strauss et le problème de la sécularisation »), in *Modernité et sécularisation*, dir. M. Fœssel, J.-F. Kervégan et M. Revault d'Allones, Paris, CNRS Éditions, 2007.

——,"施特劳斯是新保守主义者吗? 对文本的检验"(« Leo Strauss est-il néoconservateur? L'épreuve des textes »), Paris, *Esprit*, novembre 2003.

——,"施特劳斯:历史感与传统思想"(« Leo Strauss: sens historique et pensée de la tradition »), Paris, *Esprit*, novembre 2002.

期刊或研究合集

"施特劳斯,哲学史家"(Leo Strauss historien de la philosophie), *Revue de métaphysique et de morale*, n° 3, Paris, Armand Colin, 1989.

"施特劳斯的思想"(La pensée de Leo Strauss), *Cahiers de philosophie politique et juridique*, n° 23, Caen, Presses Universitaires de Caen, 1993.

《汉娜·阿伦特与施特劳斯:德国移民与政治思想》(*Hannah Arendt and Leo Strauss. German Émigrés and American Political*

Thought), éd. P.G. Kielmansegg, H. Mewes, E. Glaser-Schmitt, Washington D.C.-Cambridge, German Historical Institute et Cambridge University Press, 1995.

《阅读施特劳斯》(*Lectures de Leo Strauss*), dir. J.-P. Delange, Clermont-Ferrand, CRDP d'Auvergne, 1999.

《施特劳斯:书写的艺术,政治,哲学》(*Leo Strauss: art d'écrire, politique, philosophie*), études réunies par L. Jaffro, B. Frydman, E. Cattin et A. Petit, Paris, Vrin, 2001.

《现代性与世俗化:汉斯·布鲁门博格,卡尔·洛维特,卡尔·施密特,列奥·施特劳斯》,(*Modernité et sécularisation. Hans Blumenberg, Karl Löwith, Carl Schmitt, Leo Strauss*), actes du colloque, dir. M. Fœssel, J.-F. Kervégan et M. Revault d'Allonnes, Paris, CNRS Éditions, 2007.

关于汉娜·阿伦特的研究

ABENSOUR Miguel,《阿伦特反政治哲学?》(*Hannah Arendt contre la philosophie politique?*), Paris, Sens & Tonka, 2006.

AMIEL Anne,《汉娜·阿伦特的非哲学:革命和判断》(*La non-philosophie de Hannah Arendt. Révolution et jugement*), Paris, Presses Universitaires de France, « Pratiques théoriques », 2001.

——,《汉娜·阿伦特:政治和事件》(*Hannah Arendt. Politique et événement*), Paris, Presses Universitaires de France, 1996.

BRUDNY de LAUNAY Michelle-Irène《汉娜·阿伦特:思想传记》, (*Hannah Arendt: essai de biographie intellectuelle*), Paris, Grasset, 2006.

CANOVAN Margaret,《汉娜·阿伦特的政治思想》(*The Political

Thought of Hannah Arendt), New York, Harcourt Brace, 1974.

COLLIN Françoise,《人已成了多余？汉娜·阿伦特》(*L'Homme est-il devenu superflu? Hannah Arendt*), Paris, Odile Jacob, 1999.

ENEGRÉN André,《阿伦特的政治思想》(*La Pensée politique de Hannah Arendt*), Paris, Presses Universitaires de France, 1984.

——, "权力与自由：阿伦特政治理论的方法" (« Pouvoir et liberté. Une approche de la théorie politique de Hannah Arendt »), *Études*, Paris, avril 1983, p. 487-500.

EHRWEIN NIHAN Céline,《汉娜·阿伦特：一种危机的思想，与道德和宗教斗争的政治》(*Hannah Arendt: une pensée de la crise. La politique aux prises avec la morale et la religion*), Genève, Labor et Fides, 2011.

ESLIN Jean-Claude,《汉娜·阿伦特：感恩世界》(*Hannah Arendt, l'obligée du monde*), Paris, Michalon, 1996.

HEUER Wolfgang,《阿伦特传》(*Hannah Arendt. Biographie*), trad. J. Chambon, Paris, Éditions Jacqueline Chambon, 2005. Édition originale, Hambourg, Reinbeck, 1987.

LEFORT Claude, "阿伦特与极权主义" (« Hannah Arendt et le totalitarisme »), 载《纳粹德国与犹太人大屠杀》(*L'Allemagne nazie et le génocide juif*), EHESS, Paris, Seuil, 1985, p. 517-535.

LEIBOVICI Martine,《汉娜·阿伦特与犹太传统；世俗化考验下的犹太教》(*Hannah Arendt et la tradition juive; Le judaïsme à l'épreuve de la sécularisation*), Genève, Labor et Fides, 2003.

——,《汉娜·阿伦特，一位犹太人：经验、政治和历史》(*Hannah Arendt, une juive. Expérience, politique et histoire*), Paris, Desclée de Brouwer, 1998.

MÜNSTER Arno,《汉娜·阿伦特——反马克思?》(*Hannah Arendt — contre Marx?*), Paris, Hermann, 2008.

RAYNAUD Philippe,《"古人与今人":政治哲学辞典》(« Anciens et Modernes », *Dictionnaire de philosophie politique*), Paris, Presses Universitaires de France, 1996, p. 12-16.

REVAULT D'ALLONNES Myriam,"作为危机思考者的阿伦特" (« Hannah Arendt penseur de la crise »), Paris, *Études*, t. 415/3, sept. 2011.

——,"一颗智慧的心"(« Un cœur intelligent »), Paris, *Magazine littéraire* n°377, nov. 1995, p. 22-24. Réédité dans *Fragile humanité*, Paris, aubier, « Alto », 2002.

ROVIELLO Anne-Marie,《阿伦特与现代性》(*Hannah Arendt et la modernité*), Paris, Vrin, 2003.

——,《阿伦特思想中的常识和现代性》(*Sens commun et modernité chez Hannah Arendt*), Bruxelles, Ousia, 1987.

TAMINIAUX Jacques,《巴雷斯的女孩与职业思想家:阿伦特与海德格尔》(*La Fille de Thrace et le penseur professionnel. Arendt et Heidegger*), Paris, Payot & Rivages, 1992.

——,"阿伦特眼中的事件、世界和判断",(« Événement, monde et jugement selon Hannah Arendt »), *Passé Présent*, n° 3, Paris, 1984.

TASSIN Étienne,《失去的财宝:汉娜·阿伦特,政治行动的智慧》(*Le Trésor perdu. Hannah Arendt, l'intelligence de l'action politique*), Paris, Payot & Rivages, « Critique de la politique », 1999.

TRUC Gérôme,《承担人性——汉娜·阿伦特:面对多样性的责任》(*Assumer l'humanité — Hannah Arendt: la responsabilité face à* la pluralité》, Bruxelles, Université de Bruxelles, 2008.

WIDMAIER Carole, "汉娜·阿伦特与弗朗索瓦·孚雷"(« Hannah Arendt et François Furet: deux approches de la Révolution française »), in *François Furet, Révolution française, Grande Guerre, communisme*, dir. P. Statius et Ch. Maillard, Paris, Cerf, 2011.

——, "思考人的条件,一种现代要求？围绕汉娜·伦特与列奥·施特劳斯"(« Penser la condition humaine, une exigence moderne? Autour de Hannah Arendt et de Leo Strauss »), *Cause commune*, Paris, Cerf, décembre 2008.

YOUNG-BRUEHL Elisabeth,《汉娜·阿伦特:为了世界的爱》(*Hannah Arendt. Biographie*), Paris, Calmann-Lévy, 1999 [Anthropos, 1986]. Éd. originale, *Hannah Arendt, for the Love of the World*, Yale University Press, 1982.

期刊及研究合集

Hannah Arendt,《精神》(*Esprit*), 6, Paris, juin 1985.

Hannah Arendt,《现象学研究》(*Études phénoménologiques*), Louvain, 1985. *Hannah Arendt*, Les Cahiers du Grif, 33, Paris, 1986.

Hannah Arendt, "交锋"(confrontations), *Les Cahiers de philosophie*, 4, Lille, 1987.

《本体论与政治:汉娜·阿伦特》(*Ontologie et politique. Hannah Arendt*), Actes du colloque Hannah Arendt, éd. M. Abensour, Ch. Buci-Glucksmann, B. Cassin, F. Collin, M. Revault d'Allonnes, Paris, Tierce, 1989.

Hannah Arendt,《社会研究》(Social Research), 44/1, New York, 1977; 57/1, New York, 1990.

《布鲁塞尔大学哲学学院年鉴:阿伦特与现代性》(Annales de l'institut de philosophie de l'Université de Bruxelles: Hannah Arendt et la modernité), Paris, Vrin, 1992.

《汉娜·阿伦特,民族-国家危机,交替的思想》(Hannah Arendt. Crises de l'État-nation. Pensées alternatives), dir. A. Kupiec, M. Leibovici, G. Muhlmann, É. Tassin, Paris, Sens & Tonka, 2007.

Hannah Arendt,《国际哲学期刊》(Revue internationale de philosophie), n°208, Bruxelles, 1999.

参考书目(引用或/与参考)

ARISTOTE,《尼克马可伦理学》(Éthique à Nicomaque), trad. Tricot, Paris, Vrin, 1967.

——,《政治学》(La Politique), trad. J. Tricot, Paris, Vrin, 1989.

AUGUSTIN,《忏悔录》(Confessions), trad. L. de Mondadon, Paris, Seuil, « Points Sagesses », 1982.

——,《上帝之城》(La Cité de Dieu), trad. L. Moreau et J.-C. Eslin, Paris, Seuil, « Points Sagesses », 2004.

ARON Raymond,《民主与极权主义》(Démocratie et totalitarisme), Paris, Gallimard, 1965, « Folio Essais », 1987.

——,《马基雅维利与现代僭主》(Machiavel et les tyrannies modernes), Paris, Éditions de Fallois, 1993.

BLUMENBERG Hans,《现时代的正当性》(La Légitimité des Temps modernes), trad. M. Sagnol, J.-L. Schlegel et D. Trierweiler,

Paris, Gallimard, 1999.

BURRIN Philippe,《愤恨与世界末日：论纳粹的反犹主义》(*Ressentiment et apocalypse. Essai sur l'antisémitisme nazi*), Paris, Seuil, 2004.

CONSTANT Benjamin,《论现代人的自由》(*De la liberté des Modernes*), éd. M. Gauchet, Paris, Hachette, « Pluriel », 1980.

GAUCHET Marcel,《世界的幻灭》(*Le Désenchantement du monde*), Paris, Gallimard, 1985, « Folio Essais », 2005.

——,《反自身的民主》, (*La Démocratie contre elle-même*), Paris, Gallimard, « Tel », 2002.

GILSON Étienne,《上帝之城的诸变形》(*Les Métamorphoses de la Cité de Dieu*), Louvain, Publications universitaires de Louvain-Paris, Vrin, 1952.

HASSNER Pierre,《暴力与和平：论扫清伦理的原子弹》(*La Violence et la paix: de la bombe atomique au nettoyage ethnique*), Paris, Esprit, février. 1995, Seuil, « Points Essais », 2000.

——,《暴力与和平2：恐怖与帝国》(*La Violence et la paix, vol. 2: la terreur et l'empire*), Paris, Seuil, « La Couleur des idées », 2003, « Points », 2006.

HEGEL Georg Wilhelm Friedrich,《历史中的理性》(*La Raison dans l'Histoire*), trad. K. Papaioannou, Paris, Plon, 1965, 10/18, 1979.

——,《历史哲学》(*Leçons sur la philosophie de l'histoire*), trad. J. Gibelin, Paris, Vrin, 1987.

——,《精神现象学》(*Phénoménologie de l'esprit*), trad. J.-P. Lefebvre, Paris, Aubier, 1991.

——,《法哲学原理》(Principes de la philosophie du droit), éd. et trad. J.-F. Kervégan, Paris, Presses Universitaires de France, 1998.

HEIDEGGER Martin,《存在与时间》(L'Être et le temps), trad. F. Vezin, Paris, Gallimard, « Bibliothèque de philosophie », 1964.

——,《问题》(Questions), trad. K. Axelos, J. Beaufret, M. Haar, D. Janicaud et alii, Paris, Gallimard, « Classiques de la philosophie », 1968 pour les tomes 1 et 2, 1966 pour le tome 3, 1976 pour le tome 4.

——,《随笔与讲座》(Essais et conférences), trad. A. Préau, Paris, Gallimard, « Tel », 1980.

——,《林中路》(Chemins qui ne mènent nulle part), trad. W. Brokmeier, Paris, Gallimard, « Tel », 1986.

HUSSERL Edmund,《欧洲人道与哲学的危机》(La Crise de l'humanité européenne et la philosophie), trad. P. Ricœur, Paris, Republications Paulet, 1975.

——,《欧洲科学的危机与超验现象学》(La Crise des sciences européennes et la phénoménologie transcendantale), trad. G. Granel, Paris, Gallimard, 1976, « Tel », 1989.

KANT Emmanuel,《论历史文集》(Opuscules sur l'histoire), trad. S. Piobetta, éd. Ph. Raynaud, Paris, Flammarion, « GF », 1989.

——,《论永久和平·指向在思想中意味着什么?·什么是启蒙?》(Vers la paix perpétuelle. Que signifie s'orienter dans la pensée? Qu'est-ce que les Lumières?), éd. F. Proust, trad. J.-F. Poirier et F. Proust, Paris, Flammarion, GF, 1991.

——,《判断力批判》(Critique de la faculté de juger), trad. A.

Philonenko, Paris, Vrin, 1993.

KERVÉGAN Jean-François,《黑格尔,卡尔·施密特:政治在思辨性与确实性之间》(*Hegel, Carl Schmitt: le politique entre spéculation et positivité*), Paris, Presses Universitaires de France «Léviathan», 1992, «Quadrige», 2005.

KIERKEGAARD SØren,《非此即彼》(*Ou bien ... ou bien*), trad. F. et O. Prior et M.-H. Guignot, Paris, Gallimard, «Tel», 1984

——,《哲学杂记·焦虑的概念·论失望》(*Miettes philosophiques, Le Concept d'angoisse, Traité du désespoir*), trad. K. Ferlov et J.-J. Gateau, Paris, Gallimard, «Tel», 1990.

——,《恐惧与颤栗》(*Crainte et tremblement*), trad. Ch. Le Blanc, Paris, Payot & Rivages, Rivages Poche Bibliothèque étrangère, 2000.

LEFORT Claude,《历史的形式:论政治人类学》(*Les Formes de l'histoire. Essais d'anthropologie politique*), Paris, Gallimard, 1978, «Folio Essais», 2000.

——,《马基雅维利的作品》(*Le Travail de l'œuvre Machiavel*), Paris, Gallimard, 1972, «Tel», 1986.

——,《民主的创造:极权统治的局限》(*L'Invention démocratique. Les limites de la domination totalitaire*), Paris, Fayard, 1981/1994.

——,《论政治:19—20 世纪》(*Essais sur le politique. XIXe-XXe siècles*), Paris, Seuil, 1986, «Points Essais», 2001.

——,《面临政治考验的书写》(*Écrire à l'épreuve du politique*), Paris, Calmann-Lévy, 1992, Agora, «Pocket», 1995.

MACHIAVEL Nicolas,《全集》(*Œuvres complètes*), éd. E.

Baringou, Paris, Gallimard, « Bibliothèque de la Pléiade », 1952.

MANENT Pierre,《现代政治的诞生》(*Naissances de la politique moderne*), Paris, Payot, 1976.

MARX Karl,《1844 年手稿》(*Manuscrits de 1844*), trad. E. Bottigelli, Paris, Éd. sociales/la Dispute, 2001.

——,《资本论》(*Le Capital. Critique de l'économie politique*), éd. M. Rubel, Paris, Gallimard, « Folio Essais », 2008.

NIETZSCHE Friedrich,《作品集》(*Œuvres*), dir. J. Lacoste et J. Le Rider, Paris, Robert Laffont, 1993.

PLATON,《苏格拉底的申辩·克力同》(*L'Apologie de Socrate, Criton*), trad. L. Brisson, Paris, Flammarion, GF, 1999.

——,《国家篇》(*La République*), trad. G. Leroux, Paris, Flammarion, GF, 2002.

——,《政治篇》(*Le Politique*), trad. L. Brisson et J.-F. Pradeau, Paris, Flammarion, GF, 2003.

——,《法律篇》(*Les Lois*), trad. L. Brisson, Paris, Flammarion, GF, 2006.

RAYNAUD Philippe et RIALS Stéphane,《政治哲学辞典》(*Dictionnaire de philosophie politique*), Paris, Presses Universitaires de France, 1996, « Quadrige », 2003.

RAYNAUD Philippe,《马克思·韦伯与现代理性的困境》(*Max Weber et les dilemmes de la raison moderne*), Paris, Presses Universitaires de France, « Recherches politiques », 1987, « Quadrige », 1996.

REVAULT D'ALLONNES Myriam,《从一个死亡到另一个:革命的悬崖》(*D'une mort à l'autre. Précipices de la Révolution*), Paris, Seuil, 1989.

——,《迷失人们的坚韧》(*La Persévérance des égarés*), Paris, Christian Bourgois, 1992.

——,《人对人所做的:论政治的恶》(*Ce que l'homme fait à l'homme. Essai sur le mal politique*), Paris, Seuil, 1995, Champs Flammarion, 1999.

——,《政治的衰弱:公共地的谱系学》(*Le Dépérissement de la politique. Généalogie d'un lieu commun*), Paris, Aubier, « Alto », 1999.

——,《脆弱的人性》(*Fragile humanité*), Paris, aubier, « Alto », 2002.

——,《我们是否应该道德化政治?》(*Doit-on moraliser la politique?*), Paris, Bayard, « Le temps d'une question », 2002.

——,《开端的权力:论权威》(*Le Pouvoir des commencements. Essai sur l'autorité*), Paris, Seuil, « La Couleur des idées », 2006.

——,《有怜悯心的人》(*L'Homme compassionnel*), Paris, Seuil, 2008.

RICŒUR Paul,《恶:对哲学和神学的挑战》,(*Le Mal. Un défi à la philosophie et à la théologie*), Paris, Labor et Fides, 1986, 2004.

——,《阅读 1:围绕政治》(*Lectures 1. Autour du politique*), Paris, Seuil, « La Couleur des idées », 1991, « Points Essais », 1999.

——,《阅读 2:哲学家的地带》(*Lectures 2. La contrée des philosophes*), Paris, Seuil, « La Couleur des idées », 1992, « Points Essais », 1999.

——,《意识形态与乌托邦》(*L'Idéologie et l'utopie*), trad. M. Revault d'Allonnes et J. Roman, Seuil, 1997, « Points Essais », 2005.

ROUSSEAU Jean-Jacques,《论人类不平等的起源和基础》(*Discours sur l'origine et les fondements de l'inégalité parmi les hommes*),

Paris, Flammarion, GF, 2008.

——,《社会契约论》(*Du Contrat social*), Paris, Flammarion, GF, 1979.

ROUSSET David,《我们的死亡日子》(*Les Jours de notre mort*), Paris, Ramsay, 1988.

SARTRE Jean-Paul,《存在与虚无》(*L'Être et le Néant*), Paris, Gallimard, « Tel », 1976.

SCHMITT Carl,《政治神学》(*Théologie politique*), trad. J.-L. Schlegel, Paris, Gallimard, « Bibliothèque des sciences humaines », 1988.

——,《政治的概念·游击队理论》(*La Notion de politique, Théorie du partisan*), Paris, Flammarion, « Champs », 1992.

WEBER Max,《学者与政治》(*Le Savant et le politique*), trad. J. Freund, Paris, 10/18 Bibliothèques, 2002.

——,《经济与社会》(*Économie et société*), Paris, Agora « Pocket », 2003.

——,《新教伦理与资本主义精神》(*L'Éthique protestante et l'esprit du capitalisme*), trad. J.-P. Grossein, Paris, Gallimard, « Tel », 2004.

译 后 记

翻译这部关于比较施特劳斯与阿伦特思想的专著缘起于上海交通大学欧洲文化高等研究院邓刚博士的推荐,没有他对我的了解与信任,我不可能向读者们介绍这样一部上乘的学术作品,而我与华东师范大学出版社的缘分或许还要推后。自从考入大学以来,我一直是华东师范大学出版社的忠实读者,从"政治哲学文库"到"经典与解释"的诸多作品,从"民国系列"再到"巴黎丛书",但凡是感兴趣的书,一上市我就立刻买来阅读,即使在留学之际也时常关注新书的情况,托朋友从国内携带或是趁回国之际购买新书自然成了平常的事情。这一次能够从读者转换为亲身参与其中的译者,也算是了却了我心中的一个情结。

既是翻译完成之后有感而发的文字,我首先想到的是我的大学法语老师杨玉平。我们已经认识十年,虽然她只教了我一年法语精读,但她真正地让我懂得如何去钻研、去欣赏法语这门语言。之后杨玉平师到巴黎三大攻读比较文学博士学位(2012年10月通过答辩,博士论文在法国出版,见 YANG Yuping, *Baudelaire et la Révolution culturelle chinoise*, Paris, Presses Sorbonne Nouvelle, 2013),我也于2009年来到巴黎四大重新开始历史学本科的学习。在这期间我们师生二人经常一起在大学听课、学习、吃饭,现在想来仿佛一切都发生在昨天。另外，本书作者卡罗勒·维德马耶尔女士解答了我在翻译中遇到的许多问题，在交谈中，她对哲学、政治诸问题的视角、切入点，令我印象深刻，在此我也要对她表示感谢。

翻译本身首先是一种阅读，一种细致入微、逐字逐句的阅读。法国作家莫迪亚诺（P. Modiano）在接受诺贝尔文学奖时发表演讲说："小说家从来都不能是自己的阅读者。"如果作者有时候都不能完全阅读自己写的所有东西，那么除了编辑之外，译者一定是他最严肃的阅读者。能够将这样一部博士论文从头至尾细细地读上几遍，这样的体验想必也是一种探险。翻译者是两种语言的摆渡者，大篇幅的翻译往往会被文字本身的转化所麻痹，进而成了机械似的搬运，在翻译过程中我尽可能地将作者本义转化为可读性强的中文，但又力争最大程度地合乎作者在语言中所体现出的学术风格。这些看似像是说了也白说的话，每每总会令我纠结。对这样一本从学术角度上看十分规范的著作进行翻译，我并没有在语言上对某些词或概念进行过多的诠释，而翻译本身恰恰不是，也不能是对作品进行重新诠释。

关于前面的译者序，我要感谢倪为国老师的鼓励与信任。没有他访问巴黎之际对我的指点与启发，那篇小文可能永远只是在"半路中"。自相识以来，倪老师的热情与平易近人从没有让我感到惊讶。感谢复旦大学博士生曹伟嘉、巴黎第五大学博士生庞亮、巴黎哲学与心理学自由学院（IPC）柏一杨对译文的阅读，我们之间的交流、分歧甚至是争吵并没有让我们越来越疏远。

我还要再提一句，在本书翻译的过程中，曾经战斗、正在战斗、还要继续战斗在法国的朋友们给了我许多的意见与帮助，他们是：曹伟嘉、杨嘉彦、庞亮、黄茜、王金金、王士盛、宋鸽、左天梦、钱晋和章正元。正如笛卡尔在给吉斯伯特·沃埃（Gisbert Voet）的信中所说，在友谊中我们最受益的是朋友的警告与督促,并且在他们的建议中不断改正自己。最后,谢谢高建红编辑为出版此书所做的努力,谢谢曾妮为我付出的一切。

杨嘉彦

于巴黎 Sainte-Barbe 图书馆

2015 年 9 月 24 日

图书在版编目(CIP)数据

政治哲学终结了吗／(法)卡罗勒·维德马耶尔著;杨嘉彦译.
--上海:华东师范大学出版社, 2016.3
 ISBN 978-7-5675-4165-8

Ⅰ.①政… Ⅱ.①卡… ②杨… Ⅲ.①政治哲学-研究 Ⅳ.①D0

中国版本图书馆 CIP 数据核字(2015)第 237995 号

华东师范大学出版社六点分社

企划人 倪为国

Fin de la philosophie politique
By Carole Widmaier
Copyright © Fin de la philosophie politique CNRS Editions, Paris, 2012
Published by arrangement with CNRS EDITIONS
Simplified Chinese Translation Copyright © 2016 by East China Normal University Press Ltd.
ALL RIGHTS RESERVED.
上海市版权局著作权合同登记 图字: 09-2013-353 号

政治哲学终结了吗

著　　者　(法)卡罗勒·维德马耶尔
译　　者　杨嘉彦
责任编辑　高建红
封面设计　何　旸

出版发行　华东师范大学出版社
社　　址　上海市中山北路 3663 号　邮编　200062
网　　址　www.ecnupress.com.cn
电　　话　021-60821666　行政传真　021-62572105
客服电话　021-62865537
门市(邮购)电话　021-62869887
地　　址　上海市中山北路 3663 号华东师范大学校内先锋路口
网　　店　http://hdsdcbs.tmall.com

印 刷 者　上海盛隆印务有限公司
开　　本　890×1240　1/32
印　　张　10
字　　数　210 千字
版　　次　2016 年 3 月第 1 版
印　　次　2016 年 3 月第 1 次
书　　号　ISBN 978-7-5675-4165-8/B.977
定　　价　68.00 元

出 版 人　王　焰

(如发现本版图书有印订质量问题,请寄回本社客服中心调换或者电话 021-62865537 联系)